U0679556

■ 2021年度浙江省哲学社会科学规划后期资助课题（21HQZZ029YB）

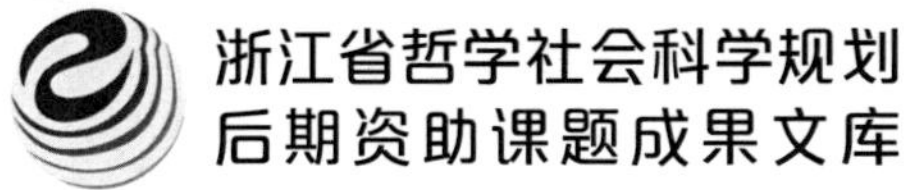

大数据时代制造企业与物流企业高质量协同发展研究

张季平　著

·杭州·

图书在版编目（CIP）数据

大数据时代制造企业与物流企业高质量协同发展研究/张季平著. — 杭州 : 浙江大学出版社，2022.10
ISBN 978-7-308-22775-9

Ⅰ. ①大… Ⅱ. ①张… Ⅲ. ①制造工业－工业企业－关系－物流企业－协调发展－研究－中国 Ⅳ. ①F426.4②F259.23

中国版本图书馆CIP数据核字(2022)第110129号

大数据时代制造企业与物流企业高质量协同发展研究
张季平　著

责任编辑　汪淑芳
责任校对　李　琰
封面设计　周　灵
出版发行　浙江大学出版社
（杭州市天目山路148号　邮政编码310007）
（网址：http：//www.zjupress.com）
排　　版　杭州林智广告有限公司
印　　刷　广东虎彩云印刷有限公司绍兴分公司
开　　本　710mm×1000mm　1/16
印　　张　22
字　　数　273千
版 印 次　2022年10月第1版　2022年10月第1次印刷
书　　号　ISBN 978-7-308-22775-9
定　　价　89.00元

前 言

物联网、云计算、大数据等新一代信息技术的快速发展，助推人类社会迈进了大数据时代，大数据及大数据技术开启了产业转型升级的新篇章，制造企业、物流企业面临着新一代信息技术带来的严峻挑战。

目前，我国制造企业、物流企业发展过程中存在的问题有：制造企业的物流业务完全外包的比例较低，社会化物流需求未能得到充分释放；物流企业的高端物流服务供给不足、低端物流服务供给过剩，物流服务同质化现象严重，这就必然导致制造企业与物流企业协作效率较低。然而，大数据时代涌现出的大数据技术、大数据平台和大数据思维正在改变着人们认识世界、理解世界的方式，同时也催生出一系列迫切需要研究的问题，即大数据时代制造企业与物流企业如何实现高质量协同发展？适时探索这一学术问题，无论是对驱动制造企业、物流企业向着信息化、数据化、智能化方向发展，促进大数据与制造企业、物流企业的深度融合，还是对制造企业和物流企业提升大数据技术应用水平，推动大数据时代制造企业与物流企业实现高质量协同发展，都具有重要的理论意义和现实意义。

本专著是作者在近几年科研成果与教学“结晶”的基础上，汲取本学科领域的最新研究成果撰写而成的。其主要研究内容包括以下7个方面：

1. 对大数据时代“两业”高质量协同发展系统的框架模型进行构建。这部分内容首先对大数据和大数据技术的概念、特征以及大数据关键技术的主要内容进行了详细阐述；其次，对大数据时代制造企业、物流企业呈现的新特征以及“两业”高质量协同发展系统的复杂性进行了分析；最后，构建了大数据时代“两业”高质量协同发展系统的框架模型。

2. 对大数据时代“两业”高质量协同发展系统的协同演化机理进行深入研究。在借鉴前人研究成果的基础上，运用系统科学中的相关理论对“两业”高质量协同发展系统协同演化的前提条件、驱动力、诱因、实现路径等方面进行了探索。

3. 对大数据时代“两业”高质量协同发展系统的熵变模型进行研究。依据系统科学理论可知，当“两业”高质量协同发展系统与外界环境进行数据、信息、知识、物质和能量交换时，必然引起系统内部熵值的变化，最终形成有序、稳定的耗散结构。因此，在前文研究基础上，这部分内容首先对大数据时代“两业”高质量协同发展系统的特征及其协同效应进行研究；其次，构建“两业”高质量协同发展系统的熵变模型；最后对“两业”高质量协同发展系统的熵值变化进行详细分析，并且结合案例进行了实证研究。

4. 对大数据时代“两业”实现高质量协同发展的演化博弈过程进行分析。首先进行了纯企业行为的“两业”演化博弈分析；其次，在政府部门激励机制下构建“两业”高质量协同发展的演化博弈模型，并对“两业”演化博弈五个均衡点的稳定性进行了判定；最后，对政府部门、制造企业、物流企业的期望收益进行了全面分析，并且构建了三方演化博弈模型。

5. 对大数据时代“两业”实现高质量协同发展的综合保障机制进行研究。首先，对大数据时代“两业”复合共生模式的类型、共生关系的演化轨迹与演化规律进行全面分析，并借鉴 Lotka-Volterra 种间竞争模型构建“两业”共生演化机制的动力模型，对共生的不同阶段以及每个阶段的均衡点进行了分析；其次，从“推力”和“拉力”两个层面分析“两业”高质量协同发展系统的技术协同创新与运营模式协同创新之间的耦合机制；再次，构建基于互联网的促进“两业”实现高质量协同发展的信息共享机制；然后，从社会诚信保障机制、市场成熟机制和政策协调机制三个方面分别进行了探讨，在此基础上，建立了市场环境保障机制；最后，构建了由共生机制、耦合机制、信息共享机制和市场环境保障机制共同集成的支撑“两业”实现高质量协同发展的营商环境综合保障机制。

6. 对大数据时代“两业”高质量协同发展模式进行较全面、深入的研究。在前文研究基础上，以“两业”高质量协同发展系统协同演化机理所揭示的系统序参量、系统协同效应为依据，并且考虑大数据属性特征对制造企业与物流企业实现高质量协同发展的影响，同时提出了四种高质量协同发展模式，即战略联盟型高质量协同发展模式、三螺旋型高质量协同发展模式、网络平台型高质量协同发展模式和市场主导型高质量协同发展模式。

7. 对大数据如何影响“两业”实现高质量协同发展进行了实证研究。在前文定性研究大数据影响“两业”转型升级及其推动“两业”实现高质量协同发展的基础上，首先对大数据的内涵、构成维度及其内在属性进行全面、深入的分析，并提出大数据属性与“两业”实现高质量协同发展之间关系的理论假设；其次，在借鉴国内外相关研究的基础上，以制造企业为调研对象设计了调查问卷，在问卷预调研的基础上对调查题项进行了修正，且形成了最终问卷；最后，采用了探索性因子分析、验证性因子分析、CITC分析对问卷的信度和效度进行了检验，并运用结构方程模型对本专著提出的理论假设进行了验证，得出相应的研究结论。

基于上述核心研究内容且与国内外相关研究成果进行全面比较后，可以发现本专著的创新之处及其实用价值主要体现在以下几个方面：

1. 构建了大数据时代制造企业与物流企业实现高质量协同发展的框架模型。此创新点的价值体现在：（1）有利于“两业”管理者掌握利用互联网、大数据、云计算等技术在云平台上进行协同运作的规律；（2）有利于“两业”协作的管理者遵循高质量协同发展系统与外部环境进行数据、信息、知识、物质和能量交换的客观规律。

2. 分析了大数据时代“两业”高质量协同发展系统的演化机理。此创新点的价值在于：（1）揭示了大数据时代“两业”高质量协同发展系统的演化机理，即“由多次渐变到突变（相变与分岔）形成的‘轨迹’，是协同演化的有效路径”；（2）基于“两业”协同演化的轨迹，揭示了大数据时代“两业”高质量协同发展系统由简单到复杂、从无序向有序、由低级有序向高级有序协同演化的一般规律；（3）阐明由于系统内外随机涨落的出现及其在系统正反馈机制作用下，微涨落渐渐被放大为巨涨落，所以诱导着“两业”高质量协同发展系统沿着“反应循环—催化循环—超循环”的轨迹持续不断地向前协同演化。

3. 构建了大数据时代“两业”高质量协同发展系统的熵变模型。此创新点的贡献是：启发大数据时代制造企业、物流企业运用熵变模型对“两业”高质量协同发展系统的熵值变化进行计算与分析，并准确把握“两业”高质量协同发展系统的协同状况；同时，也为大数据时代“两业”开展协同创新活动提供理论指导。

4. 构建了大数据时代政府部门、制造企业与物流企业三方演化博弈模型。此创新点的价值在于：（1）启发政府部门对积极参与高质量协同发展的制造企业与物流企业加大奖励力度；（2）提醒政府部门对签约参与“两业”高质量协同发展的违约方加大惩处力度，使得违约方获取的机会收益远远少于违约赔款，履约方得到的赔款远远超过自己履约蒙受的损失；（3）促进政府部门颁布相关优惠政策增加三方参与协同运作的各自合法净收益，并且远远超过不参加协同运作的净收益。

5. 建立了大数据时代“两业”实现高质量协同发展的营商环境综合保障机制。此创新点的价值在于：为促进大数据时代“两业”实现高质量协同发展，从理论上为制造企业、物流企业、政府部门提供一个值得参考的综合保障机制。

6. 设计了大数据时代促进“两业”实现高质量协同发展的四种新模式：战略联盟型高质量协同发展模式、三螺旋型高质量协同发展模式、网络平台型高质量协同发展模式和市场主导型高质量协同发展模式。此创新点的价值在于：指导大数据时代制造企业、物流企业和政府部门，根据当地工业园区和物流园区的发展状况以及所在区域的经济发展水平，选择恰当的高质量协同发展模式。

7. 构建了大数据属性（“M3V”）与“两业”实现高质量协同发展之间关系的理论模型，并且应用结构方程模型进行了验证。此创新点的价值在于：启发制造企业、物流企业充分利用大数据属性以及大数据技术挖掘有价值信息，促进双方深度合作，驱动“两业”实现高质量协同发展。

综上所述，无论是从理论角度还是从实践视角来考量此研究成果的价值，本专著的研究成果将为大数据时代制造企业与物流企业实现高质量协同发展提供重要参考与借鉴。

在本专著撰写过程中，作者参考或者引用的国内外众多专家、学者公开发表的相关文献资料，已尽可能在参考文献中列出，在此向本专著参考或引用的所有文献作者表示最诚挚的感谢！本专著能够顺利完成与出版发行，首先要感谢浙江省哲学社会科学工作办公室给予的支持和鼓励；其次，要感谢浙江大学出版社对本专著出版发行给予的大力支持。

由于受到本人实践经验、理论水平和科研能力的限制，本专著难免存在不妥，甚至疏忽之处，恳请各位同行、专家、学者不吝赐教。

张季平

目 录

第1章 绪论

本章首先对选题的现实背景和理论背景进行阐述，确定“大数据时代制造企业与物流企业如何实现高质量协同发展”这一研究主题；其次，对研究的价值与意义从理论和现实两个层面展开论述，并给出本研究所采用的研究方法和技术路线；最后，对研究内容进行简要的概述，指出本专著的创新之处。

1.1 选题背景

1.1.1 现实背景

1. 制造企业的发展现状及趋势

制造业是我国国民经济的支柱型产业，对国民经济增长有着 40% 左右的贡献率[①]。近年来我国制造业发展迅速,500 多种工业品当中有 220 多

① 《中国制造 2025》解读之一：中国制造 2025，我国制造强国建设的宏伟蓝图 [EB/OL]. http://www.miit.gov.cn/n1146295/n1652858/n1653018/c3780656/content.html.

种工业品的产量位居世界第一[①]。从1978年改革开放至今，我国制造业虽然得到长足发展，但是依旧处于工业化进程当中，制造业大而不强的问题仍然比较突出，迫切需要进行产业结构调整与转型升级。不仅如此，新一轮科技革命除了引发全球范围内的制造企业向智能化、服务化、定制化转型变革之外，以大数据、物联网、移动互联网等为代表的新一代信息技术正在快速与制造企业深度融合，我国制造企业发展的外部环境发生了翻天覆地的变化。一方面，发达国家纷纷出台以制造业为核心的国家战略，比如2011年4月在汉诺威工业博览会上，德国政府部门提出工业4.0计划（Industry 4.0）[②]，2011年6月美国总统奥巴马（Obama）在卡内基梅隆大学（Carnegie Mellon University）发表的演讲中宣布美国正式实施先进制造业伙伴计划[③]（Advanced Manufacturing Partnership），2013年英国发布了《制造业的未来：英国面临的机遇与挑战》报告[④]，2014年日本内阁政府部门颁布了《2014制造业白皮书》[⑤]进一步加强日本制造业的发展。发达国家纷纷意识到以金融为核心的服务业不能保证国家竞争力一直处于领先位置，重心纷纷回到制造业，重新强调制造业对于一个国家创新、科技、就业等方面的重要性。另一方面，一些经济落后的东南亚国家利用人口、资源、政策等优势吸引世界上劳动密集型产业向本国转移。在如此严峻的“双向挤压”环境下，反观我国制造业，可以发现制造

① 《中国制造2025》解读之二：我国制造业发展进入新的阶段[EB/OL]. http://www.miit.gov.cn/n1146295/n1652858/n1653018/c3780661/content.html.

② KAGERMANN H, HELBIG J, HELLINGER A, et al. Recommendations for implementing the strategic initiative Industrie 4.0: Securing the future of German manufacturing industry [M]. Essen: Die Forschungsunion Wirtschaft –Wissenschaft, 2013.

③ President Obama Launches Advanced Manufacturing Partnership[EB/OL]. https://obamawhitehouse.archives.gov/the-press-office/2011/06/24/president-obama-launches-advanced-manufacturing-partnership.

④ Future of manufacturing: a new era of opportunity and challenge for the UK-summary report[EB/OL]. https://www.gov.uk/government/publications/future-of-manufacturing/future-of-manufacturing-a-new-era-of-opportunity-and-challenge-for-the-uk-summary-report.

⑤ White Paper (METI)[EB/OL]. http://www.meti.go.jp/english/report/index_whitepaper.html#monodzukuri.

企业存在诸多问题，譬如：(1) 我国大部分制造企业自主创新能力弱，创新体系不完善，核心技术、先进设备等需要从发达国家进口；(2) 我国制造企业生产的产品，档次普遍较低，缺乏世界知名品牌；(3) 资源利用率低，环保意识不强，环境污染问题严重；(4) 信息化水平不高，制造企业的信息化基础设施和应用水平都低于发达国家；等等。除了制造企业自身存在诸多问题之外，还有产业结构不合理、生产性服务业发展滞后等问题阻碍了我国制造企业的发展。我国生产性服务业提供的大多数服务项目属于低端服务，不能为制造企业实现高质量发展发挥很好的支撑作用。例如，以生产性服务业中的物流业为例，截至2016年，《中国统计年鉴》一直采用运输、邮政、仓储这些传统的物流服务项目代表我国物流业的发展与服务水平，统计口径并不涉及第三方物流、供应链整合、供应链物流咨询等能够为制造企业提供更好支撑作用的高端物流。由此可以看出，我国物流服务业的发展仍然存在一定局限性，同时为了促进制造企业的转型升级，还需要对物流企业的服务项目进行较大的调整与改进。

"十二五"期间我国信息技术产业得到了快速发展，制造企业信息化水平虽然与发达国家相比仍显不足，但是相比过去，显然得到大幅度提升。在这一发展历程中，制造企业积累了大量数据资源。近几年，随着信息技术的快速发展和大数据技术应用领域的不断突破，制造业、物流业等各行各业积累的数据资源价值得到了实质性挖掘与应用。正因为如此，欧美发达国家纷纷将促进大数据发展提升到国家发展战略的层面，并且认为掌握和运用大数据的能力，直接反映了一个国家的核心竞争力，如欧盟（EU）于2014年提出了"数据驱动经济"战略、美国在2016年发布了"联邦大数据研究与开发战略计划"等。相关政策的出台，不仅推动了大数据在各行各业的应用，而且拉动了各国新经济产业的发展。

从未来总体发展趋势来看，我国制造业的发展务必在稳定增长的同时进行供给侧结构性调整，尤其是要对资源密集型产业和技术密集型产业的比重进行适度调整，促使大数据、云计算、物联网等新一代信息技术在制造业、物流业中的广泛应用，快速提升物流业服务水平，实现制造业由大到强的根本性转变，并且加快推动制造业与物流业形成紧密互动的合作关系，为我国制造企业的转型升级、增强国际竞争力提供有力支撑。综上，我国制造企业发展的现实状况和趋势，迫切要求理论界、实业界关注大数据、云计算、物联网等新一代信息技术对制造企业的冲击和影响。

2. 物流企业的发展现状及趋势

自 20 世纪 80 年代初以来，我国制造企业实施物流外包的战略推动了物流业的大发展。经过三十多年的发展，“物流业”的内涵已经从运输、仓储、货代等单一物流活动的运作，发展到供应链层面的整合性物流服务。2009 年国务院出台的《物流业调整和振兴规划》首次肯定了物流业在国民经济中的地位与作用，强调物流业为其他产业提供生产性服务和支撑作用，要求加快促进制造业与物流业实现高质量协同发展，以便不断提升我国制造业发展水平。虽然《物流业调整和振兴规划》经过十多年的贯彻实施，我国物流业发展水平有了一定程度的提升，但是总体而言，物流服务水平仍然不高，物流业发展过程中依旧存在着许多问题，如“小、散、弱、差”，价格恶性竞争，创新及高端物流服务不足等主要问题。因此，落后的物流业已经成为制约国民经济发展的短板，具体表现为：（1）物流成本高而效率低下。2006 年至 2017 年我国社会物流总费用占 GDP 的比重一直处于 15%~18% 之间的较高水平，高于美国等发达国家 1 倍左右[①]。（2）我国物流基础设施较为落后，不同的物流设施之间存在不衔接、不配套等问题。（3）政策法规体系不完善，市场秩序不规

① 中国物流与采购联合会、中国物流学会 . 中国物流发展报告（2016—2017）[M]. 北京：中国财富出版社，2017.

范，地方保护主义、行业垄断现象严重。（4）第三方物流发展缓慢，物流企业服务水平普遍较低，大量物流企业聚集在中低端市场，产品和服务同质化严重，不能提供基于高新技术的物流服务，在大客户和外资物流企业的供应链中处于被整合、被挤压的地位。为此，2014 年 8 月国务院发布了《关于加快发展生产性服务业促进产业结构调整升级的指导意见》。该意见在涉及物流产业（或第三方物流企业）方面指出，在生产性服务业发展过程中，应当重点发展第三方物流，积极发展专业化、社会化的大型物流企业，培育一批具有较强服务能力的生产服务型物流园区和配送中心，优化物流企业供应链管理服务，提高物流企业配送的信息化、智能化、精准化水平，并且强调要继续推进制造业与物流业联动发展示范工作。除此之外，为了提升我国物流企业的服务水平，更好地为制造企业提质增效、转型升级提供支撑，2016 年 7 月发展改革委颁布了《"互联网 +"高效物流实施意见》，进一步强调要推动大数据、云计算、物联网等先进信息技术在物流企业中的广泛应用，提升物流企业信息化、智能化水平，尽快实现我国物流业的转型升级。

从物流业发展趋势来看，当前和今后一个时期，在大数据和"互联网+"的冲击下，我国物流企业迫切需要和信息技术产业深度融合，改变以往传统物流业"散、乱、差"的状态，逐步向智能化高端物流业发展，为处于转型升级阶段的制造企业提供优质服务，与制造企业形成互惠互利、实现高质量协同发展的良好局面。

1.1.2 理论背景

自 2009 年我国颁布《物流业调整和振兴规划》[①] 以来，制造业与物流

---

① FROHLICH M T, WESTBROOK R. Demand chain management in manufacturing and services: web-based integration, drivers and performance[J]. Journal of Operations Management, 2002, 20(06): 729–745.

业协同发展问题吸引了理论界很多学者的关注。国内文献中关于制造业与物流业协同发展的研究主要集中于研究制造业与物流业协同发展过程中存在的问题及对策。这一研究趋势也反映了学术研究与实践需要相互结合。从 2009 年起，国家就不断颁布相关政策法规推动生产性服务业（包括物流业）与制造业的融合发展。因此，国内学术界的研究，一方面从产业层面探讨制造业与物流业融合发展的一系列问题，其中定量研究所采用的数据，大部分来源于《中国统计年鉴》；另一方面从企业层面展开研究，这部分以定性研究为主，研究内容多为探讨制造企业与物流企业的合作模式，从企业层面进行定量研究的文献显得十分匮乏。

20 世纪 80 年代，西方发达国家最早出现制造企业实施物流业务外包的现象，随后便产生了合同物流、第三方物流的概念。在 2000 年前后，货主企业外包的物流业务逐渐增加，第三方物流企业开始渐渐发展起来。然而在西方欧美国家，学术界并没有将物流作为一个产业来研究，学术研究的对象通常是第三方物流企业。最早研究的问题是货主企业是否应该将物流业务外包、物流业务外包的优劣势、如何选择物流服务提供商等问题。随着第三方物流企业的不断发展壮大，学术界研究的问题逐步从探讨是否实施外包转移为研究货主企业如何能够与第三方物流企业建立良好的合作关系，研究内容主要集中在合作关系的构建、合作关系的发展、合作关系的类型、影响合作关系的因素等。与此同时，随着信息技术的发展，也有一部分学者认识到信息技术能够为企业创造机遇和价值，他们指出供应链成员之间的实时信息共享能够增强供应链优势①，同时，信息技术的不断发展扩大了企业之间信息共享的范围，提高了信息透明度，有利于供应链成员之间构建紧密合作关系。其中重点关注信息

---

① WAMBA S F, AKTER S, COLTMAN T, et al. Guest editorial: information technology-enabled supply chain management[J]. Production Planning & Control, 2015, 26(12): 933-944.

技术如何为企业创造交易价值、战略价值和变革价值。

当全球知名咨询公司麦肯锡于 2011 年首次提出大数据概念之后，国内外掀起了大数据（Big Data）的研究和应用热潮。2013 年美国阿肯色大学山姆沃顿商学院教授马修（Matthew A. Waller）在 *Journal of Business Logistics* 杂志上发表了两篇文章[①②]，呼吁学者们开展关于数据科学、预测分析、大数据如何在供应链中应用的研究，并提出了一系列需要研究及解决的问题。目前，国外学者们研究的内容主要包括从理论层面描述性分析大数据在物流或供应链中的应用、在制造企业中的应用原理及应用框架、在物流领域创造价值的空间等方面，显然，大多数研究成果为定性研究。为了迎接大数据时代带来的挑战，加快大数据驱动我国制造业、物流业的发展，国务院于 2015 年颁布了《中国制造 2025》，并且李克强总理在 2015 年《政府工作报告》中首次提出“互联网 +”的概念，同时在学术界也掀起了“互联网 +”的研究热潮，与国外研究相类似，也是以定性研究为主。国内学者们重点探讨新一代信息技术（物联网、云计算、大数据、移动互联网）如何与制造企业、物流企业进行深度融合，实现制造业、物流业的高效化、智能化运营。

1.2 问题的提出

物流业作为生产性服务业，与制造业之间是一种相互依存的关系；制造业拉动物流业发展，而物流业为制造业的发展起到了支撑与辅助作用。自 2007 年我国第一届制造业与物流业联动发展大会召开以来，为了

① WALLER M A, FAWCETT S E. Data science, predictive analytics, and big data: a revolution that will transform supply chain design and management[J]. Journal of Business Logistics. 2013, 34(02): 77–84.

② WALLER M A, FAWCETT S E. Click here for a data scientist: Big data, predictive analytics, and theory development in the era of a maker movement supply chain[J]. Journal of Business Logistics. 2013, 34(04): 249–252.

推动制造企业与物流企业实现高质量协同发展，我国颁布了多项政策与实施规划。2009 年国务院颁布了《物流业调整和振兴规划》，2010 年全国现代物流工作部际联席会议办公室颁布了《关于促进制造业与物流业联动发展的意见》，2014 年国务院颁布了《物流业发展中长期规划（2014 — 2020 年）》。在相关政府部门的高度关注下，我国制造业与物流业协同发展取得了一定成果，但是仍然存在许多不足，比如，物流成本高、效率低，高端物流服务供给不足，低端物流服务供给过剩等问题非常严重，致使我国制造企业的物流业务多以自营物流为主，物流需求没有得到充分释放。由于社会化物流需求不足，所以抑制了物流企业的发展。同时，我国营商环境还存在政府部门监管不规范、市场化及信用体系建设不完善等问题，也对制造企业、物流企业的发展产生了不利影响。自 2014 年起，我国经济发展进入新常态，制造企业发展面临新的挑战，为了促进我国制造企业的转型升级，实现由中国制造转为中国创造，2015 年国务院颁布了《中国制造 2025》[①]；为了促使物流企业为制造企业的发展提供更好的支撑作用，2016 年国家发改委发布了《“互联网 +”高效物流实施意见》[②]。由此可以看出，制造企业与物流企业如何实现高质量协同发展的问题一直是国家关注的重点，并且得到了相关政府部门的高度重视，尽快驱动制造企业、物流企业向服务化、智能化、协同化方向发展，已经成为国民经济发展的必然趋势。

学术界研究制造业与物流业协同发展的问题由来已久，在传统经济背景下，学者们对制造业与物流业协同发展的机理、模式、协同程度等方面开展了广泛研究，并且取得了阶段性研究成果。然而，大数据时代“两业”如何实现高质量协同发展？大数据时代“两业”高质量协同发展系统

① 张明钟 . 基于云服务平台的高质量协同发展 [J]. 中国电信业，2016(2)：26−29.

② 徐玉莲 . 区域科技创新与科技金融高质量协同发展模式与机制研究 [D]. 哈尔滨：哈尔滨理工大学，2012.

演化机理是怎样的？大数据对“两业”实现高质量协同发展的影响如何？这些问题均有待于进一步探讨。基于以上分析，针对我国制造业大而不强、物流业整体服务水平不高，互联网、大数据、云计算等新一代信息技术正在驱动“两业”发生颠覆性变化的现状，本专著将对大数据时代制造企业与物流企业如何实现高质量协同发展这一研究主题及其相关联的三个方面的若干具体问题展开深入研究。

首先，大数据时代制造企业与物流企业实现高质量协同发展是一个动态演化过程，那么从系统整体角度来看，随着营商环境的不断变化，在互联网、大数据、云计算等现代信息技术不断创新的情况下，“两业”高质量协同发展系统动态演化的具体过程如何？当“两业”高质量协同发展系统处于不同演化阶段又表现出哪些特征？当“两业”高质量协同发展系统与外界营商环境进行物质、能量、数据、信息交换时，系统中总熵值又会发生怎样的变化？

其次，从理论层面进一步探究“两业”高质量协同发展系统处于动态平衡时，影响“两业”实现高质量协同发展的机制有哪些？在相应机制作用下，选择哪些高质量协同发展模式能够更好地促进制造企业与物流企业实现高质量协同发展？

最后，本专著研究的核心主题是大数据时代制造企业与物流企业如何实现高质量协同发展，然而，大数据从哪些维度对“两业”实现高质量协同发展产生影响？大数据及其属性是否影响“两业”实现高质量协同发展？大数据的不同属性对“两业”实现高质量协同发展的影响效果如何？这些问题都需要进行深入研究。

1.3 研究意义

1.3.1 理论意义

本专著通过对“大数据时代制造企业与物流企业如何实现高质量协同发展”这一核心主题进行深入全面的研究，将在“两业”实现高质量协同发展的理论创新、实践创新方面发挥积极作用；其理论意义主要体现在以下几个方面。

第一，使得“两业”实现高质量协同发展的理论体系更加完善。本专著运用系统科学理论与方法，从系统角度对大数据时代制造企业与物流企业高质量协同发展系统的演化机理、系统演化的复杂性以及不同演化阶段的特征进行全面深入的分析，进一步丰富和完善了“两业”实现高质量协同发展的理论体系。

第二，本专著构建的熵变模型有利于从理论层面指导大数据时代“两业”实现高质量协同发展。本专著在研究大数据影响制造企业、物流企业转型升级以及分析“两业”高质量协同发展系统熵值变化的基础上，构建“两业”高质量协同发展系统熵变模型，并且运用此模型从理论层面指导大数据时代“两业”实现高质量协同发展。

第三，丰富了大数据时代“两业”实现高质量协同发展的理论研究成果。通过构建营商环境综合保障机制来促进制造企业与物流企业实现高质量协同发展，这不仅为理论层面研究“两业”实现高质量协同发展提供了新思路，而且对于丰富大数据时代“两业”实现高质量协同发展的理论研究成果也具有重要意义。

第四，为理论界继续研究“两业”如何持续实现高质量协同发展提供理论参考。本专著在前人研究的基础上，提出了大数据属性与“两业”实现高质量协同发展之间关系的理论模型，并且运用结构方程模型进行了验证。这一研究成果将为学术界未来继续探索大数据时代“两业”如何更好地、持久地实现高质量协同发展，提供重要的理论参考与借鉴。

1.3.2 现实意义

本专著对核心主题的探索为制造企业与物流企业在实践中利用大数据及大数据技术实现转型升级提供新的借鉴，同时本专著的核心研究成果也为现实中制造企业与物流企业之间的密切合作、进一步推进“两业”实现高质量协同发展提供理论指导，其现实意义可以概括如下。

第一，研究大数据驱动“两业”转型升级、实现高质量协同发展，其现实意义有：(1)有利于在实践中有效指导智能物流融入智能制造整个工艺流程，实现智能物流与智能制造的有机集成；(2)有利于指导智能物流企业提供专业化、定制化、市场化的智能物流装备技术的维护与升级服务；(3)便于指导智能物流企业利用智能仓储系统促进智能制造企业快速发展；(4)便于指导智能物流企业利用云仓储智能化系统支撑智能制造企业实现可持续发展。

第二，通过构建“两业”高质量协同发展系统的理论模型，有利于制造企业与物流企业的管理者熟练掌握和有效利用互联网技术、信息技术、人机一体化等技术以及实体物流网络通过云平台实现“两业”协同运作的规律。该理论模型在实践中可以帮助制造企业与物流企业的管理者从系统科学的角度，深刻认识高质量协同发展系统中各子系统之间以及各子系统与各要素之间的内在关联性，有利于参与者掌握“两业”高质量协同发展系统与外部环境进行物质、能量、数据和信息交换的规律，为现实的经济社会中“两业”实现高质量协同发展提供参考与借鉴。

第三，深入研究“两业”实现高质量协同发展的“四种模式”，有利于指导现实社会中“两业”进行协同运作。通过分析和比较“两业”实现高质量协同发展的“四种模式”，可以有效指导制造企业与物流企业根据自身所处区域经济发展水平的状况，有针对性地选择与之相适应的高质量协同发展模式，这样更有利于促进“两业”真正实现高质量协同发展。

第四，通过对三螺旋型高质量协同发展模式的探索性研究，可以帮助政府部门监控现实环境，促进政府部门在三方高质量协同发展过程发挥有效作用：（1）政府部门应该充分利用大数据的各种属性及大数据技术所挖掘的有价值的信息，实时把握制造企业与物流企业的发展动态，努力创造良好的营商环境，推进制造企业与物流企业实现高质量协同发展；（2）无论是市场主导型还是政府部门主导型的“两业”高质量协同发展模式，都需要政府部门加大对网络信息平台建设的财政支持力度，加快建设有利于制造企业与物流企业实现高质量协同发展的物流信息服务平台，推进“两业”实现信息共享，促进制造企业与物流企业协同创新，并且驱动“两业”实现高质量协同发展；（3）有关部门应遵循区域经济均衡发展原则，充分利用大数据分析与挖掘技术进行“两业”的合理布局与功能定位，以便增强“两业”集聚力度和增大“两业”协同效应。

1.4 研究方法及技术路线

1.4.1 研究方法

1. 文献研究法

文献研究法：主要指搜集、鉴别、整理文献，并通过对文献的研究形成对客观事实科学认识的方法。其研究过程一般包括五个基本环节，分别是：提出课题或假设、研究设计、搜集文献、整理文献和进行文献综述。本研究涉及的文献资料，主要来源于三个方面：第一，通过对国内外期刊数据库进行关键词检索，获取相关文献，并对近十年来的文献进行综合回顾。本专著采用的国内数据库主要有：中国知网、重庆维普、万方；国外数据库主要有：Scopus、Web of Science、Emerald、ScienceDirect、EBSCO等。第二，行业研究报告以及各大咨询公司的白皮书。随着大数据成为学术界关注的热门词汇，国内外各大咨询公司、行业研究机构（Armstrong&Associates、IBM、德勤、阿里研究院等）都发布了各自的研究报告，这部分资料作为了解大数据在各行业内应用现状的主要文献来源。第三，从2007年开始政府部门出台的推动制造业、物流业发展的相关政策性文件，利用这部分资料能够更好地把握我国未来“两业”的发展趋势以及迫切需要解决的问题，促使研究成果迅速落地生根，尽快显现其实际应用价值。

2. 系统建模分析法

系统建模分析法是指应用系统科学理论将研究对象看作一个具有整体性、结构性和不平衡性等特征的系统，系统的整体与部分之间、系统各要素之间、系统与外部环境之间存在着相互作用关系。系统分析方法是一种定量分析与定性分析相结合的综合分析方法，通过分析系统整体与部分之间的结构关系、动态变化来揭示系统演化的一般规律。本专著综合运用了耗散结构、系统耦合、协同学等理论对“两业”高质量协同发展系统的复杂性及其演化过程进行了定性与定量分析。

3. 问卷调查法

问卷调查法就是研究者采用控制式的测量题项对所研究的问题进行测量，通过实际调查搜集到可靠数据资料的一种方法。问卷调查法的实施过程主要包括：问卷设计、问卷发放与回收以及问卷数据处理三个方面。首先，问卷设计方面，作者在参照前人研究成果的基础上，结合自己的研究问题以及对相关企业的访谈，设计了相应的调查题项，在对问卷进行预调研之后，进一步对调查题项进行删减与修正。其次，本专著研究的核心问题是大数据时代制造企业与物流企业如何实现高质量协同发展这一问题，问卷发放对象应为企业中高层领导，为了保证回收的问卷的真实性及有效性并且能够收集到所需的样本容量，决定采用问卷调研公司的付费服务。通过从制造企业的角度设计相应的调查题项，来反映我国物流企业服务水平状况以及制造企业与物流企业协作互动情况。对于问卷调研获取的数据资料，主要采用 SPSS 26.0 和 AMOS 24.0 软件进行探索性因子分析及验证性因子分析，确保问卷的信度和效度符合要求。

4. 结构方程模型

结构方程模型（structural equation model）是基于变量的协方差矩阵来分析变量之间关系的统计方法，因其允许自变量及因变量都存在测量误差、能够分析潜变量之间的复杂关系、能够同时分析潜变量及观察变量的关系，在社会、教育、心理学等领域得到广泛应用。本专著所涉及的大数据属性、制造企业发展水平、物流企业服务水平、制造企业与物流企业协同程度均为不能直接测量的潜变量，需要依靠观察变量对其进行测量。因此，结构方程模型适合应用于本研究。结构方程模型包含两部分：测量模型及结构模型。笔者在提出大数据时代“两业”实现高质量协同发展的概念模型基础上，构建了潜变量之间的结构模型以及测量变量与潜变量之间的测量模型。在此基础上，运用问卷数据进行结构方程模型拟合分析，并且验证各潜变量之间的关系。

1.4.2 技术路线

本专著依据“提出问题—分析问题—解决问题”的研究思路，针对大数据时代“两业”如何实现高质量协同发展的问题进行了深入研究。本专著的技术路线如图 1–1 所示。

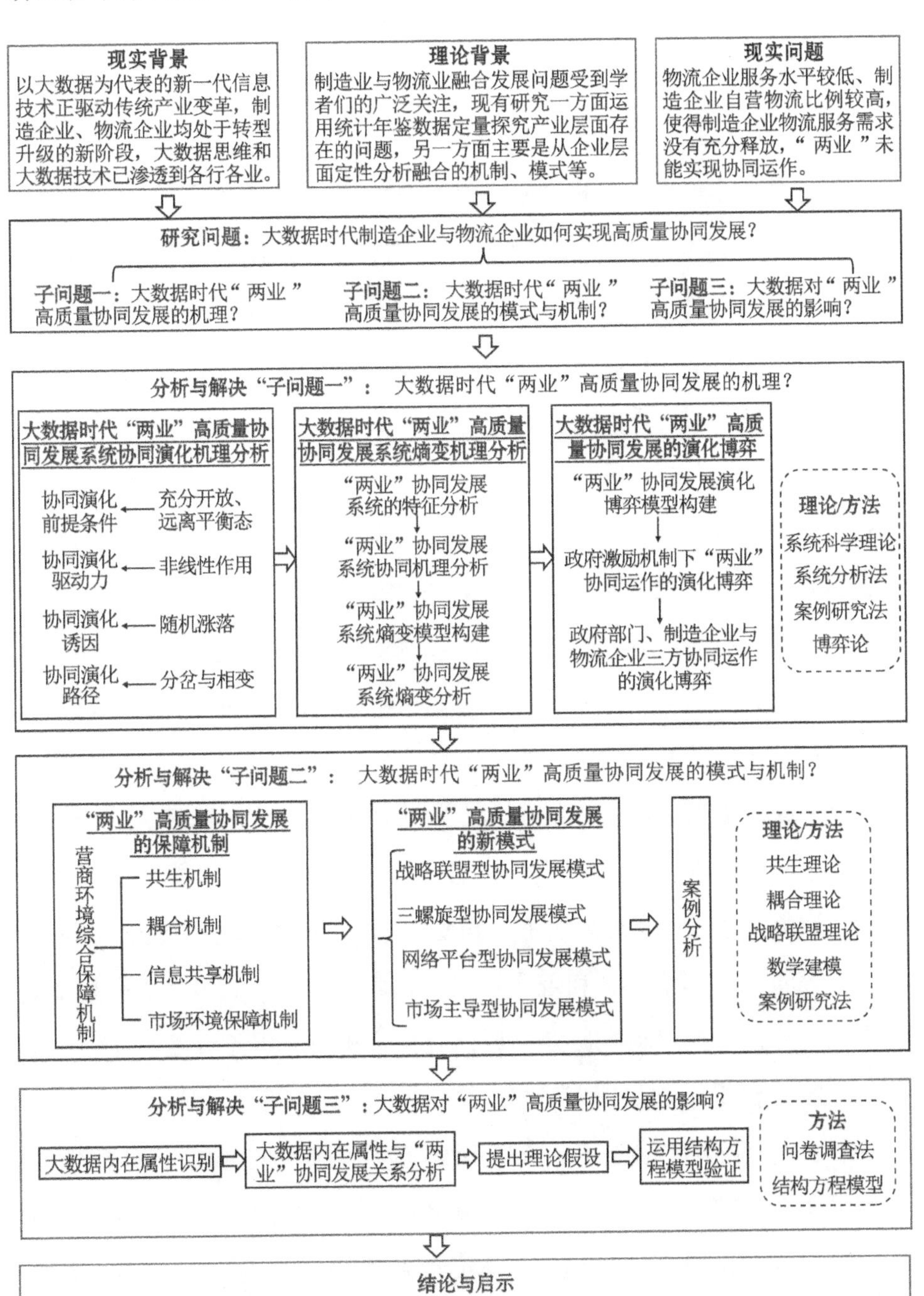

现实背景
以大数据为代表的新一代信息技术正驱动传统产业变革，制造企业、物流企业均处于转型升级的新阶段，大数据思维和大数据技术已渗透到各行各业。
理论背景
制造业与物流业融合发展问题受到学者们的广泛关注，现有研究一方面运用统计年鉴数据定量探究产业层面存在的问题，另一方面主要是从企业层面定性分析融合的机制、模式等。
现实问题
物流企业服务水平较低、制造企业自营物流比例较高，使得制造企业物流服务需求没有充分释放，“两业”未能实现协同运作。
研究问题：大数据时代制造企业与物流企业如何实现高质量协同发展？
子问题一：大数据时代“两业”高质量协同发展的机理？
子问题二：大数据时代“两业”高质量协同发展的模式与机制？
子问题三：大数据对“两业”高质量协同发展的影响？
分析与解决“子问题一”：大数据时代“两业”高质量协同发展的机理？
大数据时代“两业”高质量协同发展系统协同演化机理分析
协同演化前提条件
充分开放、远离平衡态
协同演化驱动力
非线性作用
协同演化诱因
随机涨落
协同演化路径
分岔与相变
大数据时代“两业”高质量协同发展系统熵变机理分析
“两业”协同发展系统的特征分析
“两业”协同发展系统协同机理分析
“两业”协同发展系统熵变模型构建
“两业”协同发展系统熵变分析
大数据时代“两业”高质量协同发展的演化博弈
“两业”协同发展演化博弈模型构建
政府激励机制下“两业”协同运作的演化博弈
政府部门、制造企业与物流企业三方协同运作的演化博弈
理论/方法
系统科学理论
系统分析法
案例研究法
博弈论
分析与解决“子问题二”：大数据时代“两业”高质量协同发展的模式与机制？
“两业”高质量协同发展的保障机制
营商环境综合保障机制
共生机制
耦合机制
信息共享机制
市场环境保障机制
“两业”高质量协同发展的新模式
战略联盟型协同发展模式
三螺旋型协同发展模式
网络平台型协同发展模式
市场主导型协同发展模式
案例分析
理论/方法
共生理论
耦合理论
战略联盟理论
数学建模
案例研究法
分析与解决“子问题三”：大数据对“两业”高质量协同发展的影响？
大数据内在属性识别
大数据内在属性与“两业”协同发展关系分析
提出理论假设
运用结构方程模型验证
方法
问卷调查法
结构方程模型
结论与启示

图 1–1　技术路线

1.5 研究内容与创新点

1.5.1 研究内容

通过系统梳理近几年来学术界研究“两业”如何实现高质量协同发展的相关文献，笔者发现尽管学者们关注的重点、采用的研究方法各不相同，但是到目前为止，运用系统科学理论从本质上揭示大数据时代“两业”实现高质量协同发展一般规律的研究成果仍然很少见。因此，本专著以揭示大数据时代“两业”实现高质量协同发展的一般规律为切入点，运用系统科学理论分析“两业”高质量协同发展系统的复杂性及其协同演化的过程，在此基础上，建立了“两业”实现高质量协同发展的营商环境综合保障机制，并提出了促进“两业”实现高质量协同发展的“四种新模式”。最后，从大数据构成维度的视角，归纳出大数据包含的四个主要属性，并且对大数据的四个属性是否影响“两业”实现高质量协同发展以及产生何种影响进行了探讨。本书各章主要研究内容如下。

第 1 章为绪论。首先介绍了本专著选题的现实背景与理论背景，同时，基于时代背景和社会经济发展的迫切需要，提出了“大数据时代制造企业与物流企业如何实现高质量协同发展”这一研究主题。其次，明确指出研究该主题的理论意义和现实意义，在此基础上，对本专著采用的研究方法、依据的技术路线以及主要研究内容进行了详细介绍。本章最后部分概述了本研究成果的创新之处。

第 2 章为相关文献综述。通过系统梳理“两业”实现高质量协同发展的相关研究文献，发现了目前研究成果存在的不足之处，并指出未来迫切需要研究的重要理论问题，为本专著后续研究奠定扎实的理论基础。本章的文献梳理范围及主要内容包括：国内外研究制造业与物流业高质量协同发展的相关文献；国内外研究大数据与制造业、物流业以及供应链融合的相关文献；最后对国内外相关研究文献进行了述评。

第 3 章对大数据时代“两业”高质量协同发展系统的框架模型进行构建。首先，介绍了大数据时代的现实背景，并且对大数据和大数据技术的概念、特征以及大数据关键技术的主要内容进行了详细阐述；其次，对大数据影响制造企业和物流企发展趋势及其呈现的新特征进行了分析；再次，对大数据时代“两业”高质量协同发展系统的复杂性进行了分析，即从结构性与过程性两个层面进行了剖析；最后，构建了大数据时代“两业”高质量协同发展系统的框架模型。

第 4 章对大数据时代“两业”高质量协同发展系统的演化机理进行了较全面深入的分析，运用系统科学中的相关理论对“两业”高质量协同发展系统协同演化的前提条件、驱动力、诱因、路径等进行了探索。

第 5 章对大数据时代“两业”高质量协同发展系统熵变模型进行了系统性研究。依据第 4 章研究成果可知，“两业”高质量协同发展系统在与外界环境进行数据、信息、知识、物质和能量交换时，将会引起系统内部熵值的变化，从而最终形成耗散结构。因此，本章在第 4 章研究基础上，首先对大数据时代“两业”高质量协同发展系统的特征及其协同效应进行了分析；其次，构建了“两业”高质量协同发展系统的熵变模型；最后，对“两业”高质量协同发展系统的熵值变化进行了全面阐述，并且结合具体案例进行了实证分析。

第 6 章对大数据时代“两业”实现高质量协同发展的演化博弈进行了系统性分析。本章在前人研究成果基础上，首先应用演化博弈理论对制造企业与物流企业的演化博弈过程进行研究，并详细分析了影响“两业”演化博弈稳定性的相关因素；其次，在兼顾政府部门激励行为与考虑“两业”演化博弈收益的前提下，分析政府部门正激励对“两业”演化博弈稳定性的影响；再次，在构建政府部门、制造企业与物流企业三方演化博弈收益矩阵的条件下，建立了政府部门、制造企业与物流企业三方演化博弈模型；最后，分析得出当政府部门、制造企业与物流企业之间形成演化博弈系统时，三方各自如何选择演化博弈策略，将受到政府部门、制造企业与物流企业各方投入高质量协同发展中的费用和获取利益多少的影响。

第7章对大数据时代“两业”实现高质量协同发展的保障机制进行了尝试性研究。本章在第4章、第5章和第6章的研究基础上，首先，对“两业”复合共生模式的类型、共生关系的演化轨迹与演化规律进行了全面分析，并借鉴Lotka-Volterra种间竞争模型构建了“两业”共生演化机制的动力模型，且对共生的不同阶段以及每个阶段的均衡点进行了分析；其次，从“推力”与“拉力”两个层面分析了“两业”高质量协同发展系统的技术协同创新与运营模式协同创新之间的耦合机制，并且在分析“两业”基于信息共享实现高质量协同发展的基础上，构建了基于互联网的“两业”实现高质量协同发展的信息共享机制；再次，从构建社会诚信保障体系、市场成熟机制和政策协调机制三个视角探讨了市场环境保障机制的建立；最后，构建了由共生机制、耦合机制、信息共享机制和市场环境保障机制共同集成的“两业”实现高质量协同发展的营商环境综合保障机制。

第8章对大数据时代“两业”高质量协同发展模式进行了探索性研究。在第7章研究“两业”实现高质量协同发展的有效机制的基础上，以“两业”高质量协同发展系统协同演化机理所揭示的系统序参量、系统协同效应为依据，在分析制造企业子系统与物流企业子系统相互作用的基础上，考虑大数据属性特征对制造企业与物流企业实现高质量协同发展的影响而提出了四种高质量协同发展模式，即战略联盟型高质量协同发展模式、三螺旋型高质量协同发展模式、网络平台型高质量协同发展模式和市场主导型高质量协同发展模式。

第 9 章对大数据如何影响“两业”实现高质量协同发展进行了实证研究。在前面各章定性研究大数据影响“两业”实现高质量协同发展的基础上，首先，本章对大数据的内涵、构成维度及其内在属性进行了分析，并且对大数据的主要内在属性与“两业”实现高质量协同发展之间的关系提出了理论假设；其次，对本章的研究方法进行了设计，并对调查问卷的设计、测量变量的确定、问卷预调研以及最终问卷的发放与收集进行了全面阐述；最后运用 SPSS 26.0 对总量表及各分量表的信度、效度进行了检验，利用结构方程模型对本章提出的理论假设进行了验证，并且得出研究结论。

第 10 章为结论与展望部分。首先，归纳与总结本专著的研究结论及其给“两业”实现高质量协同发展带来的启示；其次，指出本专著的不足之处，并给出解决问题的对策与建议；最后，对未来需要继续研究的崭新课题进行了展望。

本专著主要研究内容及拟回答与解决的关键问题如图 1-2 所示。

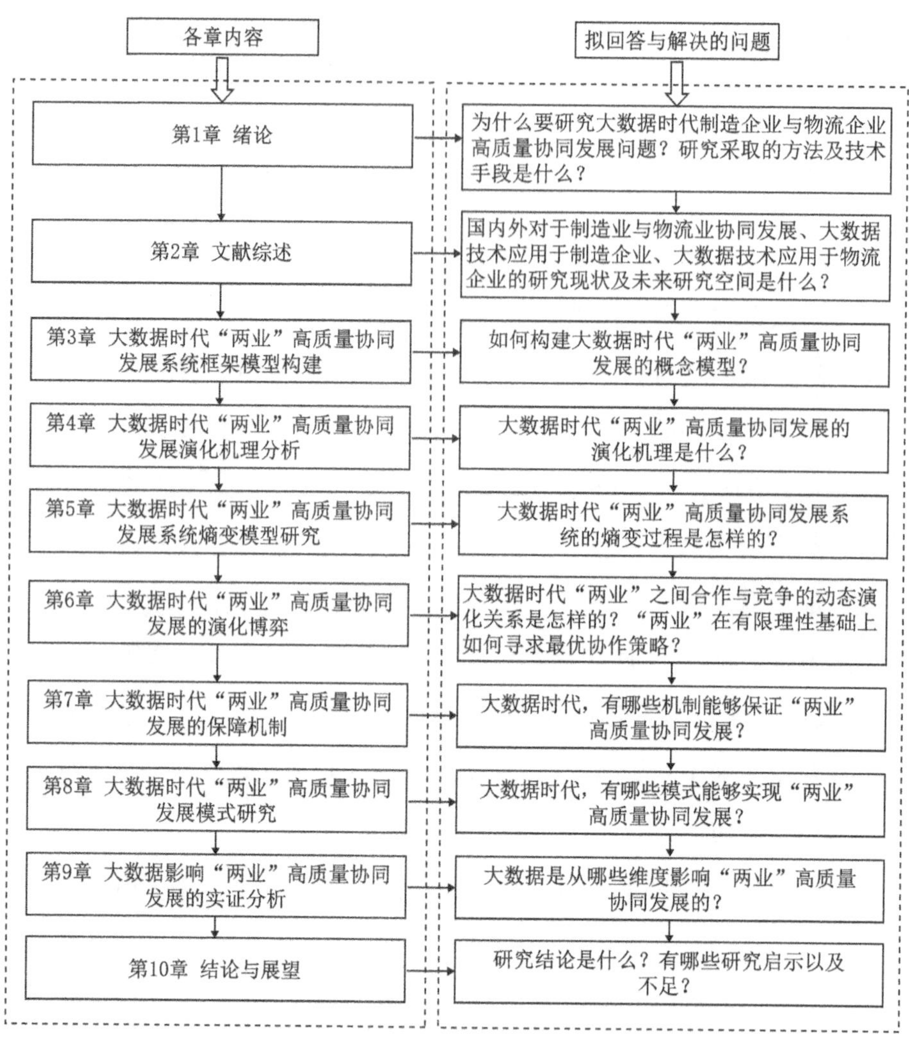
各章内容
拟回答与解决的问题
第1章 绪论
为什么要研究大数据时代制造企业与物流企业高质量协同发展问题？研究采取的方法及技术手段是什么？
第2章 文献综述
国内外对于制造业与物流业协同发展、大数据技术应用于制造企业、大数据技术应用于物流企业的研究现状及未来研究空间是什么？
第3章 大数据时代“两业”高质量协同发展系统框架模型构建
如何构建大数据时代“两业”高质量协同发展的概念模型？
第4章 大数据时代“两业”高质量协同发展演化机理分析
大数据时代“两业”高质量协同发展的演化机理是什么？
第5章 大数据时代“两业”高质量协同发展系统熵变模型研究
大数据时代“两业”高质量协同发展系统的熵变过程是怎样的？
第6章 大数据时代“两业”高质量协同发展的演化博弈
大数据时代“两业”之间合作与竞争的动态演化关系是怎样的？“两业”在有限理性基础上如何寻求最优协作策略？
第7章 大数据时代“两业”高质量协同发展的保障机制
大数据时代，有哪些机制能够保证“两业”高质量协同发展？
第8章 大数据时代“两业”高质量协同发展模式研究
大数据时代，有哪些模式能够实现“两业”高质量协同发展？
第9章 大数据影响“两业”高质量协同发展的实证分析
大数据是从哪些维度影响“两业”高质量协同发展的？
第10章 结论与展望
研究结论是什么？有哪些研究启示以及不足？

图 1–2 研究内容及拟回答与解决的问题

1.5.2 创新点

通过将本专著研究成果与国内外相关研究文献进行比较，可以发现本专著的创新点主要体现在如下几个方面。

第一，构建了大数据时代制造企业与物流企业高质量协同发展系统的框架模型。该模型主要由相互关联、相互作用、相互制约的制造企业子系统、物流企业子系统、“两业”协同创新子系统、保障机制子系统、高质量协同发展模式子系统和软硬件支撑子系统融合而成，并且在一定时空范围内，不断地与系统的外部环境进行着数据、信息、知识、物质和能量的交换，通过自组织、自适应、协同演化的过程，实现“两业”协同效应最大化，其目的就是要达到“整体大于部分之和”的涌现性和“1+1 ＞ 2”的目标。创新点的价值表现为：（1）有利于掌握大数据时代制造企业、物流企业利用互联网技术、大数据技术、信息技术、人机一体化技术以及实体物流网络在云平台上实现“两业”协同运作的规律；（2）有利于从系统科学的角度，认识制造企业与物流企业形成的高质量协同发展系统内部各子系统之间以及各子系统与各要素之间的内在关联性，以及它们分别与外部环境进行数据、信息、知识、物质和能量交换的规律，这必将为理论界深入研究“两业”实现高质量协同发展的内在机理、实业界探索“两业”实现高质量协同发展的有效途径提供理论参考与经验借鉴。

第二，运用系统科学的相关理论对“两业”高质量协同发展系统协同演化的前提条件、驱动力、诱因、路径以及协同演化机理进行了探索。此创新点的价值在于揭示了以下一般规律：（1）充分开放与远离平衡态是“两业”高质量协同发展系统协同演化的前提条件；（2）各创新主体（子系统）之间的非线性相互作用是“两业”高质量协同发展系统协同演化的驱动力；（3）随机涨落是“两业”高质量协同发展系统协同演化的诱因；（4）由多次渐变到突变（相变与分岔）形成的“轨迹”，是“两业”高质量协同发展系统协同演化的有效路径；（5）基于系统科学理论的视角，不仅能够清晰地描绘出“两业”高质量协同发展系统协同演化的轨迹，而且还能够深入分析“两业”高质量协同发展系统协同演化的机理。

第三，构建了大数据时代“两业”高质量协同发展系统的熵变模型。

该创新点的主要贡献体现在：通过构建“两业”高质量协同发展系统的熵变模型，不但从理论上证明了“两业”技术协同创新与“两业”运营模式协同创新之间相互协同的重要性，而且使得“两业”可以根据自身创新情况，运用该熵变模型对其熵值变化进行计算与分析，并且能够准确把握当前“两业”高质量协同发展系统的运转状况；同时，也为“两业”如何持续开展协同创新活动提供理论指导。

第四，建立了大数据时代“两业”实现高质量协同发展的营商环境综合保障机制。此创新点的价值在于客观地揭示了营商环境综合保障机制促进“两业”实现高质量协同发展的内在规律：（1）“两业”高质量协同发展系统是由相互关联、相互影响、相互作用的制造企业子系统、物流企业子系统和保障机制子系统等相互融合而成的复杂的开放系统，其实现高质量协同发展的目标是提升“两业”协同创造价值的能力。（2）在“两业”实现高质量协同发展的过程中，“两业”共生机制是制造企业与物流企业实现高质量协同发展的核心驱动力。（3）与“两业”协同创新密切相关的耦合机制及信息共享机制是促进“两业”实现高质量协同发展的支撑平台和纽带，而市场环境保障机制则是“两业”实现高质量协同发展的外源驱动力。（4）当影响“两业”实现高质量协同发展的共生机制、耦合机制、信息共享机制以及市场环境保障机制实现有机集成之后，就形成了以共生机制为核心、以耦合机制为支撑、以信息共享机制为纽带、以市场环境保障机制为依托的由内向外逐级驱动“两业”实现高质量协同发展的营商环境综合保障机制。其中市场环境保障机制的作用具有两面性：一方面，当“两业”高质量协同发展系统的协同演化在市场环境保障机制的边界内，市场环境保障机制就是驱动“两业”实现高质量协同发展的外源动力；另一方面，当“两业”高质量协同发展系统的协同演化超越了市场环境保障机制的边界时，市场环境保障机制就变成了“两业”实现高质量协同发展的制约力，会使得“两业”高质量协同发展系统回归到原来的状态。所以，良好的市场环境保障机制不仅为“两业”实现高质量协同发展创造了更协调、更完善的良好外部环境，而且更有利于促进“两业”实现高质量协同发展。

第五，基于“两业”实现高质量协同发展的演化机理，设计了大数据时代促进“两业”实现高质量协同发展的四种新模式：战略联盟型高质量协同发展模式、三螺旋型高质量协同发展模式、网络平台型高质量协同发展模式和市场主导型高质量协同发展模式。此创新点的价值在于给实业界和政府部门带来如下启示：（1）政府部门应该充分利用大数据属性及大数据技术挖掘有价值的信息，实时把握制造企业与物流企业的发展动态，努力创造良好的政策、制度环境，推进制造企业与物流企业实现高质量协同发展，无论是市场主导型还是政府部门主导型的“两业”高质量协同发展模式，都需要政府部门积极营造风清气正的营商环境。（2）物流企业通过线下的集聚形成物流园区，有利于助推其周边地区制造企业的集聚和发展。但是，大数据时代制造企业、物流企业应该更利用物联网、大数据和云平台实现线上集聚，这样不仅有利于“两业”协同创新，更有助于推进“两业”线上与线下（on-line to off-line）同步实现高质量协同发展，助推区域经济转型升级。（3）政府部门在制定制造企业与物流企业实现高质量协同发展的中长期规划时，应该充分利用大数据、云计算等技术优化“两业”空间布局，不断完善“两业”协同机制、适时强化“两业”协同管理，依靠协同创新驱动制造企业与物流企业实现高质量协同发展。（4）政府部门要加大对网络信息平台建设的财政支持力度，加快建设有利于制造企业与物流企业实现高质量协同发展的物流信息服务平台，依靠云物流信息平台提供高水平的综合物流服务，实现“两业”信息共享，促进制造企业与物流企业协同创新及高质量协同发展。例如，应该考虑建设覆盖全国的云物流信息综合服务平台，建立“两业”双向实时的信息采集与发布机制。（5）政府有关部门必须遵循区域经济均衡发展原则，充分利用大数据分析与挖掘技术进行“两业”的合理布局与功能定位，以增强“两业”集聚力度和协同效应，并且考虑制造企业与物流企业的运行效率以及行业内部的适度竞争。（6）通过提升物流企业的集聚水平，充分发挥物流网络信息平台的共享机制以及网络外部性作用，降低物流服务交易成本、提高制造企业的生产效率和效益，进而驱动制造企业与物流企业实现高质量协同发展。

第六，在国内外相关研究成果的基础上，构建了大数据属性（“M3V”）与“两业”实现高质量协同发展之间关系的理论模型，并且应用结构方程模型进行了验证。此创新点的价值在于给制造企业、物流企业带来如下启示：（1）制造企业可以利用大数据属性及大数据技术，为本企业选择满意的物流服务商而设计精准有效的评价指标与选择方案。在此方案的设计过程中，制造企业通过对物流行业大数据的分析与挖掘，获取有关选择物流服务商的有价值的数据、信息和知识。如果让备选物流服务商也参与此方案的设计，那么不仅有利于方案的设施，更有利于物流服务商为制造企业提供满意的物流服务。（2）制造企业面临着从传统制造向智能制造转型的挑战，迫切需要专业化、智能化的物流企业为其提供全方位的高端物流服务。随着制造企业日益丰富的多样化、个性化的生产运作方式与物流需求，催生了多样化、真实性、有价值、大规模的数据诞生。传统物流企业大多数“重资产、轻运营”，以提供运输、仓储、货代等传统物流服务为主；然而，进入大数据时代，随着“互联网+”、云计算、物联网的快速发展，物流领域诞生了许多“轻资产、重运营”的高端平台型物流企业，这类平台型物流企业在有效挖掘与利用内外部大数据资源的基础上，为制造企业提供了更加精细化、专业化、智能化、个性化的物流服务。（3）物流企业是否利用大数据属性及大数据技术为制造企业降低物流总成本，仅仅是物流企业能否为制造企业创造价值的基本体现。然而，能否恰逢其时地运用大数据等新一代信息技术，为制造企业及其所在供应链提供更加灵活的增值服务，为制造企业及其客户创造更多的价值，才是物流企业自身存在价值的重要反映，这也决定了物流企业能否与制造企业形成长期的、稳固的、高效的并能实现高质量协同发展的战略联盟关系。（4）从制造企业与物流企业协同运作的角度来考虑，开放的、透明的、有价值的多样性数据交换以及高效实时的信息沟通与交流是“两业”实现利益共享、风险共担、高质量协同发展的必要条件。大数据及大数据技术在“两业”内的广泛运用，必将促进双方深度合作；从长远角度来看，大数据及大数据技术也必将驱动制造企业与物流企业之间的合作向着相互依赖、相互促进、协同运作的方向发展。

1.6 本章小结

本章在充分阐述研究主题的现实背景和理论背景的基础上，首先对研究主题的价值与意义分别从理论与现实两个层面展开了全面论述；其次对本课题具体研究方法的适用性和有效性也进行了详细分析，并绘制了研究主题的技术路线图；最后对研究内容及拟回答与解决的关键问题构建了框架图，且指出本专著具有六个创新点：（1）构建了大数据时代制造企业与物流企业高质量协同发展系统的框架模型；（2）运用系统科学的相关理论对“两业”高质量协同发展系统协同演化的前提条件、驱动力、诱因、路径以及协同演化机理进行了探索；（3）构建了大数据时代“两业”高质量协同发展系统的熵变模型；（4）建立了大数据时代能够有效保障“两业”实现高质量协同发展的营商环境综合保障机制；（5）基于“两业”实现高质量协同发展的演化机理，设计了大数据时代促进“两业”实现高质量协同发展的四种新模式：战略联盟型高质量协同发展模式、三螺旋型高质量协同发展模式、网络平台型高质量协同发展模式和市场主导型高质量协同发展模式；（6）构建了大数据属性（“M3V”）与“两业”实现高质量协同发展之间关系的理论模型，并且应用结构方程模型进行了验证。

第2章 文献综述

首先，本章对文献综述的选取范围及检索依据做简要说明，并且对国内外研究制造业与物流业协同发展的相关研究成果进行系统梳理；其次，对国内外研究大数据与制造业、物流业以及供应链相融合的相关文献进行归纳与总结；最后，对国内外相关研究文献进行再述评。

2.1 文献选取范围与检索依据

本专著在进行文献检索时，主要从两个层面进行文献搜索：一是产业层面；二是企业层面。产业层面主要是研究制造业与物流业协同发展的文献，即研究大数据与制造业、大数据与物流业相融合的文献；而企业层面主要包括研究制造企业与物流企业协同运作（或互动）、研究大数据在制造企业中应用、大数据在物流企业中应用的文献，其中物流业是以第三方物流企业、第四方物流企业、物流服务提供商等形式出现，制造企业代表物流服务需求方以及物流企业的客户等。本专著选取了表 2–1 中的主题和关键词进行文献搜索，检索时间段为 2009 年 1 月至 2020 年 12 月；具体检索时，采用的数据库如表 2–2 所示。同时，本专著对国际知名的物流与供应链期刊（SSCI/SCI 收录）进行了关键词检索，检索期刊如表 2–3 所示（仅列出部分有代表性的期刊），文献初步检索结果如表 2–4 所示。

表 2–1 文献检索的主题及关键词

层面	主题	中英文关键词
产业层面	制造业与物流业协同	制造业（manufacturer industry/sector）；物流业（logistics industry/sector）；协同（synergy/synergetics）；联动（linkage/collaboration）；互动（interaction）；关联（relevance）；大数据（big data）；合作（collaboration）；联盟（alliance）
	制造业 + 大数据	
	物流业 + 大数据	
企业层面	制造企业与物流企业协同	物流服务提供方（logistics service provider）；物流企业（logistics company）；第三方物流（third party logistics）；第四方物流（fourth party logistics）；制造企业（manufacturer/customer/logistics service user）；联动（互动）（interaction）；关联（relevance）；合作（collaboration）；联盟（alliance）；智能制造（smart manufacturing、advanced manufacturing）；工业 4.0（industry 4.0）；大数据（big data、big data analysis）；货主（shipper）；承运人（carrier）
	制造企业 + 大数据	
	物流企业 + 大数据	

表 2–2 文献检索数据库

文献来源	国内外学术文献数据库
国外	Web of Science、EBSCO、Emerald、Science Direct、Google Scholar、Scopus
国内	中国知网、维普期刊、万方数据库

表 2–3 重要的物流与供应链国际学术期刊

序号	期刊名称
1	*International Journal of Logistics-Research and Applications*
2	*The International Journal of Logistics Management*
3	*International Journal of Shipping and Transport Logistics*
4	*Journal of Business Logistics*
5	*Journal of Purchasing and Supply Management*
6	*Journal of Supply Chain Management*
7	*Supply Chain Management-An International Journal*
8	*International Journal of Physical Distribution & Logistics Management*
9	*International Journal of Operations & Production management*
10	*Operations Research*
11	*The Service Industries Journal*

表 2-4 文献初步检索结果

层面	主题	国外文献数量（篇）	国内文献数量（篇）
产业层面	制造业与物流业协同（或联动）	18	1065
	制造业 + 大数据	26	1490
	物流业 + 大数据	6	334
企业层面	制造企业与物流企业协同（或互动）	184	190
	制造企业 + 大数据	478	469
	物流企业 + 大数据	247	589

首先对国内外有关制造业与物流业协同（或联动）以及大数据在制造业（或制造企业）、物流业（或物流企业）中应用的文献进行检索，然后，通过系统梳理检索结果和对比分析，可以发现：（1）从国外文献来看，国外学者对于制造业与物流业协同的研究，从产业层面进行探讨的文献较少，主要是集中在企业层面上研究“两业”协同（或互动）的问题；对于大数据在制造业（或制造企业）、物流业（或物流企业）中如何应用及融合的研究文献较少，从现有研究文献检索结果来看同样集中在企业层面，而且从制造企业角度进行研究的文献较多（478 篇）。在这些研究内容当中，大部分是提出理论分析框架及未来研究趋势。（2）从国内文献来看，国内学者从产业层面研究制造业与物流业协同（或联动）的文献较多，已经形成了研究热潮（1065 篇）。然而，从企业层面研究“两业”协同问题的文献则较少（190 篇），并且以定性或描述性研究为主。尤其是对于大数据在制造业（或制造企业）、物流业（或物流企业）中如何应用及融合问题的研究，我国学者普遍从产业层面进行研究，但是，无论是从产业层面还是从企业层面，目前的研究均处于理论探讨阶段，而对于“两业”高质量协同发展能够起到实质性驱动作用的研究文献还十分匮乏。

2.2 制造业与物流业高质量协同发展的文献综述

制造业是一个国家赖以生存与发展的重要支柱之一，在国民经济中占据举足轻重的地位。自 20 世纪 80 年代初起，制造企业实施物流业务外包，极大地促进了传统物流业的发展；经过改革开放四十多年的迅猛发展，物流业已成长为我国支柱产业之一。但是，物流业在发展初期显得比较被动，主要是依靠制造企业的发展来拉动物流企业的发展。自 2009 年国务院出台《物流业调整和振兴规划》之后，越来越多的国内学者认为：有必要对制造业与物流业如何实现高质量协同发展这一问题，从理论到实践进行广泛而深入的研究；尤其值得关注的是，国外学者在研究制造业与物流业协同发展这一命题时，更多的是从企业角度研究制造企业与物流企业之间的互动与业务外包关系。因此，关于这部分的文献综述，主要从国内学者研究制造业与物流业协同机理、协同程度评价、协同发展过程中存在的问题与对策以及国内外学者研究制造企业与物流企业互动关系四个方面进行综述。

2.2.1 制造业与物流业协同发展机理

国内学者对于制造业与物流业高质量协同发展的研究，主要是从理论层面探讨两者之间的内在机理。通过对现有文献的梳理发现：学者们普遍运用经济学、管理学、生态学中的相关理论对“两业”高质量协同发展的机理进行分析，其中被频繁运用的理论有：交易费用理论、共生理论、博弈论，除此之外，也有采用组织关系理论、核心竞争力理论、产业集群理论、价值链理论、供应链管理理论等理论的。现将相关文献的作者、主要观点及其采用的理论进行归纳与总结（表 2-5）。

表 2-5　国内学者研究制造业与物流业协同发展机理的代表性文献

作者	主要观点	理论
王晓艳①	高质量协同发展本质上是一种持续互补、依赖的关系，这种关系能够降低物流企业和制造企业之间的交易成本。	交易费用理论
张快娟②	交易费用的高低，决定了制造企业是否外包物流业务。	
王珍珍等③	高质量协同发展可以有效降低交易费用，同时可以抑制机会主义行为。	
娜仁图雅④	内蒙古地区物流企业发展落后，外包不能降低制造企业的交易费用，因而制造企业大多采用“自营物流模式”。	
吴群⑤	制造业与物流业协同共生是产业发展的新趋势以及产业内在驱动力作用的结果。	共生理论
欧伟强⑥	制造业与物流业之间共生的行为模式是一种寄生和偏利共生，共生的组织模式表现为点共生和间歇共生。	
彭本红⑦	制造业与物流业互惠互利的机遇是共生的源泉，产业融合的趋势是共生的动力。	
邓良等⑧	构建了多种情况下的制造业与物流业演化合作模型，并对不同情况进行了讨论，得出物流企业应提升一体化服务能力、制造企业聚集区的物流功能需要整合等启示。	博弈论
王珍珍等⑨	制造业与物流业协同的本质在于竞合关系。	
戴建平等⑩	制造企业物流外包是实现企业资源配置最优的表现，也是社会分工发展到一定阶段的必然结果。	社会分工理论
梅汉宁⑪	采购及物流成本在供应链总成本中的比重较大，制造业与物流业高质量协同发展能够降低成本，促使国民经济产业结构更加合理。	供应链管理理论

---

① 王晓艳．制造业与物流业联动发展的机理和模式研究 [J]. 物流技术，2009，28(07)：6–8.

② 张快娟．制造业与物流业协调发展的计量分析——以杭州市为例 [D]. 杭州：浙江工商大学，2011.

③ 王珍珍，李雪莲．制造业与物流业联动发展的动因分析——经济学、管理学和生态学视角 [J]. 重庆工商大学学报（社会科学版），2013，30(02)：30–37.

④ 娜仁图雅，宝·斯琴塔娜．基于交易费用理论的内蒙古制造业与物流业联动发展研究 [J]. 经济论坛，2014(08)：34–38.

⑤ 吴群．制造业与物流业联动共生模式及相关对策研究 [J]. 经济问题探索，2011(01)：72–75.

⑥ 欧伟强．基于共生网络的制造业与物流业联动发展 [J]. 大连海事大学学报（社会科学版），2013，12(04)：23–26.

⑦ 彭本红．现代物流业与先进制造业的协同演化研究 [J]．中国软科学，2009 (S1)：149–153，192.

⑧ 邓良，邹昭．制造业与物流联动发展研究——基于演化合作博弈模型视角 [J]. 经济与管理研究，2014(08)：60–65.

⑨ 王珍珍，陈功玉．制造业与物流业联动发展的演化博弈分析 [J]. 中国经济问题，2012(02)：86–97.

⑩ 戴建平，骆温平．核心竞争力视角下物流业与制造业联动机理的评述及思考 [J]. 管理现代化，2017，37(01)：9–11.

⑪ 梅汉宁．基于供应链管理的先进制造业与物流业联动发展的应用分析——以广东省江门市为例 [J]. 物流技术，2013，32(03)：101–103.

续表

作者	主要观点	理论
徐剑等①	制造企业与物流企业在上游研发设计过程中使用统一标准、在中游产品制造过程中建立信息交流平台、在下游销售环节中物流企业提供高效物流服务，从而提高整个产业链竞争水平。	价值链理论
张丽萍等②	制造企业与物流企业之间能否形成结构洞，依赖于制造业与物流业是否发生联系，并且制造企业在这一过程中往往占据主导地位。	结构洞理论
闫莉等③	构建共生模型分析了制造业与物流业的协同演化关系，结果表明制造业与物流业是一种同步演化而且互利共生的种群。	种群演化原理
赵胤斐等④	从供需视角分析了制造业与物流业协同的机理，指出供给协同促进制造业的产业链业务进一步延伸。	供需原理
戴建平等⑤	从组织间学习效应的视角讨论了物流企业与供应链成员多边合作价值创造的机理，并构建了多边合作的概念模型。	组织关系理论

2.2.2 制造业与物流业协同程度评价

国内学者对于制造业与物流业之间的协同程度进行了定量研究，采用的方法主要有统计分析法、系统科学法、计量经济学模型以及产业经济学中的有关定量方法，对我国或者某个地区制造业与物流业之间的协同程度进行判定与评价，在评价过程中采用的具体定量方法如表 2-6 所示。从研究成果来看，虽然使用的方法与采用的指标不同，但是均得出制造业与物流业之间发展不协调的结论，而且从地域来看，东部沿海地区制造业与物流业的协同程度要高于中西部地区。

① 徐剑，韩锡琴，赵建荣，等. 制造业与物流业联动机理研究 [J]. 沈阳工业大学学报（社会科学版），2009，2(04)：307-310.

② 张丽萍，杨江龙. 基于结构洞理论的物流业与制造业联动分析 [J]. 物流技术，2012，31(11)：241-244.

③ 闫莉，薛惠锋，陈青. 制造业与物流业联动发展系统的协同演化模型 [J]. 西安工业大学学报，2011，31(01)：29-33.

④ 赵胤斐，冯晖，张冰心，等. 物流业与制造业的物流供需协同机制及模型构建 [J]. 商业经济研究，2018(19)：85-87.

⑤ 戴建平，骆温平. 物流企业与供应链成员多边合作价值创造机理研究 [J]. 商业研究，2015(07)：164-168.

表 2-6　制造业与物流业协同程度研究

理论、方法		作者	特点
计量经济学模型	向量自回归模型	韦琦①，张林②	用统计年鉴上和制造业、物流业相关的指标代替物流业、制造业的发展水平，计算两者之间的因果关系。
	协整分析	侯红昌③，葛金田等④	运用协整分析法分析制造业与物流业之间是否存在长期均衡关系。
	时间序列分析	甘卫华等⑤，任丹丹⑥	利用物流业和制造业生产总值，进行时间序列预测并分析二者之间的关系。
数据包络法		陈宇等⑦、崔晓迪⑧、张蕾蕾⑨	将某国家或地区的物流业和制造业数据互为 DEA 模型的输入与输出，分析制造业与物流业发展的协调状况。
产业空间集聚		杨文霞⑩	通过计算浙江省物流业与制造业的产业空间集聚指数（E-G 指数），进而验证物流业与制造业协同集聚对区域经济呈现的非线性影响作用。
		宋斓君⑪	通过分析我国东、中、西部地区物流业与制造业集聚对制造业的影响，得出制造业的技术进步是“两业”集聚并推动制造业全要素生产率提升的主要驱动力。
投入产出法		王文等⑫	根据各个国家、地区不同年度的投入产出表，计算影响力系数、感应系数、增加值、中间投入、中间需求等指标。
距离协同模型、随机前沿模型		梁红艳等⑬	通过构建距离协同模型测量了我国 2004—2016 年 30 个省区制造业与物流业的联动程度，在此基础上分析了“两业”联动对各地区物流技术效率的影响，结果表明我国东、中、西部三大区域，只有东部区域的部分地区“两业”实现了良好协同，大部分地区还处于初步协同与基本协同阶段。

① 韦琦．制造业与物流业联动关系演化与实证分析 [J]. 中南财经政法大学学报，2011(01)：115-119.

② 张林．制造业物流外包与物流业服务能力的关联机制研究 [D]. 西安：长安大学，2015.

③ 侯红昌．河南制造业和物流业联动发展分析 [J]. 企业活力，2010(04)：10-14.

④ 葛金田，刘利红，陈宁宁．制造业与物流业联动发展的实证分析 [J]. 物流工程与管理，2012(01)：19-21.

⑤ 甘卫华，汪娟．江西省物流业与制造业发展关系实证研究 [J]. 商业时代，2010(17)：27-28.

⑥ 任丹丹．物流业与制造业联动发展关系实证分析——基于珠三角和长三角地区比较分析 [J]. 物流科技，2016，39(09)：17-20.

⑦ 陈宇，钟诗韵，陈钢．基于 DEA 分析的京津冀物流业与制造业协调发展研究 [J]. 价值工程，2015（15）：49-51.

⑧ 崔晓迪．基于 DEA-GRA 双层模型的制造业与物流业联动效果分析——以天津市为例 [J]. 科技管理研究，2011（23）：96-100.

⑨ 张蕾蕾．京津冀制造业与物流业联动发展研究 [D]. 天津：天津商业大学，2016.

⑩ 杨文霞．浙江省制造业与物流业协同集聚及其经济增长效应研究 [D]. 杭州：杭州电子科技大学，2019.

⑪ 宋斓君．物流业与制造业协同集聚对制造业全要素生产率的影响研究 [D]. 杭州：浙江工商大学，2020.

⑫ 王文，刘伟．生产性物流服务对制造业市场竞争力的价值贡献分析法 [J]. 软科学，2010，24(06)：15-19.

⑬ 梁红艳，柳丽华．中国制造业与物流业联动发展的生产率效应 [J]. 福州大学学报（哲学社会科学版），2020，34(01)：35-44.

续表

<table>
<tr><th colspan="2">理论、方法</th><th>作者</th><th>特点</th></tr>
<tr><td colspan="2">回归分析法</td><td>邱志鹏等[①]</td><td>运用回归分析法分析了粤港澳大湾区智慧物流与先进制造业之间的相关性，并进行了深入探讨，且提出推进粤港澳大湾区智慧物流与先进制造业协同发展的对策及建议。</td></tr>
<tr><td colspan="2">灰色系统理论</td><td>韩晓丽等[②]、吴洪涛等[③]、袁克珠[④]、莫鸿等[⑤]</td><td>利用灰色系统理论，根据各地区统计年鉴的数据，构建灰色关联模型，计算物流业和制造业之间的灰色关联度。</td></tr>
<tr><td rowspan="4">系统科学理论方法</td><td>耦合理论</td><td>弓宪文等[⑥]、林晶[⑦]</td><td>构建耦合模型，利用统计年鉴数据判断制造业与物流业的耦合协调度。</td></tr>
<tr><td>系统动力学</td><td>陆端等[⑧]、傅远佳[⑨]、何博[⑩]</td><td>构建制造业与物流业的系统动力学模型并进行政策仿真模拟，进而分析制造业与物流业如何相互影响。</td></tr>
<tr><td>超网络方法</td><td>朱莉[⑪]</td><td>构建基于生产流程的物流企业和制造企业相互影响的三层超网络模型，通过对模型的仿真和求解得出物流业与制造业之间是一种密不可分的共同发展关系。</td></tr>
<tr><td>自组织理论</td><td>王珍珍[⑫]</td><td>利用自组织理论分析制造业与物流业自组织演化过程。</td></tr>
</table>

① 邱志鹏，蔡松林．智慧物流与先进制造业协同发展研究——以粤港澳大湾区为例[J]. 物流技术，2020，39(03)：29-33，110.

② 韩晓丽，王利，田能瑾，等．制造业与物流业协调发展的计量分析[J]. 价值工程，2009，28(01)：84-86.

③ 吴洪涛，骆温平，高永琳．物流业与制造业、批发零售业发展的协调效果评价——以上海市为例[J]. 商业时代，2014(28)：7-9.

④ 袁克珠．长三角制造业与区域物流联动发展研究——基于灰色关联分析[J]. 经济与社会发展，2007，5(10)：65-70.

⑤ 莫鸿，陈圻．基于灰色理论的中国物流产业与经济发展关联度研究[J]. 价值工程，2011，30(28)：27-29.

⑥ 弓宪文，王勇．我国制造业与物流业耦合协调的时空演化分析[J]. 技术经济与管理研究，2016(07)：8-12.

⑦ 林晶．福建省制造业与物流业联动发展机理及耦合协调度研究[J]. 福建江夏学院学报，2017，7(01)：23-31.

⑧ 陆端，唐丽敏．制造业与物流业低碳联动发展的系统动力学模型研究[J]. 物流工程与管理，2013，35(03)：85-89.

⑨ 傅远佳．基于系统动力学的制造业与物流业联动关系实证研究——以广西为例[J]. 港口经济，2011(08)：43-46.

⑩ 何博．制造业与物流业联动机理系统动力学分析[J]. 重庆工商大学学报（社会科学版），2016，33(02)：15-23.

⑪ 朱莉．基于超网络的制造业与物流业协调优化模型[J]. 系统工程，2011，29(06)：100-105.

⑫ 王珍珍．制造业与物流业联动发展的自组织演化动力模型[J]. 统计与决策，2014(17)：36-39.

续表

理论、方法		作者	特点
系统科学理论方法	协同学	吴晓研等[①]	运用协同学理论，以我国东三省为例，探究物流产业演化与其他产业协同发展的关联性。
		张驰等[②]	运用协同理论模型测算出辽宁省物流业与制造业之间的协同度，并且提出提高辽宁省“两业”协同发展水平的对策及建议。
		逯业娜[③]	建立京津冀地区“两业”复合系统协同度模型，测算2008—2017年“两业”协同发展状况，结果表明只有2008年“两业”协同发展是有效率的，而其他年份均是无效率的。

2.2.3 制造业与物流业协同发展过程中存在的问题及对策

国内现有的研究制造业与物流业高质量协同发展的文献中，大部分文献都对制造业与物流业协同发展过程中存在的问题及对策进行了探讨。通过系统梳理现有文献，发现“两业”协同发展过程中存在的问题大致可以归纳为四个方面：物流企业存在的问题，制造企业存在的问题，影响“两业”高质量协同发展的外部营商环境问题，以及物流企业与制造企业互动过程中存在的问题。（1）物流企业存在的主要问题有：物流企业服务水平较低，大多数物流企业仅能提供传统物流服务，而不能提供基于互联网、大数据、云计算等现代信息技术的物流服务[④]；行业标准不规范；物流企业与制造企业之间缺乏有效沟通等[⑤]。（2）制造企业存在的主要问题有：制造企业观念陈旧；物流外包比例低；追求大而全的“自营物流模式”

① 吴晓研，路世昌，兰玲．物流业和三次产业协同发展演化与实证分析 [J]. 统计与决策，2018，34(20)：107-109.

② 张驰，初铭畅．辽宁省物流业与制造业协同度评价研究 [J]. 辽宁工业大学学报（自然科学版），2020，40(04)：271-274.

③ 逯业娜．京津冀区域物流与制造业协同分析及发展对策 [D]. 天津：天津理工大学，2019.

④ 傅远佳．基于系统动力学的制造业与物流业联动关系实证研究——以广西为例 [J]. 港口经济，2011(08)：43-46.

⑤ 何博．制造业与物流业联动机理系统动力学分析 [J]. 重庆工商大学学报（社会科学版），2016，33(02)：15-23.

等①。(3)外部营商环境存在的主要问题有：市场竞争秩序不规范；法律法规、体制机制不健全；诚信体系缺失；基础设施建设落后等②。(4)制造企业与物流企业互动过程中存在的主要问题有：供需结构不合理③；利益分配不均；存在信任危机等。学者们在分析制造业与物流业高质量协同发展过程中存在的问题的基础上，从四个方面提出了解决问题的相应对策。例如，物流企业应该改善运营模式，提高服务水平；物流业务必提高行业信息化程度；而政府部门应当为制造业与物流业之间的合作搭建平台，尤其是在资金、税收等方面给予支持；建立健全诚信体系，营造守信奖励、失信惩戒的良好氛围等④。制造业与物流业协同发展过程中存在的问题及对策如图 2-1 所示。

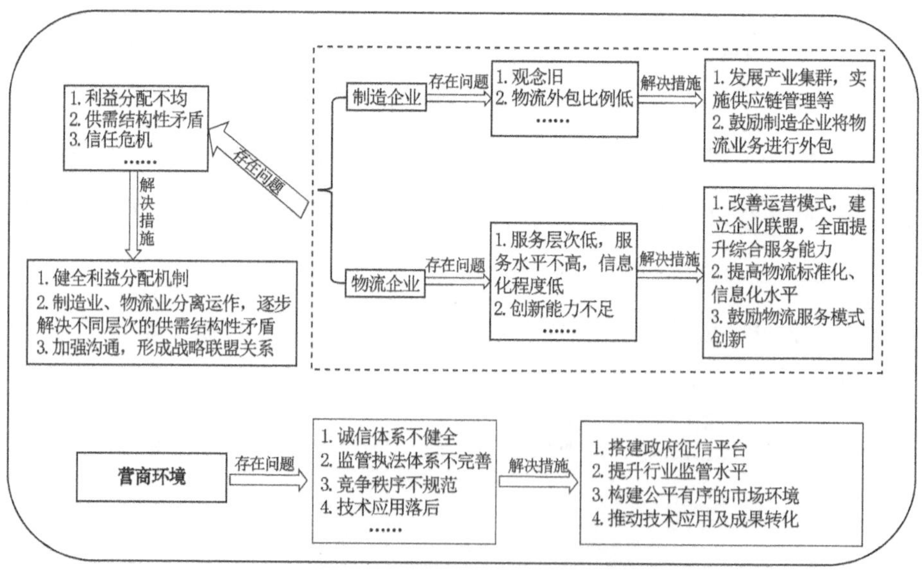

图 2-1 制造业与物流业协同发展过程中存在的问题及对策

① 朱莉．基于超网络的制造业与物流业协调优化模型 [J]. 系统工程，2011，29(06)：100-105.

② 王珍珍．制造业与物流业联动发展的自组织演化动力模型 [J]. 统计与决策，2014(17)：36-39.

③ 吴晓研，路世昌，兰玲．物流业和三次产业协同发展演化与实证分析 [J]. 统计与决策，2018，34(20)：107-109.

④ 王茂林，刘秉镰．制造业与物流业联动发展中存在的问题与趋势 [J]. 现代管理科学，2009(03)：59-61.

2.2.4 国内外对制造企业与物流企业互动关系的研究

1. 国外学者对制造企业与物流企业互动关系的研究

国外学者对于制造业与物流业如何实现协同发展的研究，主要集中于企业层面，关注的焦点是制造企业与物流企业的互动关系，大多数文献集中于物流企业和货主企业或者物流企业与收货方双边关系的研究，其中包括：制造企业是否进行外包的决策；物流服务商的选择；物流企业如何更好地为制造企业提供增值服务以及物流企业如何与货主企业建立稳定关系等。近年来由于环保问题在世界范围内受到广泛关注，不论是作为物流服务需求方的货主企业，还是作为物流服务提供方的物流企业，均受到发展绿色物流的压力，减少碳排放、保护环境已经成为货主企业和物流企业必须要考虑的首要问题，然而，在实施绿色物流管理过程中存在诸多问题。因此，已有部分学者开始探讨实施绿色物流管理对制造企业与物流企业双边关系的影响，比如：有的学者指出，物流企业往往比货主企业更重视发展绿色物流，货主企业在它们的外包物流合同中不能明确列出发展绿色物流的具体实施措施，物流企业则缺乏提出实施绿色物流方案的主动性（如表 2–7 所示）。

表 2–7 国外学者研究制造企业与物流企业互动关系的视角及主要贡献

视角	作者	主要贡献及观点
货主企业视角	Rollins et al.①	货主企业需要与第三方物流企业建立紧密关系、与客户实现知识共享，并且提升货主满意度。
	Rajesh et al.②	货主企业与第三方物流企业建立良好关系，能够提升货主企业绩效。

① ROLLINS M, PEKKARINEN S, MEHTÄLÄ M. Inter–firm customer knowledge sharing in logistics services: an empirical study[J]. International Journal of Physical Distribution & Logistics Management, 2011, 41(10): 956–971.

② RAJESH R, PUGAZHENDHI S, GANESH K, et al. Influence of 3PL service offerings on client performance in India[J]. Transportation Research Part E : Logistics and Transportation Review, 2011, 47(02): 149–165.

续表

视角	作者	主要贡献及观点
货主企业视角	Juga et al.①	货主企业对第三方物流服务商的满意度会影响货主企业的忠诚度。
	Tsai et al.②	货主企业有必要对第三方物流服务商进行客户关系管理，以便于减少资产和投入成本的损失。
	Panayides③	“关系导向”能够激发物流企业创新，进而提升物流企业服务水平和绩效。
	Bask④	第三方物流企业如何针对不同供应链提供有效的物流服务。
	Large et al.⑤	第三方物流企业应该调整自己的系统和流程逐步适应客户特定的需求，从而提高客户满意度，维持与货主的稳定关系。
	Li⑥	第三方物流企业应当从技术服务提供商的角色转变为货主企业的亲密合作伙伴。
	Giannikas et al.⑦	以顾客为导向是第三方物流企业获得成功的关键，因此物流企业在构建相应系统时应当考虑如何提高顾客参与度以及其他利益相关者的参与度。
	Marchet et al.⑧	通过调查意大利 44 家第三方物流企业探究影响物流企业价值创造的主要因素以及为货主企业创造价值的运营策略，并构建了 3 个物流企业价值创造模型：货运量导向的第三方物流企业价值创造模型、流程导向的第三方物流企业价值创造模型、创新导向的第三方物流企业价值创造模型。

① JUGA J, JUNTUNEN J, GRANT D B. Service quality and its relation to satisfaction and loyalty in logistics outsourcing relationships[J]. Managing Service Quality: An International Journal, 2010, 20(06): 496–510.

② TSAI M, LAI K, LLOYD A E, et al. The dark side of logistics outsourcing–Unraveling the potential risks leading to failed relationships[J]. Transportation Research Part E: Logistics and Transportation Review, 2012, 48(01): 178–189.

③ PANAYIDES P. Enhancing innovation capability through relationship management and implications for performance[J]. European Journal of Innovation Management, 2006, 9(04): 466–483.

④ BASK A. Relationships among TPL providers and members of supply chains–a strategic perspective[J]. Journal of Business & Industrial Marketing, 2001, 16(06): 470–486.

⑤ LARGE R O, KRAMER N, HARTMANN R K. Customer–specific adaptation by providers and their perception of 3PL–relationship success[J]. International Journal of Physical Distribution & Logistics Management, 2011, 41(09): 822–838.

⑥ LI L. Assessing the relational benefits of logistics services perceived by manufacturers in supply chain[J]. International Journal of Production Economics, 2011, 132(01): 58–67.

⑦ GIANNIKAS V, MCFARLANE D, STRACHAN J. Towards the deployment of customer orientation: A case study in third–party logistics[J]. Computers in Industry, 2019, 104: 75–87.

⑧ MARCHET G, MELACINI M, PEROTTI S, et al. Value creation models in the 3PL industry: what 3PL providers do to cope with shipper requirements[J]. International Journal of Physical Distribution & Logistics Management, 2017, 47(06): 472–494.

续表

视角	作者	主要贡献及观点
货主企业与物流企业	Sinkovics et al.①	第三方物流企业资源投入量对制造企业与物流企业的合作关系有重要影响，双方建立良好的合作关系有利于价值共创以及提升制造企业竞争优势。
	Solakivi et al.②	通过分析芬兰地区和瑞典地区的货主企业物流成本周转率和物流企业资产周转率、资本回报、息税前利润等指标，探讨这两个地区的市场状况以及物流企业与制造企业的互动情况。
	Aharonovitz et al.③	探讨了物流合作、会谈、历史合作关系、供应商选择对货主企业、第三方物流企业以及承运商绩效的影响。
	Jazairy④	通过问卷调查法发现，在物流企业与制造企业互动合作过程中，物流企业实施绿色物流的意愿要高于制造企业。

2. 国内学者对制造企业与物流企业互动关系的研究

国内学者对于制造企业与物流企业互动关系的研究较少，大多是从产业层面探讨制造业与物流业之间的关系；但是也有少部分学者，已进行了初步的探索。例如：王丹丹等⑤从双方合作绩效的视角探讨了物流企业与制造企业之间如何实现协同发展，并运用结构方程模型进行了实证研究。郑冬冬⑥运用系统动力学的方法探究了制造企业与物流企业之间的因果关系，并分析了两者之间的协同绩效，提出应当建立制造企业与物流企业之间的多重关系以替代两者之间简单的委托代理关系。张季平等⑦从多个

① SINKOVICS R R, KUIVALAINEN O, ROATH A S. Value co-creation in an outsourcing arrangement between manufacturers and third party logistics providers: resource commitment, innovation and collaboration[J]. Journal of Business & Industrial Marketing, 2018, 33(04): 563-573.

② SOLAKIVI T, HOFMANN E, TÖYLI J, et al. The performance of logistics service providers and the logistics costs of shippers: a comparative study of Finland and Switzerland[J]. International Journal of Logistics Research and Applications, 2018, 21(04): 444-463.

③ AHARONOVITZ M C S, VIEIRA J G V, SUYAMA S S. How logistics performance is affected by supply chain relationships[J]. The international Journal of Logistics Management, 2018, 29(01): 284-307.

④ JAZAIRY A. Aligning the purchase of green logistics practices between shippers and logistics service providers[J]. Transportation Research Part D: Transport and Environment, 2020, 82: 102305.

⑤ 王丹丹，田雪，付帅帅，等 . 物流企业与制造企业协同发展研究——基于双方合作绩效分析 [J]. 数学的实践与认识，2019，49(19)：1-8.

⑥ 郑冬冬 . 基于系统动力学的制造企业与物流企业协同绩效研究 [D]. 杭州：杭州电子科技大学，2017.

⑦ 张季平，骆温平，刘永亮 . 营商环境对制造业与物流业联动发展影响研究 [J]. 管理学刊，2017，30(05)：25-33.

维度探讨了营商环境对制造业与物流业联动发展有着重要影响，并且运用结构方程模型对营商环境影响制造业与物流业联动发展的内在机理进行了实证研究。骆温平等[①]从供应链视角研究了物流企业、制造企业及其上下游合作伙伴之间的多边联动关系，运用社会网络理论、企业资源理论和战略联盟理论探讨了多边联动不断改善制造企业供应链绩效的机理，并且应用结构方程模型对“信任、信息共享”影响制造企业供应链绩效进行了实证研究。于丽静等[②]从市场机制和政府调控两个方面构建了制造企业与物流企业之间的演化博弈模型，分析在不同参数情况下，制造企业与物流企业如何实现协同创新，揭示了物流企业与制造企业在协同创新决策中的行为选择，为两者协同创新提供了一定的理论依据与实证检验。

2.2.5 研究述评

虽然国内外学者对制造业与物流业高质量协同发展机理、高质量协同发展关系、高质量协同发展存在的问题及对策、制造业与物流业互动关系进行了深入研究，并且取得了一定研究成果，但是仍然存在一些不足之处。因此，本专著从以下四个方面对其进行述评。

1.“制造业与物流业高质量协同发展机理”的研究述评

所谓制造业与物流业高质量协同发展机理，就是从理论层面探讨制造业驱动物流业发展以及物流业支撑制造业发展的内在动因和基本原理[③]。（1）运用交易费用理论，可以从降低成本的角度分析制造企业与物流企业之间的相互关系，即制造企业是否愿意和物流企业建立紧密合作关系，

① 骆温平，张季平，高永琳．物流企业与制造企业多边联动研究——基于供应链视角 [J]. 技术经济与管理研究，2016(08)：3-8.

② 于丽静，于娟，王玉梅．制造企业与物流企业协同创新的演化博弈分析 [J]. 科技管理研究，2019，39(06)：1-10.

③ JUGA J, JUNTUNEN J, GRANT D B. Service quality and its relation to satisfaction and loyalty in logistics outsourcing relationships[J]. Managing Service Quality: An International Journal, 2010, 20(06): 496-510.

关键是由两者之间交易成本的高低所决定。（2）应用共生理论能够从生态学视角发现制造业与物流业之间是一种互利共生关系，双方在健康、有序发展的前提下，相互依赖、相互促进、相互协同，最终实现共生效益最大化。（3）应用博弈论研究制造企业与物流企业之间的合作关系发现：当制造企业把物流业务外包给物流企业的时候，制造企业与物流企业之间就是一种合作关系；然而，当制造企业对物流企业提供的物流服务不满意或者物流企业不能满足制造企业的物流服务需求时，制造企业就会选择自营物流模式，那么此时制造企业与物流企业之间就是一种竞争关系。（4）运用社会分工理论可以帮助参与协同的主体深刻认识到制造业与物流业实现高质量协同发展是科技进步、社会分工的必然结果。

通过系统梳理上述研究文献可以发现，当前国内外学者关于制造业与物流业高质量协同发展的研究成果还存在以下不足：（1）目前，大多数制造业与物流业高质量协同发展机理的研究成果都是采用单一理论（比如，成本理论或核心竞争力理论等）从某个方面分析两者之间的关系，显然缺乏系统性和全面性。（2）制造业与物流业之间的合作是一种渐进式演化与螺旋式上升的关系；双方相互依赖、相互促进、互惠互利，现有的研究“两业”高质量协同发展机理的成果缺乏对“两业”高质量协同发展过程中一般规律的揭示。（3）制造业与物流业的高质量协同发展，除了受到自身因素影响之外，外部营商环境也对“两业”能否实现高质量协同发展产生重要作用，比如，营商环境中的诚信体系是否完善？市场成熟度、政策法规等保障机制是否健全？这些都将对“两业”能否实现高质量协同发展产生至关重要的影响。然而，目前研究营商环境影响“两业”实现高质量协同发展的文献还较为缺乏。

基于前文的评述，本专著提出进一步研究制造企业与物流企业高质量协同发展机理的新思路：（1）将制造企业与物流企业之间的合作与互动看作一个有机整体，运用系统科学的理论方法，从系统整体的角度，综合分析“两业”高质量协同发展系统内部各要素之间、各子系统之间相互作用的机理，并揭示“两业”高质量协同发展系统的内在演化规律。（2）研究制造企业与物流企业高质量协同发展问题，不但要运用多种理论、多种方法，从多个视角全面分析“两业”协同演化机理、揭示其演化过程的一般规律，而且还要考虑外部营商环境对其产生的影响和作用。

2.“制造业与物流业协同程度评价”的研究述评

国内外学者关于制造业与物流业的协同程度研究，重点在于通过研究分析判定某个国家或地区制造业与物流业是否协同，学者们常用的研究方法有：计量经济学模型、系统科学理论与方法、投入产出法等，并且利用统计年鉴中的数据测算出各个指标值（如中间投入率、中间需求率、感应系数、影响系数等），利用计算所得的指标值判定制造业与物流业的关联程度；还有学者根据制造业某个或者某类指标与物流业相对应指标之间发展态势的异同，利用灰色关联模型来判定两者之间的关联程度；另外，数据包络分析法也是学者们常用的方法之一，其原理是：首先选取制造业与物流业的各项指标，然后利用数学规划模型来评判制造业与物流业协同的相对有效性。

基于上述文献的梳理，可以发现有关制造业与物流业协同程度的研究，仍然存在以下几点不足：（1）运用模型法研究制造业与物流业的协同程度，在指标选取方面不但主观性较强，而且具体指标的选取也比较单一，缺乏全面性、系统性和科学性，得出的大多数结论均为制造业与物流业的发展不协调，显然研究结论比较片面。（2）物流业具有复合性、非均衡性的特征，包含了不同层次、不同类别的物流服务，而现有研究文献未加区分，一概而论地分析其与制造业的协同程度，缺乏严谨性。（3）国内大多数学者研究制造业与物流业的发展，仅得出不协同这一结论，他们虽然对解决“两业”不协同问题提出了相应的建议与对策，但是对于如何具体推动“两业”实现高质量协同发展，仍缺乏完整的、切实可行的研究成果作为参考与借鉴的依据。

基于以上述评，作者提出进一步探讨评价制造业与物流业协同程度的新思路：（1）在筛选制造业与物流业协同程度评价指标过程中，应该遵循科学性、系统性、可行性、主观与客观相统一的原则，运用定性与定量相结合的方法来筛选评价指标，在此基础上，采用定量模型对比分析指标相同、模型不同的情况下，“两业”协同程度是否相同。并且找出相同或不同的内在原因，以便于在实际工作中客观、准确地评价“两业”的协同程度。（2）在研究制造业与物流业协同程度的过程中，务必考虑物流业的复合性、非均衡性等特征，根据不同层次、不同类别的物流服务，分门别类地分析制造业与物流业的协同程度，以便于企业、政府部门等利益相关者能够全面、准确地了解制造业与物流业的协同水平。（3）研究国内制造业与物流业的协同水平要从具体国情出发，深入制造企业、物流企业进行访谈，找准影响“两业”协同程度高低的根源，运用成熟的理论与定量模型揭示制造业与物流业协同的内在规律，并且提出驱动“两业”高质量协同发展的有效路径和具体措施。

3.“制造业与物流业实现高质量协同发展过程中存在的问题及对策”的研究述评

目前，研究“两业”高质量协同发展的大部分文献都提出了“两业”高质量协同发展过程中存在的问题，将其归纳起来，主要存在三方面问题：首先，制造企业物流业务外包的比例较低，一般追求大而全的自营物流模式，与物流企业建立战略联盟关系的制造企业比较少见；其次，物流企业服务水平普遍不高，信息化、智能化水平较低，不能满足制造企业对于高端物流方面的需求，与制造企业合作过程中物流企业缺乏主动性，等等；还有，营商环境仍然存在一些问题，比如社会诚信体系缺失、政府部门颁布的各项政策法规不完善和市场监管机制不健全，等等。对上述这类问题的研究，普遍以定性研究为主，其研究思路一般是“现状—问题—对策”，缺乏应用定量模型从企业层面进行研究。因此，未来研究“两业”实现高质量协同发展过程中存在的问题，应该加强定量方面的研究，例如，将“两业”高质量协同发展系统看成一个有机整体，并且运用定量方法分析营商环境是如何影响“两业”实现高质量协同发展的。

4.“制造企业与物流企业互动关系”的研究述评

国外学者对于“两业”如何实现高质量协同发展的研究，主要集中于企业层面，即探讨制造企业与物流企业的合作与互动关系，其中包括：制造企业是否进行物流业务外包的决策以及如何选择物流服务提供商；物流企业如何更好地为制造企业提供增值服务，物流企业如何与货主企业建立稳定的协作关系；等等。通过对上述文献的全面梳理，不难发现研究制造企业与物流企业互动关系的文献，主要存在以下不足之处：研究视角往往比较单一，即从制造企业或者物流企业单边视角研究“两业”互动关系，缺乏从双边乃至多边角度（物流企业、供应商、制造企业、客户等）研究“两业”合作与互动关系。因此，未来研究“两业”互动关系，只有从双边或者多边视角进行全方位研究，才能够全面、深入地分析制造企业与物流企业合作与互动的内在机理，也才能够揭示“两业”合作与互动的一般规律。

2.3 大数据驱动“两业”实现高质量协同发展的文献综述

全球知名咨询公司麦肯锡公司（McKinsey&Company）在 *Big data: The*

next frontier for innovation，*competition*，*and productivity*[①]中分析了大数据在医疗业、公共服务业、零售业、制造业、物流业等领域的应用，这五个领域几乎占到了2010年全球GDP的40%。由此可知，大数据将在医疗卫生、制造业、电子商务与物流业等领域中发挥巨大作用。目前，大数据驱动制造企业与物流企业高质量协同发展的研究还处于起步阶段，相关研究成果中大多数局限于探讨大数据如何驱动制造企业或物流企业更好地发展，而从“双边”视角探讨大数据驱动“两业”高质量协同发展的研究文献较为缺乏。因此，根据本专著研究主题，作者主要从单边视角对研究大数据驱动制造企业、物流企业发展的现有文献进行归纳总结。

2.3.1 从制造企业视角进行综述

制造企业是供应链的核心环节，负责将投入生产的资源转换为产品。现代网络信息技术在制造企业中的普遍应用不断推动着制造企业向信息化、数字化迈进，同时也积累了海量数据，进而催生了制造业大数据的概念。本专著将分别从国内、国外两个方面对相关文献进行综述。

1. 国内研究现状

对于大数据如何驱动制造企业发展，王铁山认为，如果可以将大数据技术与制造企业信息系统深度融合，那么就能够促进制造业转型升级，实现智慧制造[②]。肖静华等学者认为，大数据可以帮助制造企业发现消费者的潜在需求（需要但是还尚未得到满足的需求），驱动制造企业由生产型向服务型转变[③]，数据贯穿于制造企业的研发、生产、销售、服务等全

① MANYIKA J, CHUI M, BROWN B, et al. Big data: The next frontier for innovation, competition, and productivity[M]. London: McKinsey Global Institute, 2011.

② 王铁山．基于大数据的制造业转型升级 [J]. 西安邮电大学学报，2015(05)：79−83.

③ 肖静华，毛蕴诗，谢康．基于互联网及大数据的智能制造体系与中国制造企业转型升级 [J]. 产业经济评论，2016(02)：5−16.

过程。对于大数据如何驱动制造企业实现智能化，冯国华提出了数据驱动产品智能化（全力打造具有数据化、信息化特征的产品和服务）、数据驱动生产制造智能化（生产制造过程均由 IT 控制来实现优化）和数据驱动企业智能化（企业生产过程的协同由内部协同向社会化大协作、大协同转变）三条有效路径，并且中国制造企业可以根据自身具体情况选择不同的发展路径①。根据国内学者探讨的视角与层面不同，可以将大数据驱动制造企业发展的研究成果概括为以下四个方面（如表 2–8 所示）：（1）从大数据驱动制造流程改进与提升的视角看，产生了一些新的制造模式，比如由被动制造转变为主动制造、预测制造，推动企业跨界融合。（2）从最终产品与服务的视角观察，可以发现：大数据驱动产品智能化、大数据驱动企业的纵向业务与横向业务集成、大数据帮助制造企业改善与提升客户体验、利用大数据能够实现精准营销，等等。（3）从驱动创新的视角来看，大数据能够驱动企业进行各种形式的创新，比如技术创新、模式创新，等等。（4）从大数据驱动智能工厂形成过程来看，利用大数据能够促进智能化工厂的构建，驱动制造技术向柔性化、集成化和智能化方向发展。

表 2–8　国内研究大数据驱动制造企业发展的代表性文献

视角	作者	主要观点及贡献
制造流程改进与提升	邢飞等②	提出了工业大数据变革管理理论模型，分析了工业大数据如何引发技术、组织、个人变革，进而帮助制造企业从源头解决变革存在的阻力。
	周佳军等③	新一代信息技术用于制造系统改变了制造模式的发展格局，使被动制造转变为主动制造。

① 冯国华 . 打造大数据驱动的智能制造业 [J]. 中国工业评论，2015(04)：38–42.

② 邢飞，彭国超，梁甜 . 基于工业大数据的制造企业变革管理模型研究 [J]. 科技管理研究，2019，39(16)：230–237.

③ 周佳军，姚锡凡，刘敏，等 . 几种新兴智能制造模式研究评述 [J]. 计算机集成制造系统，2017，23(03)：624–639.

续表

视角	作者	主要观点及贡献
制造流程改进与提升	谢嘉劼[①]	对生产制造、业务管理流程进行优化，监控生产过程、防范风险，助推企业跨界融合。
	姚锡凡等[②]	大数据驱动制造企业创造新的制造模式——预测制造、主动制造。
	吕佑龙等[③]	大数据技术驱动制造过程动态优化，促进制造业建造智慧工厂。
	李致远等[④]	利用大数据技术对产品研发、工艺设计、生产模式等进行创新，促进生产、销售、服务智能化，加快现代化生产体系的形成。
	陆文佳[⑤]	大数据技术能够推动传统工业企业从“传统制造”向“智能制造”转型。
最终产品与服务	冯国华[⑥]	大数据驱动产品智能化、生产制造智能化、企业智能化。
	张礼立[⑦]	大数据技术与大数据思维能够帮助制造企业提升客户体验，不断完善内部操作流程；智能制造的实现是大数据技术的作用结果，而非大数据所致。
	张丽岩等[⑧]	以客户为导向，挖掘客户的海量数据，能够发现客户的兴趣点及偏好，准确把握客户需求；利用大数据还能够驱动汽车制造企业物联化、服务化。
	程媛等[⑨]	工业大数据能够推动智能制造企业实现服务优化，从技术创新、工业大数据平台建设、政策制定、人才建设等方面为智能制造服务优化提供建议。
驱动创新	孙立[⑩]	利用大数据智能感知技术，能够促使制造企业在技术、产品、发展模式、组织管理、产业链等方面开展创新，加速信息化与工业化的融合。
	顾新建等[⑪]	大数据将改变制造企业的创新模式：由专家创新转变为全员创新；由分散创新转变为集成创新；由被动创新转变为主动创新。
	胡小明[⑫]	现代化信息技术发展使得制造企业的技术创新成本越来越低、集成创新更加方便，中小企业应当充分利用智能化生态环境开展创新活动。

① 谢嘉劼．工业大数据在智能制造中的应用价值 [J]. 数字通信世界，2016(09)：348-349.

② 姚锡凡，周佳军，张存吉，等．主动制造——大数据驱动的新兴制造范式 [J]. 计算机集成制造系统，2017，23(01)：172-185.

③ 吕佑龙，张洁．基于大数据的智慧工厂技术框架 [J]. 计算机集成制造系统，2016，22(11)：2691-2697.

④ 李致远，陈光．工业大数据推动智能制造发展作用机理探析 [J]. 中国工业评论，2016(08)：78-83.

⑤ 陆文佳．工业 4.0 时代智能制造新模式的思考与探索 [J]．企业科技与发展，2016(07)：28-30，37.

⑥ 冯国华．打造大数据驱动的智能制造业 [J]. 中国工业评论，2015(04)：38-42.

⑦ 张礼立．从大数据到智能制造 [J]. 中国工业评论，2016(07)：66-71.

⑧ 张丽岩，马健．借助大数据推动制造业向服务业转型的对策研究——以苏州金龙汽车为例 [J]. 科技创新与应用，2016(01)：54-55.

⑨ 程媛，刘钒，向叙昭．基于结构方程模型的智能制造服务优化的影响因素研究 [J]. 技术与创新管理，2020，41(06)：548-555.

⑩ 孙立．工业大数据对智慧云制造的推动与创新 [J]. 科技管理研究，2016，36(13)：156-158，163.

⑪ 顾新建，代风，杨青海，等．制造业大数据顶层设计的内容和方法（下篇）[J]. 成组技术与生产现代化，2016，33(01)：12-20.

⑫ 胡小明．大数据思维形成的两种视角：信息技术驱动及应用拓展 [J]. 电子政务，2015(12)：32-40.

续表

视角	作者	主要观点及贡献
驱动创新	文香艳[①]	在实证研究的基础上，针对广东地区的高新技术制造企业运用大数据技术进行创新发展，提出了对策及建议。
智能化工厂	陈懿等[②]	应用大数据能够解决制造企业的痛点，进而确定价值驱动分析场景，构建企业数据分析体系，实现用户驱动生产制造，最终形成智能化服务体验的闭环。
	王洪艳等[③]	大数据是制造企业实现智能制造的基石，通过大数据和制造企业的融合，能够实现生产制造的柔性化、智能化和高度集成化。
	钟海[④]	工业大数据及大数据技术的发展意味着全球工业的转型，通过智能生产、大规模定制来满足消费者个性化需求，最终利用大数据构建智能化工厂。
	王喜文[⑤]	大数据是制造业实现智能化的基础，通过大数据技术能够构建新一代智能工厂。

2. 国外研究现状

国外学者在该领域的研究也取得了一定进展，研究重点主要集中在制造企业的计划和流程上，比如，Chavez 等[⑥]指出大数据驱动的供应链能够从质量、成本、柔性、交付四个方面提升企业制造能力。Lee 等[⑦]认为大数据预测技术使得制造过程透明化，机械设备能够以低成本、高效率的方式运作，提高产品生产率，使得企业具有更强的竞争力。对于制造企业采用大数据技术，部分学者指出了制造企业具体采用的大数据技术是什么，另一部分学者则仅仅笼统提到大数据技术而并未指明具体是哪一种技术。目前，经常提到的大数据技术是指应用于某方面的分析技术，

① 文香艳．基于大数据驱动背景下广东高技术制造业发展现状及对策研究 [J]. 教育教学论坛，2020(52)：323-325.

② 陈懿，端木军．大数据助力传统制造企业向智能化转型 [J]. 信息技术与标准化，2017(04)：32-35.

③ 王洪艳，郭云峰．大数据技术在人工智能中的应用研究 [J]. 数字技术与应用，2015(12)：109-110.

④ 钟海．大数据在工业制造业的应用与研究 [J]. 企业技术开发（学术版），2015，34(5)：104-105，119.

⑤ 王喜文．大数据驱动制造业迈向智能化 [J]. 物联网技术，2014(12)：7-8.

⑥ CHAVEZ R, YU W, JACOBS M A, et al. Data-driven supply chains, manufacturing capability and customer satisfaction[J]. Production Planning & Control, 2017, 28(11-12): 906-918.

⑦ LEE J, LAPIRA E, BAGHERI B, et al. Recent advances and trends in predictive manufacturing systems in big data environment[J]. Manufacturing Letters, 2013, 1(01): 38-41.

例如大数据预测分析技术等。Meeker 等①指出制造企业有时候通过产品后期维护赚取利润（比如飞机引擎制造商），大数据分析技术能够帮助制造企业准确预测产品维护的时机以及将赚取的收益，这对维持企业利润来源十分必要。Opresnik 等②指出制造企业在产品服务化过程中会产生大量数据，通过对这些数据的采集与分析，能够促进产品创新以及与客户的亲密互动，从而提高客户忠诚度，为企业创造价值。Narayanan 等③提出利用大数据分析技术对制造过程中产生的数据进行分析，能够激发创新，从而提升产品质量、降低成本、提高产品生产率等。Bumblauskas 等④认为制造企业现在拥有的数据量已经称得上是大数据，通过对这些数据的处理分析，能够将数据转换为知识，进而指导企业做出快速、有效的决策。国外关于大数据驱动制造企业发展的研究，目前还处于起步阶段，大多数研究处于理论层面，也包含一定技术层面的探讨。归纳起来，研究成果主要集中在以下四个方面（如表 2-9 所示）:（1）制造企业大数据分析架构的研究。“架构”是一个抽象名词，这里主要是指从理论层面探讨如何应用大数据或者大数据技术在制造企业中解决实际问题，应当包含哪些层次的要素以及这些层次要素之间的逻辑关系是什么，这些均属于上层建筑范畴的概念。（2）大数据在制造企业中应用框架的研究。“框架”是包含于“架构”之中的，主要是指将大数据技术应用到生产制造具体环节时所需要运用的软硬件集合，并且“架构”是可以拓展的。（3）大数据技术在制造企业中的应用研究。学者们在这方面的研究，

① MEEKER W Q, HONG Y. Reliability meets big data: opportunities and challenges[J]. Quality Engineering, 2014, 26(01): 102–116.

② OPRESNIK D, TAISCH M. The value of Big Data in servitization[J]. International Journal of Production Economics, 2015, 165: 174–184.

③ NARAYANAN A N, AK R, LEE Y T, et al. Summary of the Symposium on Data Analytics for Advanced Manufacturing[EB/OL]. (2017-4-13)[2022-6-19]. https://doi.org/10.6028/NIST.AMS.100-7.

④ BUMBLAUSKAS D, BUMBLAUSKAS P, NOLD H, et al. Big data analytics: transforming data to action[J]. Business Process Management Journal, 2017, 23(03): 703–720.

主要是从理论层面探讨制造企业如何成功运用大数据技术，其运用与实施的路径以及可能遇到的障碍是什么。(4)模型与方法的研究。该领域的学者们主要是应用数学模型、建模仿真等定量方法，从技术层面探讨如何解决制造企业中一些涉及大数据的具体问题。

表 2-9　国外研究大数据驱动制造企业发展的代表性文献

视角	作者	主要观点及贡献
制造企业大数据分析架构	Yang et al.①	构建了制造企业数据分析的系统架构，该架构使得制造流程中产生的各种结构化和非结构化数据得到快速分析，并且能够对制造企业的各个流程进行绩效评估。
	Krumeich et al.②	以钢铁制造企业为背景，构建了一个通过传感器对生产流程数据进行实时收集与分析并对生产流程实现控制的架构。
	Krumeich et al.③	由于缺乏专门的数据分析工具，所以制造企业不能很好地从现有系统数据中挖掘出能产生商业价值的有用信息。因此，作者提出了一个一般性的大数据分析架构。
	Singh et al.④	提出一个用于收集、管理制造企业能源消耗数据的分析架构，通过对收集的数据进行分析与挖掘，发现生产流程中的能源浪费现象，最终帮助制造企业节约能源。
	Lee et al.⑤	构建一个工业 4.0 背景下适用于制造业的五层物理信息系统，该系统对制造企业构建 CPS 具有一定指导作用。
	Santos et al.⑥	以博世汽车多媒体为例，构建了一个从数据收集到分析的完整的大数据分析架构，并且考虑了不同类型数据在处理速度上的不同需求。

① YANG H, PARK M, CHO M, et al. A system architecture for manufacturing process analysis based on big data and process mining techniques[C]. Washington: IEEE International Conference on Big Data, 2014: 1024-1029.

② KRUMEICH J, WERTH D, LOOS P, et al. Advanced planning and control of manufacturing processes in steel industry through big data analytics: Case study and architecture proposal[C]. Washington: IEEE International Conference on Big Data, 2014: 16-24.

③ KRUMEICH J, JACOBI S, WERTH D, et al. Big data analytics for predictive manufacturing control: A case study from process industry[C]. Washington: IEEE International Conference on Big Data, 2014: 530-537.

④ SINGH A, BANSAL V. Energy data analytics towards energy-efficient operations for industrial and commercial consumers[C]. Washington: IEEE International Conference on Big Data, 2014: 165-168.

⑤ LEE J, BAGHERI B, KAO H. A cyber-physical systems architecture for industry 4.0-based manufacturing systems[J]. Manufacturing Letters, 2015, 3: 18-23.

⑥ SANTOS M Y, E SÁ J O, ANDRADE C, et al. A Big Data system supporting Bosch Braga Industry 4.0 strategy[J]. International Journal of Information Management, 2017, 37(06): 750-760.

续表

视角	作者	主要观点及贡献
大数据应用框架	Lechevalier et al.[①]	给出了制造企业运用大数据预测分析技术的框架，在制造企业利用预测分析技术提高企业生产率的同时，也将面临严峻的挑战和困难。
大数据原理的应用	Jain et al.[②]	制造企业需要应用大数据分析技术对大量真实数据进行测试，虚拟工厂可以满足开发者对真实数据的需求，作者探讨了这类虚拟工厂需要满足的条件和达到的标准。
	Lee et al.[③]	基于物联网的制造和服务创新是未来制造业发展的两大趋势，作者利用案例阐述了制造企业如何进行服务转型以及如何运用大数据技术进行智慧预测，达到提高生产率的目的。
模型与方法	Armes et al.[④]	运用预测算法对航空企业在制造和修理过程产生的数据进行测试，探索了制造测试数据和修理数据的关系，希望能够准确预测产品的返修情况。
	Shin et al.[⑤]	构建了一个用于预测制造企业能源消耗的分析模型。
	Shao et al.[⑥]	作者提出建模仿真既可以作为大数据分析工具，也可以辅助其他大数据分析工具为智能制造系统提供决策支持。
	Aho et al.[⑦]	探讨了利用大数据技术帮助机械制造企业实现服务创新以及产品服务化的方法。

2.3.2 从物流企业视角进行综述

1. 国内研究现状

目前，国内学者研究大数据技术在物流企业中的应用，主要集中于两

① LECHEVALIER D, NARAYANAN A, RACHURI S. Towards a domain-specific framework for predictive analytics in manufacturing[C]. Washington: IEEE International Conference on Big Data, 2014: 987–995.

② JAIN S, SHAO G. Virtual factory revisited for manufacturing data analytics[C]. Savanah: Proceedings of the Winter Simulation Conference, 2014: 887–898.

③ LEE J, KAO H, YANG S. Service innovation and smart analytics for industry 4.0 and big data environment[J]. Procedia CIRP, 2014, 16: 3–8.

④ ARMES T, REFERN M. Using Big Data and predictive machine learning in aerospace test environments[C]. Schaumburg: AUTOTESTCON, 2013: 1–5.

⑤ SHIN S, WOO J, RACHURI S. Predictive analytics model for power consumption in manufacturing[J]. Procedia CIRP, 2014, 15: 153–158.

⑥ SHAO G, SHIN S, JAIN S. Data analytics using simulation for smart manufacturing[C]. Savanah: Proceedings of the Winter Simulation Conference, 2014: 2192–2203.

⑦ AHO A, UDEN L. Developing data analytics to improve services in a mechanical engineering company[C]. Santiago de Chile: International Conference on Knowledge Management in Organizations, 2014: 99–107.

个方面：一方面是研究如何利用大数据驱动物流企业变革、创新，帮助物流企业解决实际运营中遇到的问题；比如：有学者探讨了大数据环境下物流企业创新、物流企业决策、物流服务水平和物流市场预测等方面的问题。另一方面是从物流具体环节的角度出发，研究大数据技术如何解决各物流环节存在的问题；比如：有学者探讨了如何利用大数据实现智慧物流、实现仓库储位优化、进行市场预测和物流中心选址等问题，但对这些问题的探讨往往从理论层面展开，缺乏定量研究（如表 2-10 所示）。

表 2-10　国内研究大数据驱动物流企业发展的代表性文献

作者	主要观点及贡献
严由亮①	分析了大数据环境下物流企业创新面临的问题，并提出了相应的应对策略，为我国物流企业发展提供了一定思路。
王宏伟②	分析了物流企业如何利用大数据技术进行服务创新，为客户提供增值服务。
叶斌等③	分析了大数据在物流企业经营决策、客户关系管理、智能预警等方面的应用。
石晶山④	大数据可以提高物流企业运营的透明度、服务质量和战略管理水平等。
梁红波⑤	大数据技术可以为物流企业决策者预测市场变动趋势，可以弥补决策者直觉判断的不足，能够帮助决策者做出更加智慧的决策。
吴领威等⑥	分析了大数据技术在实现智慧物流中的地位及作用。
刘以倩⑦	介绍了大数据与物流的关系，并对大数据技术提升仓储效率进行了优化设计。
惠毅⑧	分析了大数据技术在物流中心选址、配送、仓库储位优化、市场预测等方面的应用。
霍跃华等⑨	概述了物流大数据的特征，并且介绍了大数据技术在仓库选址、仓储优化等方面的应用。

① 严由亮．基于大数据环境下的物流企业管理创新研究 [J]. 物流工程与管理，2016，38(12)：46–48.

② 王宏伟．大数据在物流服务创新中的应用 [J]. 北方经贸，2016(07)：43–44.

③ 叶斌，黄文富，余真翰．大数据在物流企业中的应用研究 [J]. 物流技术，2014(08)：22–24.

④ 石晶山．浅析大数据对物流企业的影响 [J]. 劳动保障世界，2015(20)：30，33.

⑤ 梁红波．大数据技术引领物流业智慧营销 [J]. 中国流通经济，2015(02)：85–89.

⑥ 吴领威，高喜乐．大数据技术对智慧物流的影响 [J]. 商场现代化，2017(13)：42–43.

⑦ 刘以倩．大数据技术在物流企业仓储系统中的应用 [J]. 物流技术，2016，35(12)：37–39，42.

⑧ 惠毅．浅谈大数据在物流企业中的应用 [J]. 物流工程与管理，2016，38(01)：68–69.

⑨ 霍跃华，刘银龙．物流大数据分析平台架构及关键技术研究 [J]. 信息技术与信息化，2016(09)：66–68.

续表

作者	主要观点及贡献
巩家婧等[①]	物流企业通过分析客户信息、市场行情、销售量等数据，挖掘数据背后的信息，不仅可以明确物流公司的供应链管理模式，提高企业管理效率，而且能够为企业决策提供支持及依据。
张奇芹[②]	运用扎根理论提炼出大数据应用的主要范畴以及初始概念，提出了基于大数据的物流企业商业模式的概念模型。
范兴兵[③]	运用大数据理论与方法对安徽 CJ 供应链物流有限公司的客户关系管理进行了重新设计，并且提出了相应的改进流程。
王楚楚[④]	分析了大数据技术在智慧物流的感知端、传输通道、存储端、物流服务平台等方面如何得到有效运用。

2. 国外研究现状

目前，国外对大数据驱动物流及供应链发展的研究，大致可以分为三类：第一类是分析大数据技术如何应用于物流及供应链管理中；第二类是在分析目前大数据技术应用状况的基础上，进一步提出未来研究框架（前两类研究见表 2–11 所示）；第三类是侧重技术层面的研究，例如，在解决各类物流及供应链问题时，应该如何处理具有“3V”或者“5V”特征的大数据（如表 2–11 所示）。除此之外，也有学者探讨在此三类趋势下，如何培养掌握数据分析技术以及相关领域知识的人才问题[⑤]。目前，国际上将物流企业作为研究主体分析大数据技术对其影响和作用机制的研究文献较为缺乏，仅有少数学者对其进行了初步探索。比如，Robak 等[⑥]提出大数据分析与预测技术，可以帮助物流企业优化业务流程、预测风险、

① 巩家婧，宁云才，张公鹏. 大数据时代物流企业供应链管理运作模式与优化路径 [J]. 企业经济，2019(05)：80–84.

② 张奇芹 . 大数据与物流企业商业模式创新——基于扎根理论的研究 [D]. 邯郸：河北工程大学，2019.

③ 范兴兵 . 基于大数据的第三方供应链物流企业客户关系管理研究——以安徽 CJ 供应链物流有限公司为例 [J]. 吉首大学学报（社会科学版），2019，40(S1)：126–128.

④ 王楚楚 . 简析面向大数据技术在智慧物流领域的应用 [J]. 农村经济与科技 , 2020, 31(20)：74–75.

⑤ SCHOENHERR T, SPEIER–PERO C. Data science, predictive analytics, and big data in supply chain management: Current state and future potential[J]. Journal of Business Logistics, 2015, 36(01): 120–132.

⑥ ROBAK S, FRANCZYK B, ROBAK M. Research problems associated with big data utilization in logistics and supply chains design and management[C]. Warsaw: FedCSIS. 2014: 245–249.

发现商机等，同时物流企业还可以根据预测结果，提前安排好货物的运输及仓储；Neaga 等[①] 提出大数据物流平台的架构，该平台通过整合大数据、云计算等技术，为物流服务商及其利益相关者提供决策支持、实施路径规划和物流网络规划等服务。

表 2-11　国外研究大数据驱动物流及供应链发展的代表文献

作者	主要观点及贡献
Ghosh[②]	企业利用大数据技术可以收集、更新、存储、分析各业务流程产生的数据，并且能够根据分析结果快速、及时地做出决策。
Borgi et al.[③]	探讨了大数据的概念，利用大数据技术能够对运输过程中产生的大量数据进行分析，不断提升运作效率、改善客户体验、创造新的商业模式。
Jain et al.[④]	利用 Delphi 法确定了供应链管理中经常遇到的问题，并分析了如何利用大数据分析技术解决这些问题。
Sanders[⑤]	企业成功利用大数据分析技术的关键点主要有：将大数据分析技术运用于供应链整体供需匹配；在战术层面上运用大数据的目的性很明确；严格衡量企业绩效并且不断改进。
Lamba et al.[⑥]	分析了大数据技术在供应链（制造、采购、物流）中的具体应用，并分析了大数据技术在供应链运作与管理（资源分配、采购、供应商选择、订单分配）中的应用前景。
Hazen et al.[⑦]	分析了运筹学在大数据研究中的运用，并且探讨了未来运筹学能够从哪些方面解决大数据分析问题。

① NEAGA I, LIU S, XU L, et al. Cloud enabled big data business platform for logistics services: a research and development agenda[C]. Belgrade: International Conference on Decision Support System Technology, 2015: 22-33.

② GHOSH D. Big data in logistics and supply chain management-a rethinking step[C]. Silchar: International Symposium on Advanced Computing and Communication (ISACC), 2015: 168-173.

③ BORGI T, ZOGHLAMI N, ABED M. Big data for transport and logistics: A review[C]. Hammamet: 2017 International Conference on Advanced Systems and Electric Technologies, 2017: 44-49.

④ JAIN A D S, MEHTA I, MITRA J, et al. Application of big data in supply chain management[J]. Materials Today: Proceedings, 2017, 4(02): 1106-1115.

⑤ SANDERS N R. How to use big data to drive your supply chain[J]. California Management Review, 2016, 58(03): 26-48.

⑥ LAMBA K, SINGH S P. Big data in operations and supply chain management: current trends and future perspectives[J]. Production Planning & Control, 2017, 28(11-12): 877-890.

⑦ HAZEN B T, SKIPPER J B, BOONE C A, et al. Back in business: Operations research in support of big data analytics for operations and supply chain management[J]. Annals of Operations Research, 2016, 270(1-2): 201-211.

续表

作者	主要观点及贡献
Chen et al.①	对大数据分析技术的使用与价值创造之间的关系进行了实证，结果表明运用大数据分析技术能够不断提高资产利用率以及企业绩效增长率。
Barbosa et al.②	大数据分析技术经常被运用于组织、技术、人力资源等方面，采用的方法大多数为预测性、说明性的方法。
Zhong et al.③	分析了大数据分析技术在供应链等领域中应用的典型案例，并且提出了当前的挑战和机遇以及未来的发展前景。
Hazen et al.④	利用行动者网络理论、社会资本理论等八种理论分析了大数据分析技术在供应链中的应用，并依据这些理论提出了需要进一步研究的相关问题。
Kache et al.⑤	利用 Delphi 法发现了供应链管理中应用大数据分析技术的 43 个机遇及挑战，为其他学者以及实践工作者提供了新的探索思路。

2.3.3 研究述评

1.“国内外研究大数据驱动制造企业发展”的研究述评

通过系统梳理国内外研究大数据在制造企业中的应用的文献，很容易发现目前研究大数据驱动制造企业发展的文献主要有两类：一类是理论研究；另一类是解决实际问题的方案研究。（1）理论研究主要探讨制造企业如何应用大数据技术改善生产流程、降低生产成本、提高生产效率，不断驱动制造企业进行技术创新与服务创新，为制造企业创造更多价值。（2）解决实际问题的方案研究主要是从技术层面探讨大数据技术

① CHEN D Q, PRESTON D S, SWINK M. How the use of big data analytics affects value creation in supply chain management[J]. Journal of Management Information Systems, 2015, 32(04): 4–39.

② BARBOSA M W, VICENTE A C, LADEIRA M B, et al. Managing supply chain resources with big data analytics: A systematic review[J]. International Journal of Logistics Research and Applications, 2018, 21(03): 177–200.

③ ZHONG R Y, NEWMAN S T, HUANG G Q, et al. Big data for supply chain management in the service and manufacturing sectors: Challenges, opportunities, and future perspectives[J]. Computers & Industrial Engineering, 2016, 101: 572–591.

④ HAZEN B T, SKIPPER J B, EZELL J D, et al. Big data and predictive analytics for supply chain sustainability: A theory–driven research agenda[J]. Computers & Industrial Engineering, 2016, 101: 592–598.

⑤ KACHE F, SEURING S. Challenges and opportunities of digital information at the intersection of big data analytics and supply chain management[J]. International Journal of Operations & Production Management, 2017, 37(01): 10–36.

如何与制造企业结合，并且以实例进行验证。现有研究成果表明，目前的多数方案研究还处于起步阶段，尚未成熟，还有许多问题需要进一步探讨。尽管如此，理论界和实践界对于制造企业未来的发展趋势已经基本达成共识，即未来的制造将是智能制造、预测制造。如何利用大数据技术实现制造企业生产流程智能化？怎样运用大数据增强制造企业核心竞争力？又如何利用大数据驱动制造企业为其客户创造更多价值？这些都是未来学者们需要重点研究的课题。

2.“国内外研究大数据驱动物流及供应链发展”的研究述评

通过系统梳理国内外研究大数据驱动物流及供应链发展的相关文献，不难发现：目前，国内学者主要从企业角度定性探讨大数据技术驱动物流企业发展，并且从管理层面研究大数据能够给物流企业解决哪些问题以及能为企业和客户创造什么价值。然而，国外学者研究大数据技术影响物流企业发展，较多的文献是从供应链角度出发，探讨大数据技术在供应链中的具体应用，物流企业仅仅作为其中一个环节进行研究。目前，此类研究还处于起步阶段，部分文献仅仅浅显地探讨大数据技术在供应链和物流管理中的重要性及其应用趋势，并且还给出了企业在供应链管理中应该高度重视大数据技术应用的建议，也有为数不多的论文指出：大数据技术影响供应链及物流企业发展的研究框架。值得注意的是，很少有学者从第三方物流企业的视角研究大数据技术驱动物流企业为其客户创造更多价值。

3. 有待于进一步研究的现实理论问题

综合分析大数据及大数据技术在制造企业、物流企业以及供应链中应用研究的现状，不难发现：有关大数据技术的应用研究还处于起步阶段，现有研究文献大多数是从宏观层面展开的，研究问题的范围较广，但是研究问题的深度严重不足，既缺乏系统性，也缺乏全面性，更缺乏科学性。因此，需要进一步加强对大数据时代现实问题的研究，比如：大数据给制造企业、物流企业的发展带来怎样的冲击？大数据如何推动制造企业向智能制造企业转型？大数据又如何驱动物流企业向智慧物流企业发展？不仅要从制造企业的视角来研究大数据是如何驱动制造企业与供应链上下游合作伙伴以及物流企业建立动态战略联盟的，而且还要从物流企业的视角来研究大数据是如何驱动物流企业为客户提供高效率、低成本、智能化的高端物流服务，尤其是需要多角度、全方位研究制造企业、物流企业以及供应链上相关利益主体之间的互动与高质量协同发展，等等。这些都是今后学者们面临的迫切需要研究的现实问题。

2.4 本章小结

本章研究的内容主要包含以下几个方面：首先，对综述的相关研究文献的选取范围及检索依据做了简要说明；其次，对国内外学者研究制造业与物流业高质量协同发展的现有研究成果进行了系统梳理和简要述评；最后，对国内外学者研究大数据与制造业、物流业以及供应链相融合的相关研究成果进行了归纳和总结，并且进行了必要述评。本章对相关研究文献的梳理与述评，为深入研究大数据时代制造企业与物流企业如何实现高质量协同发展提供了借鉴。本章还概括了国内外相关研究成果及其不足之处：

1. 国内学者从理论层面探讨了制造业与物流业高质量协同发展的内在机理，但是大多数研究成果都是采用单一理论（比如成本理论或核心竞争力理论等）从某个方面分析两者之间的关系，显然其系统性和全面性不够，尤其是缺乏揭示“两业”高质量协同发展的一般性规律。

2. 国内学者普遍采用统计分析法、系统科学法、计量经济学模型等方法，对制造业与物流业之间的协同程度进行定量研究，但是具体评价指标的选取比较单一，缺乏全面性、系统性和科学性。因此，现有的大多数研究结论比较片面，缺乏严谨性。

3. 国内学者在分析制造业与物流业实现高质量协同发展过程中存在的问题时，尝试提出解决问题的相应对策，并且给出一般的研究思路是："现状—问题—对策"，其研究成果形式普遍以定性研究成果为主，缺乏应用定量模型从企业层面进行定量研究的成果。

4. 国外学者研究"两业"高质量协同发展时，主要集中于企业层面，即探讨制造企业与物流企业的合作与互动关系，研究角度往往比较单一，即从制造企业或者物流企业单边视角研究"两业"互动关系，缺乏从双边乃至多边角度进行"两业"合作与高质量协同发展的研究。

5. 尽管国内外学者在研究大数据驱动制造企业、物流企业以及供应链的发展方面取得了一定成果，但是针对大数据技术在制造企业、物流企业以及供应链中的应用研究还处于起步阶段，现有研究成果大多数是从宏观层面探讨大数据如何驱动制造企业、物流企业或供应链更好地发展。虽然现有相关文献的研究范围较广，但是研究深度严重不足，既缺乏系统性、严谨性，更缺乏科学性。因此，依据本著作的研究主题，需要进一步研究大数据如何影响"两业"合作与互动，尤其需要从双边或多边视角探讨大数据如何驱动制造企业与物流企业实现高质量协同发展。

第3章　大数据时代“两业”高质量协同发展系统框架模型构建

在大数据时代，数据分析与挖掘技术在企业中广泛应用，不仅能够大幅度降低制造企业、物流企业的运营成本，而且还能够提高制造企业、物流企业的运营效率。大数据技术不仅能够改变“两业”管理者的思维方式和经营理念，而且对“两业”客户的生产经营方式和创新能力均产生重要影响，同时也倒逼“两业”对传统生产经营方式和服务理念进行创新，加快驱动“两业”转型升级。在此背景下，深入研究大数据基本理论对“两业”实现高质量协同发展的作用与影响，无疑为指导“两业”充分利用大数据技术实现高质量协同发展提供了理论依据。本章将对大数据概念、大数据技术的定义、大数据特征、大数据关键技术以及大数据时代“两业”高质量协同发展系统框架模型构建等主要内容进行阐述，为深入研究大数据驱动“两业”转型升级及其实现高质量协同发展奠定理论基础。

3.1　大数据与大数据技术的定义及其特征分析

大数据（Big Data）概念诞生于20世纪80年代初，世界未来学家、预测大师约翰·奈斯比特（John Naisbitt）早在1982年发表的“Megatrends：

Ten new directions transforming our lives"[①]中提出："人类正在被大量信息所淹没，但是对知识如饥似渴"，"我们正在生产大量信息，就像我们过去生产大量汽车一样"，等等。诸如此类的预言在当代恰恰得到验证，这充分说明：当今世界正处于"数据爆炸"的时代。著名未来学家阿尔温·托夫勒在1984年出版的著作《第三次浪潮》[②]中，将大数据称赞为"第三次浪潮"的华彩乐章。面对即将到来的大数据时代，世界著名期刊 *Nature* 和 *Science* 也分别于2008年9月和2011年2月出版了 *Big Data*[③]和 *Dealing With Data*[④]专刊，从生物医药、环境科学、超级计算、互联网经济学、互联网技术等多个方面讨论了采集、处理大数据所面临的各种问题。2011年5月9日—12日，EMC公司在美国内华达州的拉斯韦加斯大都市召开了EMC World 2011大会，大会主题设定为"云计算相遇大数据"。大会之后，全球知名咨询公司麦肯锡（Mckensey & Company）发布了 *Big data: The next frontier for innovation, competition, and productivity*[⑤]报告，在此报告中首次提出大数据这一概念。这就标志着大数据概念正式诞生、大数据时代已经到来。从此之后，国内外掀起了大数据（Big Data）的研究和应用热潮，世界各国学者对大数据及大数据技术展开了积极探索，并且取得了较为丰硕的研究成果。这些成果主要集中在大数据的定义、大数据的范围界定、大数据的属性特征、大数据的存储和处理技术、基于大数据的数据挖掘与分析技术以及大数据管理与决策支持技术等方面。

---

① NAISBITT J, CRACKNELL J. Megatrends: Ten new directions transforming our lives[J]. Sloan Management Review, 1983, 24(04): 69.

② 阿尔温·托勒夫，第三次浪潮[M].上海：生活·读书·新知三联书店，1983.

③ GOLDSTON D. Big data: Data wrangling[J]. NATURE, 2008, 455(72): 15.

④ REICHMAN O J, JONES M B, SCHILDHAUER M P. Challenges and opportunities of open data in ecology[J]. Science, 2011, 331(6018): 703–705.

⑤ MANYIKA J, CHUI M, BROWN B, et al. Big data: The next frontier for innovation, competition, and productivity[M]. London: McKinsey Global Institute, 2011.

3.1.1 大数据的定义及其特征

1. 大数据的定义

近几年来，国内外学术界、产业界基于不同的视角，对大数据给出了不同的定义。接下来本专著对几种具有代表性的定义进行概述：第一种，麦肯锡公司（McKinsey & Company）基于经济视角认为：“大数据是一个大的数据池，其中的数据可以被采集、传递、聚集、存储和分析。与固定资产和人力资本等其他重要的生产要素类似，没有数据，很多现代经济活动、创新和增长都不会发生，这正成为越来越普遍的现象。”第二种，高德纳咨询公司（Gartner Group）基于资源视角认为：“大数据是大容量、高速度和形式多样的信息资产，它需要低成本的、形式创新的信息处理技术，以增强洞察力和辅助决策。”[①] 第三种，IBM 公司基于技术特征的视角对大数据给出的定义是“可以用 4 个特征来描述大数据，即规模性（volume）、高速性（velocity）、多样性（variety）和真实性（veracity），这些特征相结合，就定义了 IBM 所称的大数据”[②]。第四种，维基百科（Wikipedia）基于处理方法和处理工具的视角认为：“大数据是指规模庞大而且复杂的数据集合，很难用常规的数据库管理工具或传统数据处理方法对其进行处理；其面临的主要挑战包括数据抓取、存储、搜索、共享、转换、分析和可视化。”[③] 第五种，美国国家科学基金会（NSF）基于数据来源和技术特征的视角对大数据给出如下定义：“大数据是由科学仪器、传感器、网上交易、电子邮件、视频、点击流和所有其他现在或将来可用的数字源产生的大规模、多样的、复杂的、纵向的、分布式的数

① What Is Big Data?–Gartner IT Glossary–Big Data[EB/OL]. https://research.gartner.com/definition-whatis-big-data?resId=3002918&srcId=1-8163325102.

② IBM What is big data? Bringing big data to the enterprise–India[EB/OL]. https://www-01.ibm.com/software/in/data/bigdata/.

③ Big data–Wikipedia[EB/OL]. https://en.wikipedia.org/wiki/Big_data.

据集。”[①] 第六种，国内学者杨善林等基于资源观和管理视角认为：“大数据是一类能够反映物质世界和精神世界运动状态和状态变化的信息资源，它具有复杂性、决策有用性、高速增长性、价值稀疏性和可重复开采性，一般具有多种潜在价值。”[②] 综上所述，大数据概念可以简要概括为：大数据是指能够被非常规的数据库管理软件、数学计算方法和数据处理技术进行分析和挖掘的大规模、高速度、多样性、真实性、多变性以及具有低密度价值的数据集。

2. 大数据的属性特征分析

随着大数据的不断发展及其应用，数据科学家以及相关领域的专家学者们总结出大数据属性的系列特征包括：由早期重视其规模性（volume）、高速性（velocity）、多样性（variety）和真实性（veracity），进一步发展为强调其可变性（variability）与价值性（value），即实现了由“4V”向“6V”的升华。现将大数据“6V”系列特征的内涵概述如下[③④⑤⑥]：（1）规模性（volume），指大数据本身是客观存在的大规模数据资源，为了保持大数据的完整性，需要巨大的储存空间来保存巨大的数据量。虽然大数据的来源广泛、规模巨大，但是其直接功用是有限的。只有通过深入分析与有效挖掘，才能发现其中蕴藏的知识和有价值的信息，才能为管理层提供其他资源难以提供的决策支持。（2）高速性（velocity），由于大数据资源的产生、积累和交换的速度非常之快，所以需要我们以更快的速度处理大数据，以

① Core techniques and technologies for advancing big data science and engineering [EB/OL]. http://grants. nih. gov/grants/guide/notice-files/NOT-GM-12-109. html

② 杨善林，周开乐 . 大数据中的管理问题：基于大数据的资源观 [J]. 管理科学学报，2015，18(05)：1-8.

③ 孟小峰，慈祥 . 大数据管理：概念，技术与挑战 [J]. 计算机研究与发展，2013，50(01)：146-169.

④ CHEN C L P, ZHANG C. Data-intensive applications, challenges, techniques and technologies: A survey on Big Data[J]. Information Sciences, 2014, 275: 314-347.

⑤ WALKER S J. Big data: A revolution that will transform how we live, work, and think[M]. Taylor & Francis, 2014.

⑥ 王国成 . 从 3V 到 5V：大数据助推经济行为的深化研究 [J]. 天津社会科学，2017(02)：94-99.

便于辅助管理者进行科学决策。大数据资源高速增长的特征与不可再生的石油、煤炭等自然资源的特征有着本质的区别：自然资源随着不断开采，其总量会逐渐减少，而大数据资源随着不断挖掘与开采，不仅不会减少，反而会迅速呈现指数级增加现象。目前，各行各业的客户对数据的智能化和实时性要求越来越高，大数据的快速交换是降低服务延迟的关键，只有这样企业才能够以近乎实时的方式满足用户的实时性需求。（3）多样性（variety），是指大数据的来源不仅复杂多样，而且数据类型也丰富多彩，既包括传统类型的结构化数据，也包含半结构化数据和非结构化数据。种类繁多的大数据资源，其功能与自然资源的功能有着天壤之别，例如，煤炭、天然气和石油等的功能或功效是有限的，然而，基于不同的开发方式或开发目的，大数据资源显现出的功能是多样化的。在大数据时代，每一位网民既是信息的收集者，也是信息的传播者，这就促使数据资源呈现多样性，并且加速数据资源呈现指数级增长。（4）真实性（veracity），大数据的真实性表现在它能够全面、准确、细致地反映现实世界和网络世界的真情实景，并且有助于提升人们对社会活动的认知水平。大数据全面、细致地刻画和记录了各行为主体参与特定社会活动的行为轨迹。如果说互联网拓展了人类生活的空间，将真实的物理世界扩展到“镜像化”的虚拟网络世界，那么大数据就是真实的社会活动的另一种存在和表现形式。大数据和传统小数据相比较而言，虽然大数据更全、更真、更细、更实、更及时，但是大数据中常常存在着噪声、虚假数据和异常数据，因此，必须对大数据进行“清洗”和“过滤”，排除造成大数据“混杂”和“污染”的一切不利因素。数据“清洗”是保证有效利用大数据的根本环节，不但有利于对大数据进行相关技术处理，而且有利于对大数据进行分析和挖掘。只有对大数据进行有效“清洗”，才能真正体现数据之间、事件之间、数据与事件之间的客观映射关系。大数据来源的全面性、真实性、可靠性和鲜活性，不仅决定了大数据的存在价值，而且是大数据质量和权威的重要保障。（5）可变性（variability），大数据的来源范围非常广泛，涵盖了人类社会活动和物联网的各个方面，产生的数据规模、数据结构极其复杂多变。大数据的可变性，不仅反映在数据规模的变化、数据结构的变化，而且还体现在大数据来源的变化、大数据应用领域的变化和大数据开发方式的不确定性。总之，大数据与传统小数据相比，具有更多的可变性。（6）价值性（value），是指大数据价值的稀疏性，即大数据的价值密度低。在大数据时代，获取大数据的价值就像从沙子中淘金一样。当采集的数据总量一定时，其价值密度越低，可挖掘出的价值就越小。只有对大数据进行有效采集和分析，才能挖掘出大数据中蕴涵的价值，且挖掘和利用大数据资源的难度非常大。

3.1.2 大数据技术概述

1. 大数据技术的定义

随着大数据技术的迅猛发展，人类对大数据技术的认知和应用也在逐步深化。人们在应用大数据技术分析和挖掘蕴藏于大数据中的有价值信息的过程中，对于大数据技术的认知也由感性层面上升到理性层面。大数据技术的含义有多种解释，在此仅列出几种具有代表性的定义：（1）大数据技术是由诸多技术形态组合而成的技术集群①。（2）大数据技术是在云计算架构平台上对大数据进行抓取、计算、分析、存储、索引、查询等的技术行为，大数据技术的核心功能是预测，把数学计算运用到海量数据上来预测事情发生的可能性②。（3）大数据技术就是对数据总体进行分析、挖掘的工具和方法，即从低价值密度的“大数据沙”中挖掘出拥有

① 张学义，彭成伦 . 大数据技术的哲学审思 [J]. 科技进步与对策，2016，33(13)：130-134.

② 梁红波 . 云物流和大数据对物流模式的变革 [J]. 中国流通经济，2014，28(05)：41-45.

高价值的“数据金”，从而实现大数据中的“沙里淘金”目标[①]。本书在前人研究的基础之上将大数据技术的定义简单概括如下：大数据技术是指能够对海量数据进行采集、存储、传递、分析、挖掘和集成，并且从其中抓取有价值的信息和知识的非常规数据库管理软件和数据处理的技术方法。

2. 大数据技术的特征

大数据技术的特征概括起来，主要包含以下几个方面：第一，大数据技术能够存储和传输海量的结构化、半结构化和非结构化数据；第二，大数据技术能够采集、分析与挖掘类型复杂的海量数据，包括各种语音、图片、文档、信息等结构化、半结构化和非结构化数据；第三，借助于大数据技术能够从海量的数据中挖掘出人类所需要的具有经济、政治等应用价值的数据资料；第四，云计算技术处理大数据的速度非常之快，尤其是采用数据库集群技术（MPP NewSQL）和非关系型数据库技术（NoSQL），能够快速处理非结构化、半结构化和结构化数据，就像“沙里淘金”一样，获取高价值信息[②]；第五，大数据可视化技术能够将抽象的数据以图形或图像的形式在电脑上显示出来，更容易被广大用户理解和接受[③]。

3. 处理大数据的基本流程

从大数据来源及其属性特征的视角来看，大数据的类型、处理方法和应用领域是千差万别的。但是，根据计算机领域的相关文献资料[④]，可以归纳出处理大数据的基本流程包括三个阶段：第一阶段，大数据采集、预处理及其存储阶段；第二阶段，大数据分析与挖掘阶段；第三阶段，大数据分析结果的解释与展示阶段。由此可以绘制出处理大数据的基本流程图（如图 3-1 所示）。

---

① 陈艳，李君亮．大数据哲学研究述评 [J]. 广西社会科学，2017(03)：50−55.

② 梁红波．云物流和大数据对物流模式的变革 [J]. 中国流通经济，2014，28(05)：41−45.

③ 陈艳，李君亮．大数据哲学研究述评 [J]. 广西社会科学，2017(03)：50−55.

④ 孟小峰，慈祥．大数据管理：概念，技术与挑战 [J]. 计算机研究与发展，2013，50(01)：146−169.

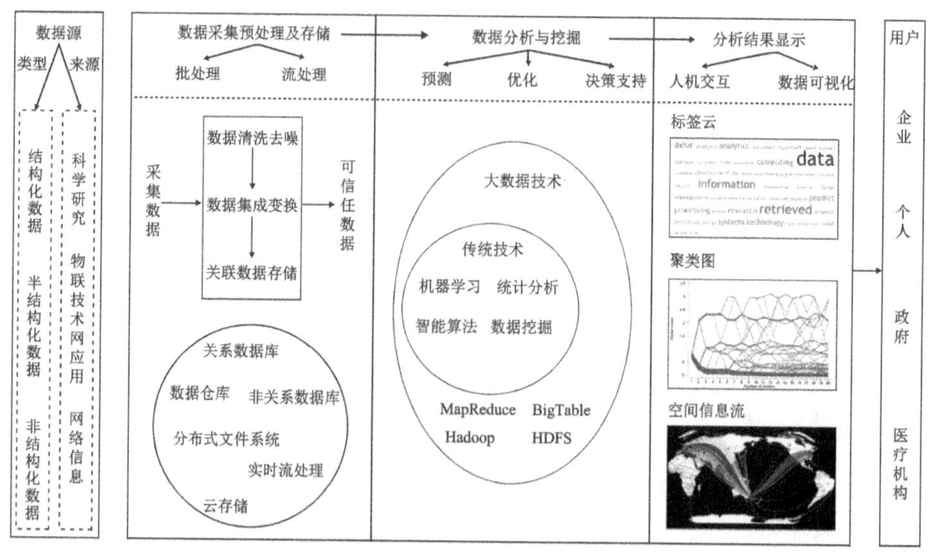

图 3-1 处理大数据的基本流程

在图 3-1 中，从数据源采集的大数据包括结构化、半结构化和非结构化数据，首先必须采用非常规的数据库管理软件和数据处理方法对这些复杂的海量数据进行处理、集成和存储，并且将其转换成统一标准的数据格式，以便于以后再对其进行处理。其次，再使用合适的数据分析与挖掘技术对这些数据进行再处理。最后，将大数据的分析结果利用可视化技术展示给用户，以便于用户理解和接受分析结果。

4. 大数据关键技术的主要内容

在大数据分析与挖掘过程中，大数据处理技术发挥了关键作用，概括起来当今大数据关键技术主要包括如下五个方面:（1）云计算和 MapReduce。云计算包含三个层次的内容: 基础设施即服务（IaaS）、平台即服务（PaaS）和软件即服务（SaaS）[①]；MapReduce 技术是谷歌（Google）公司于 2004 年开发的典型的大数据批处理技术，广泛应用于数据分析

① 罗军舟，金嘉晖，宋爱波，等. 云计算：体系架构与关键技术 [J]. 通信学报，2011，32(07)：3-21.

与挖掘、机器学习等领域[①]。(2)分布式文件系统。谷歌(Google)公司根据实际情况，开发了分布式文件系统(Google File System，GFS)，该系统是基于分布式集群的大型分布式处理系统，为MapReduce计算框架提供了底层数据存储和数据可靠性支撑。虽然GFS具有良好的容错功能，并且能够有效处理本系统某部分出错情况，但是随着数据规模逐渐增大、数据结构更加复杂，早期开发的GFS架构已经不能满足大数据分析与挖掘的需求，因此谷歌公司对GFS进行了重新设计，升级为Colosuss系统，该系统能够有效解决单点故障和海量小文件存储的问题。除了谷歌开发的GFS和Colosuss之外，HDFS[②]、FastDFS[③]和CloudStore[④]等都是与GFS非常类似的开源实现平台。还有，脸书(Facebook)专门开发了Haystack[⑤]文件系统处理图片存储、文档传输等海量小文件；另外，淘宝也开发了类似于Haystack的文件系统TFS(Taobao File System)[⑥]，用于解决淘宝海量的非结构化数据，满足了淘宝在各项业务中对小文件存储的需求。(3)分布式并行数据库。为了解决大数据时代数据规模逐渐扩大、数据种类不断增多等问题，谷歌公司具有超前意识，设计了BigTable数据库系统，为广大用户提供了精简的数据模型。除了谷歌公司研发了BigTable之外，还有许多互联网公司也积极参与研发可用于大数据存

---

① 李成华，张新访，金海，等. MapReduce：新型的分布式并行计算编程模型[J]. 计算机工程与科学，2011，33(03)：129–135.

② BORTHAKUR D[EB/OL]. https://docs.huihoo.com/apache/hadoop/1.0.4/hdfs_design.pdf

③ SINGH A K. Smart grid cloud[J]. International Journal of Engineering Research and Applications, 2012, 2(06): 674–704.

④ MOLINA-ESTOLANO E, GOKHALE M, MALTZAHN C, et al. Mixing hadoop and hpc workloads on parallel filesystems[C]. New York: Proceedings of the 4th Annual Workshop on Petascale Data Storage. 2009: 1–5.

⑤ KRASKA T. Finding the needle in the big data systems haystack[J]. IEEE Internet Computing, 2013, 17(01): 84–86.

⑥ TFS[EB/OL]. http://tfs.taobao.org/.

储的数据库系统，较为知名的有：雅虎（Yahoo!）的PNUTS[①]和亚马逊（Amazon）的Dynamo[②]。上述非关系型数据库系统被统称为NoSQL（Not only SQL）。目前，普遍认为NoSQL数据库系统具备以下特征[③]：模式自由（schema-free）、支持简易备份（easy replication support）、简单的应用程序接口（simple API）、具有一致性且支持海量数据（huge amount of data）。（4）开源实现平台Hadoop。在大数据时代，为了满足大数据分析与处理的需求，Doug Cutting模仿GFS分布式文件系统，采用Java语言编写，为MapReduce开发了一个性能更高、可靠性更好、移植性更强的云计算开源平台Hadoop[④]。目前，Hadoop已经发展成为包括分布式文件系统（Hadoop Distributed File System，HDFS）、分布式数据库（HBase、Cassandra）以及数据分析与处理的MapReduce等功能模块在内的最流行的大数据分析与处理的平台生态系统（Platform Ecosystem）。（5）大数据可视化。大数据可视化（big data visualization）就是将大数据分析与处理结果进行数据转换，以图形或图像的形式在计算机屏幕上显示出来，使之更容易被广大用户理解和接受，即借助于人类的视觉思维能力，将抽象的数据呈现为图形或图像，帮助人们发掘客观世界隐藏于数据中的内在规律[⑤]。当前，学术界、实业界都在致力于大数据可视化技术的研究，并且积累了许多成功的经典案例：案例一，互联网地图（The Internet Map）[⑥]；案例二，标

---

① COOPER B F, RAMAKRISHNAN R, SRIVASTAVA U, et al. PNUTS: Yahoo!'s hosted data serving platform[J]. Proceedings of the VLDB Endowment, 2008, 1(02): 1277–1288.

② DECANDIA G, HASTORUN D, JAMPANI M, et al. Dynamo: amazon's highly available key–value store[J]. ACM SIGOPS operating systems review, 2007, 41(06): 205–220.

③ NoSQL Databases[EB/OL]. http://nosql–database.org/.

④ Apache Hadoop[EB/OL]. http://hadoop.apache.org/.

⑤ 王媛媛，丁毅，孙媛媛，等. 数据可视化技术的实现方法研究 [J]. 现代电子技术，2007，30(04)：71–74.

⑥ The Internet map[EB/OL]. http://internet–map.net/.

签云(Tag Cloud)[①]；案例三，历史流图(History Flow)[②]，其中“维基百科”文档的“历史流图”运用大数据可视化技术的效果非常明显。

3.2 大数据影响制造企业与物流企业的发展

3.2.1 大数据影响制造企业的发展

制造企业的发展不仅受到互联网、大数据的影响，而且与其所采用的制造技术、生产工具的发展水平也是密不可分的。随着制造技术的发展，自动化技术在工业化大生产中得到迅速发展。然而，制造企业的自动化系统也历经了数控（NC）机床、柔性制造系统（FMS）、计算机集成制造系统（CIMS）的发展过程，目前，正向着智能制造系统（IMS）迈进。因此，大数据时代制造企业的发展呈现如下趋势：

1. 制造企业正在进行网络化改造与建设工业互联网

网络化改造包括充分利用数字化设备的通信接口，在自动化设备上加装传感器和控制器，并且利用有线或无线网络接入技术，建设覆盖全工序、全流程以及各类生产、检测、物流设备的工业互联网，实时采集生产过程中产生的大量数据和图像信息，从而为设备的集中监视、远程控制、协同制造创造条件。协同制造离不开制造企业供应链的协同运作，它将成为制造企业最终实现客户价值的必然选择，而供应链上的物流协同与信息共享更是实现制造企业供应链协同运作的重要保障。为了满足

① LEE B, RICHE N H, KARLSON A K, et al. Sparkclouds: Visualizing trends in tag clouds[J]. IEEE transactions on visualization and computer graphics, 2010, 16(06): 1182−1189.

② VIGAS F B, WATTENBERG M, DAVE K. Studying cooperation and conflict between authors with history flow visualizations[C]. Vienna: Proceedings of the SIGCHI conference on Human factors in computing systems. 2004: 575−582.

快速变化的市场需求，制造企业必须实施柔性制造系统（FMS）、零库存管理、准时生产（JIT）方式以及有效的客户关系管理（CRM），因此，才出现了与之相匹配的供应商管理库存（VMI）、联合库存管理（JMI）和协作计划、预测和补货方法（CPFR）等先进的库存管理方法，而这些供应链库存管理方法都需要有效的智能物流系统来支持。此外，对于制造企业内部生产过程中的物流管理，应该采用条形码识别技术或集中供料、自动计量的方式采集原材料、辅助材料以及在制品的实时用量和库存数据，以便在精益生产管理过程中实现全过程的生产物料的"JIT"精准供应和实时的生产成本核算。

2. 制造企业必须为挖掘和利用大数据做好充分准备

为了有效采集、挖掘和利用大数据，制造企业必须打通设备监控与生产操作层、运营管理层、企业决策层之间的信息通道，让信息传递畅通无阻。因此，需要在改造生产设备互联网的基础之上，努力完成以下几项任务:（1）在监控操作层开发部署分散控制系统（DCS）、数据采集与监视控制系统（SCADA）、先进过程控制（APC）等工业控制系统;（2）在生产运营层开发部署制造执行系统（MES）、高级计划与排程系统（APS）、设备管理系统（EMS）、计算机辅助设计/工程/工艺规划（CAD/CAE/CAPP）、产品生命周期管理/产品数据管理（PLM/PDM）、质量管理系统（QMS）、仓储管理系统（WMS）等信息化系统;（3）在经营决策层部署企业资源计划（ERP）、供应链管理（SCM）、客户关系管理（CRM）等系统;（4）通过数据接口、中间件、数据总线、企业服务总线（ESB）等实现从设备层一直到决策层的集成，消除信息孤岛，确保对制造企业的大数据进行充分挖掘与利用，从而构建数字化、智能化工厂。

3. 制造企业正在运用大数据全面导入精益化生产等先进理念

为了全面推行精益化生产等先进管理理念，达到不断提升全工序的集成化、精益化、柔性化制造能力之目的，制造企业就必须进行设备网络化改造，努力提高数据的自动化采集率，全面部署工业软件，积极采取推进物理系统与信息系统集成的有效措施。这并不仅仅是为了提高工业生产的自动化水平，在生产过程中实现机器替代人类的目标，而是为了以优化的生产节拍来提高生产效率、降低库存成本、减少浪费，最终达到持续提升产品质量的目的。全面导入先进管理理念，包括借助进阶生产规划及排程系统（APS），不断优化生产计划和完善调度管理。因此，可以有效解决以下几方面问题:（1）能够解决过去生产组织的粗放管理、生产计划的柔性不足等问题;（2）充分利用从设备上采集的大量数据，实时监控生产进度和设备运行状态;（3）利用设备实时的工艺参数能够进行工序能力指数（CPK）计算和分析，为了预防不合格品的产生，还需要进行统计过程控制，从源头控制产品质量;（4）利用条形码、二维码、RFID等技术，提高原材料、辅助材料等在各生产环节中的数据采集效率，为生产组织、物流管理、成本核算等提供大量的精准数据;（5）基于实时采集的大量数据，可以进行设备的综合效率分析，能够更加精准地实施工业工程（IE）管理，进行“人、机、料、法、环”生产过程的全面优化。

4. 制造企业正在利用大数据努力为客户提供满意的生产和服务

智能制造企业的核心是借助于信息物理系统（Cyber -Physical Systems，CPS）作为计算进程和物理进程的统一体，它是将计算、通信和控制集成于一体的新一代智能系统。信息物理系统通过人机交互接口实现计算进程和物理进程的交互，通过网络化空间以远程的、实时的、安全的、可靠的协作方式操控一个物理实体。通过利用互联网、物联网、信息化、自动化和人工智能等先进技术，将制造企业的供应商、物料、设备、员工、生产线及客户紧密地联系起来，将大数据作为一种新型战略资源进行全面管理和有效利用，全面推进业务流、信息流、资金流和物流朝着网络化、集成化、数字化方向发展，并且持续不断地提升“数据—信息—知识”全过程的自动化采集、处理、分析和利用的水平，从而进一步优化企业的资源配置、提高企业管理效率、降低企业生产和物流过程中的各项成本、增强企业竞争力，为客户提供个性化、多样化、满意的端到端生产与服务。

5. 智能制造企业正在成为世界工业领域中的企业主体

智能制造企业已成为世界制造企业发展的标杆，智能制造是信息化与工业化深度融合的产物，它不仅是先进的 IT、OT 等技术的应用和创新，也是管理模式的创新。智能制造是伴随着信息技术不断普及而逐渐发展起来的，是引领“第三次工业革命（工业 3.0）”向“第四次工业革命（工业 4.0）”转化的核心动力，“第四次工业革命（工业 4.0）”正在让生产车间发生着巨大的变化，数据化、智能化、连接化、信息化是将来生产车间的主流技术。在制造业领域，人工智能、工业机器人、3D 打印、智能控制系统、自动化仪器仪表等实现了突破式发展，制造企业也呈现出服务化趋势。在信息技术领域，大数据、云计算、物联网等新兴业态不断向传统制造企业渗透，制造企业的信息化水平得以迅速提高。

这些变革必然导致制造业爆发“新一轮技术革命（工业 4.0）”，必将完成以下三大任务:（1）研发智能化生产过程以及部署网络化分布式生产设施，构建“智能化工厂”。（2）计划吸引中小型生产企业参与“智能化生产”，不仅要让中小型生产企业成为智能化生产技术的使用者和受益者，而且要让它们成为智能化生产技术的创造者和供应者。不但如此，而且还要将工业机器人、智能控制技术等应用于工业生产全过程以及企业内部的生产物流管理。（3）借助于物联网、大数据和物流网络，对物流资源进行优化与整合，不断提高物流资源供应方的服务效率，让物流服务需求方（智能制造企业）能够快速得到与其相匹配的物流服务，尤其是需要得到“智能化物流”的鼎力支持，才能实现智能制造企业与智能物流企业的高质量协同发展。

3.2.2 大数据时代制造企业发展呈现新的特征

当前全球制造企业正处于转型升级的大数据时代，制造企业发展越来越呈现数字化、网络化和智能化的新特征，无论是美国提出的“工业互联网”，还是德国提出的“工业 4.0”战略，它们和《中国制造 2025》的意图一脉相承，都是为了抢占智能制造企业的竞争制高点。在制造业中，智能制造是自动化制造企业的发展方向，所以智能制造系统是构成制造企业的主体。因此在大数据时代，制造企业的发展路径应该是走出一条以工业物联网为基础，以数据采集和利用为手段，以精益化和柔性化制造为目标，以管理创新为核心，以技术集成和高质量协同发展为方向的智能制造之路。所以，大数据时代智能制造企业呈现如下一些新特征：

1. 人机一体化

智能制造企业不仅仅是一个人工智能系统，而且是人机一体化的智能制造系统。它不但具有逻辑思维、形象思维的能力，而且还具有灵感。人类在人工智能系统的配合下，能够不断提升分析、判断和决策水平，能够充分发挥人的潜能，使得人机之间形成一种平等共事、相互协作、相互理解的关系。因此，在人机一体化的智能制造系统中，机器的智能和人类的智慧集成在一起，相互协同、相得益彰，能够发挥更大的作用。

2. 具有虚拟现实技术

虚拟现实技术是以计算机技术为基础，融合信号处理技术、智能推理技术、动画技术、预测和仿真多媒体技术为一体，借助于传感器和多种音像技术，将现实生活中的各种过程和场景进行虚拟展示，因此，它能够模拟现实的制造过程和未来生产的产品，让人们从感官和视觉上获得逼真的感受。虚拟现实技术是高水平实现人机一体化的核心技术，能够按照人的意志和理念进行适度调整和改进，这是智能制造企业具有的显著特征之一。

3. 具有自组织和超融性能力

在智能制造企业中，各组成单元能够按照任务的需要，通过自组织行为形成一种结构，它的包容性不仅体现在运行方式上，还表现在结构形式上，这种包容性是一种超融合，就像人类专家构成的群体一样，具有生物性特征。智能制造企业同样具有自组织能力，能够随着营商环境的变化而进行自组织、自适应调整。

4. 具有学习能力和自我维护能力

智能制造企业具有自我学习能力，在其运营过程中能够不断地补充本企业的知识库。在生产实践当中，智能制造企业的生产系统不仅能够诊断故障，而且还能排除故障，具有自我维护能力。因此，智能制造企业的生产系统能够自我学习、自我调整、自我优化，适应环境的复杂变化，这也是智能制造企业拥有的重要特征。

5. 具有自律能力和感知能力

智能制造企业的机器和设备不仅具有自律能力，还具有感知能力，能够感知自身及其周围环境的信息，并且能够依据自己的分析和研判结果来规划自身的行为；具有自律能力的机器或设备，称为智能机器或智能设备。只有当智能机器或设备具有强有力的感知、记忆模型作为支撑，才有可能具有自律能力，在其运行过程中，才表现出一定程度的独立性和自主性，甚至不同机器之间还能够相互协调运行或者产生竞争。它们不仅能够感知环境的变化，还能够随着环境的变化，不断调整自身的行动，这也是智能制造企业具有的重要特征之一。

3.2.3 大数据影响物流企业的发展

智能物流是借助于信息处理、网络通信等技术平台，将条形码技术、无线射频识别技术、传感器、全球定位系统等先进的物联网技术，广泛应用于物流企业的运输、仓储、配送、包装、装卸搬运等基本物流活动，实现物流行业的信息化、智能化、自动化、透明化、系统化的运作模式，这不仅提高了物流行业的管理效率、优化了物流服务环境，而且降低了物流成本、提高了客户满意度。因此，智能物流企业已经或即将成为世界物流行业的经济主体，物联网为传统物流技术与智能化系统的集成创建了一个有效的平台，以物联网为基础的智能物流是“工业 4.0”的基础，“工业 4.0”战略的实施离不开智能物流企业的支撑。因此，传统物流企业向智能物流企业的转型，不仅是提升物流效率、降低物流成本的重要途径，也是驱动智能制造企业快速发展的有力保障。所以，大数据时代智能物流企业的发展，将呈现如下趋势:

1. 智能物流企业提供的智能物流服务与智能制造的工艺流程实现有机集成

智能物流不仅是实施“工业 4.0”战略的基础，而且是“工业 4.0”智能工厂的重要组成部分；在智能工厂内部，智能物流是联结供应、生产、销售和回收的重要纽带，智能物流的单元化技术、智能物流的自动化装备以及智能物流的信息系统都是构成智能物流系统的关键要素。未来智能物流在智慧工厂的各条生产线中将负责设备、工具、物料、在制品、半成品和产成品之间的衔接，在工厂的生产控制系统中发挥承上启下的作用。

2. 智能物流企业将提供个性化、专业化、定制化和市场化的智能物流装备技术的维护与升级服务

智能物流企业提供的具体服务内容主要包括以下三个方面:(1) 保

障型服务，即对智能化物流装备的正常运行定期进行技术维护、及时排除故障、保证零部件供应和远程网络监控等运营服务。（2）支持型服务，即对智能化物流装备的运行质量进行分析与控制，不但要对智能工厂内部智能化物流装备的运行绩效进行大数据采集和及时分析，还要在大数据分析与挖掘的基础上，对智能工厂内部生产物流各环节的智能化物流装备加强管理。（3）技术更新与系统软件的升级服务，即对智能工厂内部智能化物流装备提供定期、定时全套技术改进方案和信息软件以及控制软件的升级服务。

3. 智能仓储系统即将进入快速发展时期

智能物流企业构建的智能仓储系统是以自动化立体仓库和配送分拣中心为主体，由立体货架、有轨巷道堆垛机、出入库输送系统、信息识别系统、自动控制系统、计算机监控系统、计算机管理系统和其他辅助设备构成的智能化仓库管理系统。智能仓储系统是采用集成化物流理念进行设计的，通过先进的智能控制、数据总线、通信技术和现代计算机技术协调各类物流设备协同运作，实现自动化出入库作业与智能化管理。智能仓储系统能够整合仓库资源，实现仓库的自动化、信息化、精细化管理。随着工业互联网、物联网、仓储机器人、无人机等高新技术的应用，智能仓储系统已经成为智能物流企业驱使智能制造企业快速发展的重要利器。

4. 依托电子商务而崛起的云仓储智能化系统将会得到蓬勃发展

智能物流企业的云仓储智能化系统是指基于互联网、物联网和大数据平台，依据大数据分析与云计算的结果，能够妥善安排货物智能化仓储的智能物流系统。在云仓储的环境下，所有的仓库都能准确掌握所有客户的资源流通、货物出入库、资金入账等信息，云仓储依据这些信息并且通过大数据分析与挖掘，能够时刻把握客户货物的出入库规律、销售规律、资金规律和现金流规律，以至于推断出全球产品市场的变化规律。云仓储智能化系统与传统仓储方式之间最大的区别，就是云仓储智能化系统将自动化智能装备和信息化软件实现集成，依托互联网、物联网、大数据和云计算，实现全球配送网络的快速反应。例如，国际快递公司的云仓储网络是由信息网、仓储网、干线网、零担网和载配网构成，并且与电子商务平台实现无缝对接。依托电子商务而兴起的云仓储智能化系统，将成为支撑智能制造企业实现可持续发展的中坚力量。

3.2.4 大数据时代物流企业发展呈现新的特征

随着市场竞争全球化、世界经济一体化进程的加快，各国企业都面临着全球范围内的资源争夺和激烈的市场竞争，为了获取有限资源和较大的市场份额，抢占全球竞争制高点，世界各国政府部门都非常重视发展物流行业。因此，为了抓住“工业4.0”“工业互联网”和“中国制造2025”带来的全新发展机遇，世界发达国家或发展中国家都要积极依托互联网、物联网、大数据和云计算，将条形码技术、无线射频识别技术、自动化技术、人工智能及全球定位系统等先进技术广泛应用于物流行业的各基本环节，从而促进世界物流业的快速发展。所以，纵观国内外物流企业的发展趋势，可以推知：未来物流企业的发展，将呈现如下新特征：

1. 物流业务数据化

物流业务数据化是社会发展信息化的重要组成部分。现代物流信息技术、通信技术以及网络技术广泛应用于物流业务的数据处理和传输过程，物流信息技术是现代物流企业发展的基础。如果没有物流数据化，任何先进的物流技术装备都无法有效使用，物流信息技术在物流企业中的广泛应用，不仅推进了物流企业的快速发展，而且保证了物流与数据流的高度统一。通过对物流数据的实时把握，物流的各项功能实现有机结合，从而能够有效控制物流系统按照预定目标运行。

2. 物流通道网络化

随着现代流通业的发展，生产过程与流通过程相互渗透、相互融合，从而导致生产与流通的范围不断扩大，最终形成了生产与流通一体化。为了保证物流网络具有最优的库存水平与合理的库存量分布，必须将干线运输与支线末端配送有机结合起来，形成快速、灵活的物流网络通道。这样才能为产品促销提供敏捷的、全方位的物流网络支持，才能快速满足现代化生产与流通的需要。现代物流企业不仅需要完善的、健全的物流网络通道，而且物流网络通道上各节点之间的物流活动必须保持协同性和系统性，这样才能确保物流网络通道上的库存量分布最优化。

3. 物流作业自动化

虽然机电一体化是物流作业自动化的基础，但是计算机技术、信息技术、电子技术和网络技术等才是物流作业自动化的核心。目前，无线射频自动识别、自动存取、自动分拣、自动导向、自动定位、自动化立体仓库和货物的自动跟踪等技术，在经济发达国家已经普遍应用于物流作业当中，不但极大地提高了物流作业效率、降低了物流成本，而且还加快了物流服务适应市场变化的反应速度，及时配送、快速补充订货和迅速调整库存结构的能力在不断增强。

4. 物流体系标准化

随着世界经济一体化的日益发展，国际化大生产、大流通、大贸易、大循环的经济格局已逐步形成，各国与世界经济接轨、与国际惯例同步已成为不可逆转的趋势。因此，世界各国都非常重视本国物流与世界物流的衔接，以国际物流标准为基础制定本国物流标准，力求本国物流标准与世界物流标准高度统一。现代物流标准化体系主要由物流通用基础标准、物流作业标准、物流管理标准、物流信息技术标准、物流服务标准和物流系统建设标准等部分构成。

5. 物流服务智能化

智能化物流服务就是将无线射频识别、传感器、互联网、物联网、大数据、自动化、信息化、人工智能等技术进行集成，并且广泛应用于物流服务的各环节。物流服务智能化对大量物流业务的运筹帷幄与智能决策具有重要作用。例如：物流网络通道的优化与设计、多种货物运输装载的拼装与优化、运输工具的排程与调度、补货策略的选择和库存水平的确定等问题的解决，都需要借助于智能化工具来进行优化处理。当今，人工智能、仿真学、可视化、大数据分析与挖掘技术以及机器人等相关技术，已经在物流企业得到了较好的应用，因此，物流服务智能化已经成为物流企业发展的重要特征之一。

6. 物流运营全球化

当今世界，国际市场竞争愈演愈烈，各类资源在全球范围内的流动与配置将大幅度增加。为了各类资源和商品在各国之间能够实现高效率、低成本的流动与交换，促进全球资源的优化配置，让世界经济快速复苏，物流运营必须向全球化方向发展。在物流业发展全球化的趋势下，物流服务的目标应该是立足于全球产业链，为国际贸易和跨国经营提供高效率、低成本、快捷、满意的物流服务。因此，必须选择最佳的服务方式和最短的服务路径，以最低的成本、最小的风险，保质、保量、准时、精确地将货物从一国的供给方顺利运到另一国的需求方，使得世界各国物流系统之间实现“无缝衔接”，这是当今世界物流业发展的目标。

3.3 大数据影响“两业”高质量协同发展系统的复杂性分析

随着科学技术的持续发展，人类社会更加繁荣，同时伴随着技术革命、工业革命的不断推进，社会化分工更加专业化、精细化。正是在此背景下，物流企业成为社会化专业分工的经济产物，并且游离于制造企业。但是，制造企业与物流企业之间仍然具有极强的关联性，并且它们之间相互影响、相互作用、相互促进，呈现出一种共存共荣、共同发展的互补性关系。物流企业是制造企业发展的重要保障，直接影响制造企业的生产效率和产品成本。由于制造企业受到有限资源的约束，当其面临激烈市场竞争的时候，不得不将物流等非核心业务实施外包，进而将有限的资源集中于企业自身的核心业务。所以，降低制造企业与物流企业的交易成本、促进制造企业与物流企业实现高质量协同发展，已成为理论界和实业界的共识。众所周知，制造企业为物流企业提供先进的高质量物流装备和物流工具，是物流企业为制造企业乃至整个社会提供高水平物流服务的保障；然而，物流企业为制造企业提供高效率、低成本的物流服务又是制造企业提高生产效率和降低产品成本的关键。由此可见，制造企业与物流企业实现高质量协同发展，其结果是两者相得益彰。随着大数据时代的到来，制造企业即将实现从传统制造企业向智能制造企业的颠覆性转变，为了顺应时代潮流、紧跟制造企业的发展步伐，物流企业也必然要实现由传统物流企业到智能物流企业的转型升级。因此，制造企业与物流企业势必要借助于人工智能、大数据、云计算、物联网等技术，构建“两业”高质量协同发展系统，确保在当今全球产业链的转型升级过程中，实现制造企业与物流企业高质量协同发展的目标，并获取协同效应最大化的结果。很显然，在此协同演化过程中，由于参与“两业”高质量协同发展系统的各协同主体面临着大数据时代带来的各种挑战，所以“两业”高质量协同发展系统的协同演化过程就显得十分复杂。因此，为了便于掌握“两业”高质量协同发展系统协同演化的规律，就必须对大数据影响“两业”高质量协同发展系统的复杂性进行具体分析。

3.3.1 “两业”高质量协同发展系统复杂性的结构性分析

制造企业与物流企业高质量协同发展系统中直观表现出的大数据常常是巨大的、分散的和孤立的。然而，将碎片化数据进行整合、分析与挖掘，就能发现高质量协同发展系统所蕴含的内在关系，从而能够间接地反映出“两业”高质量协同发展系统中各参与主体的网络行为特征。因此，在大数据时代，“两业”高质量协同发展系统复杂性的结构性分析，可以从数据和行为两个层面展开分析（如表 3–1 所示）[①]。数据层面包括数据处理、数据模型、数据类型；行为层面包括用户行为和流量行为。大数据时代，在对“两业”高质量协同发展系统数据层面进行分析的基础上，进一步进行高质量协同发展系统行为层面的认知、测量以及定性和定量分析，最后，再将分析结论进行反馈，并且指导数据的采集与处理[②]。

表 3–1 “两业”高质量协同发展系统复杂性的结构性分析

层面	内容	要素
数据层面	数据处理	传播、搜索、比较、聚类、同步和控制
	数据模型	层次模型、网状模型、关系模型
	数据类型	结构化、半结构化、非结构化
行为层面	用户行为	偏好、关联、预测
	流量行为	多源、实时、共享、融合

在“两业”高质量协同发展系统内，各参与主体之间的交互行为所产

① DAVIS J, EDGAR T, PORTER J, et al. Smart manufacturing, manufacturing intelligence and demand-dynamic performance[J]. Computers & Chemical Engineering, 2012, 47: 145–156.

② 任勇，李一鹏 . 互联网信息共享的复杂性研究 [J]. 复杂系统与复杂性科学，2010，7(Z1)：165–172.

生的大量实时数据形成了海量数据。这些海量数据一般是以关联复杂的网络数据的形式存在，数据类型由原来以结构化数据为主，逐渐转变为以半结构化、非结构化数据为主，数据的分析与处理完全不同于传统的逻辑推理方法，而是对这些大数据进行搜寻、对比和聚类等，再进行归纳与提炼，让隐藏在网络大数据中不同类型数据的相关性、各参与主体的行为特征得以整体显现出来。所以，在大数据时代，更要加强对“两业”高质量协同发展系统中的数据模型、数据处理方法的研究与挖掘，以便于深入分析大数据背后蕴藏的各参与主体的行为特征。首先，分析大数据性质（例如，数据来源、数据类型、数据关系、数据结构、数据分布，等等）和大数据的基本参数；其次，再对大数据资源进行科学评估，并且从数据的规模、活性、维度、颗粒度和关联度五个方面全面展开评估，从而逐渐反映出大数据背后网络行为的共性；再次，通过对“两业”高质量协同发展系统复杂性网络产生的大数据进行分析与挖掘，能够彻底发现“两业”高质量协同发展系统的信息发布、知识传播、数据搜索和数据存储的规律以及复杂网络中信息涌现的内在机制；最后，掌握蕴藏在大数据背后的高质量协同发展系统的运行机理，并且利用该机理再深入研究大数据背景下“两业”高质量协同发展系统中各行为主体的流量行为与用户行为的复杂性特征。在复杂的数据网络环境中，分布着巨大的流量数据，能够实时记录或采集到制造企业、物流企业的用户在共享社会化、移动化的互联网媒体与电子商务渠道。通过分析与挖掘顾客从最初的产品感知至产品购买直到购买后的服务口碑等行为数据，并且进行交叉融合，就能够精准地分析出消费者的行为规律与消费偏好，为“两业”高质量协同发展系统进行个性化商业推广提供了可靠的信息支撑与有效的数据后盾。所以，基于互联网的大数据中，蕴藏着大量有价值的信息，只有对其进行有效分析与挖掘，才能为高质量协同发展系统中“两业”主体制定战略规划提供有力帮助，才能为制造企业、物流企业的商业模式创新提供新思路，才能为早期预测顾客的需求提供有价值的参考。同样，通过对大数据的大力开发和有效利用，也会促使"两业"高质量协同发展系统偏离原来的稳定状态，整个系统的有序结构也会发生较大改变，从而进入不稳定状态，然而，系统通过自组织、自适应的协同演化又进入新的稳定状态。因此，在大数据时代，"两业"高质量协同发展系统通过对各类数据的采集、处理与挖掘，能够有效监控高质量协同发展系统演化的每个环节，能够科学、准确地预测未来"两业"的协同发展趋势。智能制造企业与智能物流企业通过战略联盟、产业融合、跨界经营等形式能够搭建完整的智能化供应链和价值链网络，实现商流、信息流、资金流和物流在高质量协同发展系统内循环流动，从而能够满足实施"工业4.0"战略的各产业主体快速发展的需要，保持"两业"动态协同演化、实现可持续发展。

3.3.2 "两业"高质量协同发展系统复杂性的过程性分析

在大数据时代，"两业"高质量协同发展系统基于互联网、物联网、传感器的连接，使得海量数据的存储和云计算平台实现了融合，这就使得"两业"高质量协同发展系统在采集、处理、挖掘和利用大数据方面更加便利，让有价值数据的传递、共享更加有效，更有利于"两业"协同创新和新技术、新知识的溢出，促使"两业"高质量协同发展系统中参与动态协同的各主体之间的竞争与合作更加多元化。高质量协同发展系统中的制造企业、物流企业不仅要参与系统内的开放性竞争，还要适应系统动态协同的复杂性变化，并且能够进一步影响和加速动态协同的进程。在大数据时代，"两业"高质量协同发展系统中的实体网络与虚拟网络实现了融合，伴随着交易网络效应的逐渐放大，必然促进数据量级与用户规模的迭代扩大，促使制造企业与物流企业实现优势互补和资源共享，进一步完善了制造企业、物流企业的盈利模式，有力支撑了制造企业与物流企业的可持续发展。基于大数据的“两业”高质量协同发展系统形成了“依网促量，靠量盈利”的正反馈机制，有必要对此种动态协同的正反馈机制进行深入的过程性剖析，其具体分析过程主要从以下三个方面展开：

第一，精准、实时地洞察营商环境的一切变化。只有对基于互联网、云平台的大数据进行实时处理与挖掘，才能够覆盖“两业”高质量协同发展系统各产业链条的所有节点。制造企业与物流企业形成的动态协同系统是一个具有复杂性特征的非线性系统，在既竞争又合作的非线性作用下，“两业”高质量协同发展系统中参与协同的各主体，对于任何一方产生的任何需求或供给都能精准、实时地做出反应，并且能够及时觉察到营商环境的变化和用户的个性化需求，有效指导协同系统中制造企业、物流企业持续提升产品质量和物流服务创新水平，依据个性化、差异化的市场需求，进行目标市场细分，最终实现制造企业与物流企业的高质量协同发展。

第二，关注“两业”运营是否高度协同与互利共生。“两业”高质量协同发展系统内的企业边界、产业边界愈来愈模糊，企业之间、产业之间的跨界经营、开放性合作更加明显，几乎融合为一体化运营，在大数据时代，基于互联网、电子商务平台的“两业”合作伙伴，选择合作项目的范围更加广泛。“两业”高质量协同发展系统的成员结构具有动态性，各成员之间的合作关系呈现非线性的网络化协作：（1）动态高质量协同发展系统内的制造企业或物流企业的大规模企业群体在原来供应链的基础上，向智能化产业链、价值链转移，实现企业（或产业）的转型升级，制造企业与物流企业之间的分工与协作，已经达到了高度协同与互利共生的目标;（2）在经济区域上异地分布、在组织结构上独立平等的若干个制造企业、物流企业为了实现共同的利益目标，借助互联网、物联网或云平台组建了“动态联盟”或“虚拟企业”。在大数据时代，对“两业”高质量协同发展的实现机制和发展模式进行创新，必将促使“两业”高质量协同发展系统内部资源实现高效率的优化配置，基于互联网的高质量协同发展系统中各企业主体之间的信息、知识、数据必将实现充分共享，各企业主体之间的合作关系将会更加密切，最终实现“两业”协同效应最大化。

第三，关注客户（或合作伙伴）的参与、互动和信息反馈是否促进“两业”高质量协同发展。在大数据时代，“两业”高质量协同发展系统是一个具有复杂性特征的非线性系统。该高质量协同发展系统的各参与主体之间的非线性作用具有不确定性，而构成协同系统的网络结构也具有不稳定性，所以广大用户参与协同创新的模式对于“两业”高质量协同发展系统涨落的冲击力更为显著。在互联网环境下，制造企业供应链的上下游合作伙伴以及终端用户和物流服务提供商产生的信息和数据（UGC）是“两业”高质量协同发展系统大数据的主要来源。在大数据时代，无论是制造企业的新产品设计、生产制造、营销策划，还是物流企业服务方案设计以及提供增值服务的全过程创新等，都必须关注用户（或合作伙伴）的参与、互动和信息反馈，从而促进“两业”高质量协同发展系统能够为客户提供持续创新、不断改进的产品或服务，使得用户（或合作伙伴）群体与“两业”高质量协同发展系统共享协同创新成果，实现高质量协同发展。由此可知，用户（或合作伙伴）的参与、互动和信息反馈，才是驱动“两业”高质量协同发展系统持续协同演化的不竭动力。

3.4 大数据时代“两业”高质量协同发展系统的框架模型

大数据时代“两业”在一定时空条件下为了实现高质量协同发展，借助工业互联网平台形成了相互合作、相互约束、相互促进、共同发展的融合系统，其发展趋势为：在时空与功能上，从无序走向有序、由低级有序向高级有序方向协同演化。“两业”高质量协同发展系统包含了制造企业集群、物流企业集群等子系统。然而，随着大数据、云计算、物联网等软技术的开发和应用以及计算机等硬件基础设施建设力度的加大，必将对制造企业与物流企业实现高质量协同发展产生重要影响。因此，为了便于深入研究大数据时代“两业”如何实现高质量协同发展，有必要构建“两业”高质量协同发展系统的框架模型，为探讨“两业”实现高质量协同发展的一般规律提供有参考价值的纲领性“蓝图”。

在大数据时代，由“两业”高质量协同发展系统的构成主体可知，制造企业、物流企业分别属于不同性质、不同特征的两个子系统，但是，它们又相互影响、相互作用、相互促进。制造企业与物流企业之所以能够实现高质量协同发展，正是因为在大数据的作用下，以工业互联网、物联网、云计算为平台，以人工智能、传感器、自动控制、人机一体化等技术为手段，以产业关联为基础，将制造企业的物流业务与物流企业的物流功能融合起来，形成相互依赖、协同演化的“互惠共生系统”。研究大数据时代制造企业与物流企业如何实现高质量协同发展，应在一定时空条件下，依据大数据的属性特征，探讨制造企业与物流企业依靠什么机制、选择何种高质量协同发展模式、如何应用大数据分析与挖掘技术，才能使得“两业”高质量协同发展系统不断地与外界环境进行着物质、能量、数据、信息和知识的交换，促使制造企业与物流企业实现有效的动态协同。制造企业与物流企业动态协同是一项极其复杂的系统工程，研究“两业”如何实现高质量协同发展，不仅要研究制造企业与物流企业的协同运作，还要研究“两业共生系统”如何通过动态协同、优势互补实现内部结构最优化与价值创造最大化。制造企业与物流企业高质量协同发展系统主要由相互关联、相互作用、相互制约的制造企业集群子系统、物流企业集群子系统、保障机制子系统、高质量协同发展模式子系统和软硬件集成子系统等相互融合而成的，并且在一定时空范围内，不断地与系统外部环境进行着数据、信息、知识、物质和能量的交换，通过自组织、自适应、协同演化的过程，实现“两业”协同效应最大化，其目的就是要达到“整体大于部分之和”的涌现性、“1+1 ＞ 2”的目标（如图 3–2 所示）。

从图 3–2 中可以发现制造企业与物流企业的动态协同是一个多要素、多层级、多阶段的协同演化过程，各要素之间、各要素与子系统之间、子系统与子系统之间以及系统与外界环境之间都存在着相互作用、相互协同与优势互补的关联，在其协同过程中，它们之间都进行着数据、信息、知识、物质和能量的交换，各层级之间的协同性越强，整个系统的协同效应就越大。因此，制造企业与物流企业实现高质量协同发展的全过程，主要包括四个层面：（1）以制造企业集群子系统和物流企业集群子系统为协同主体，通过非线性作用形成驱动“两业”实现高质量协同发展的核心动力子系统；（2）由共生机制、耦合机制、信息共享机制等要素形成的营商环境综合保障机制子系统；（3）由战略联盟型高质量协同发展模式、三螺旋型高质量协同发展模式、网络平台型高质量协同发展模式、市场主导型高质量协同发展模式等要素构成的高质量协同发展模式子系统；（4）以工业互联网、物联网、大数据、云计算、人工智能、传感器、信息技术以及基础设施等要素为基础，通过网络化改造而集成软硬件支撑子系统。制造企业与物流企业实现高质量协同发展的目标是：由制造企

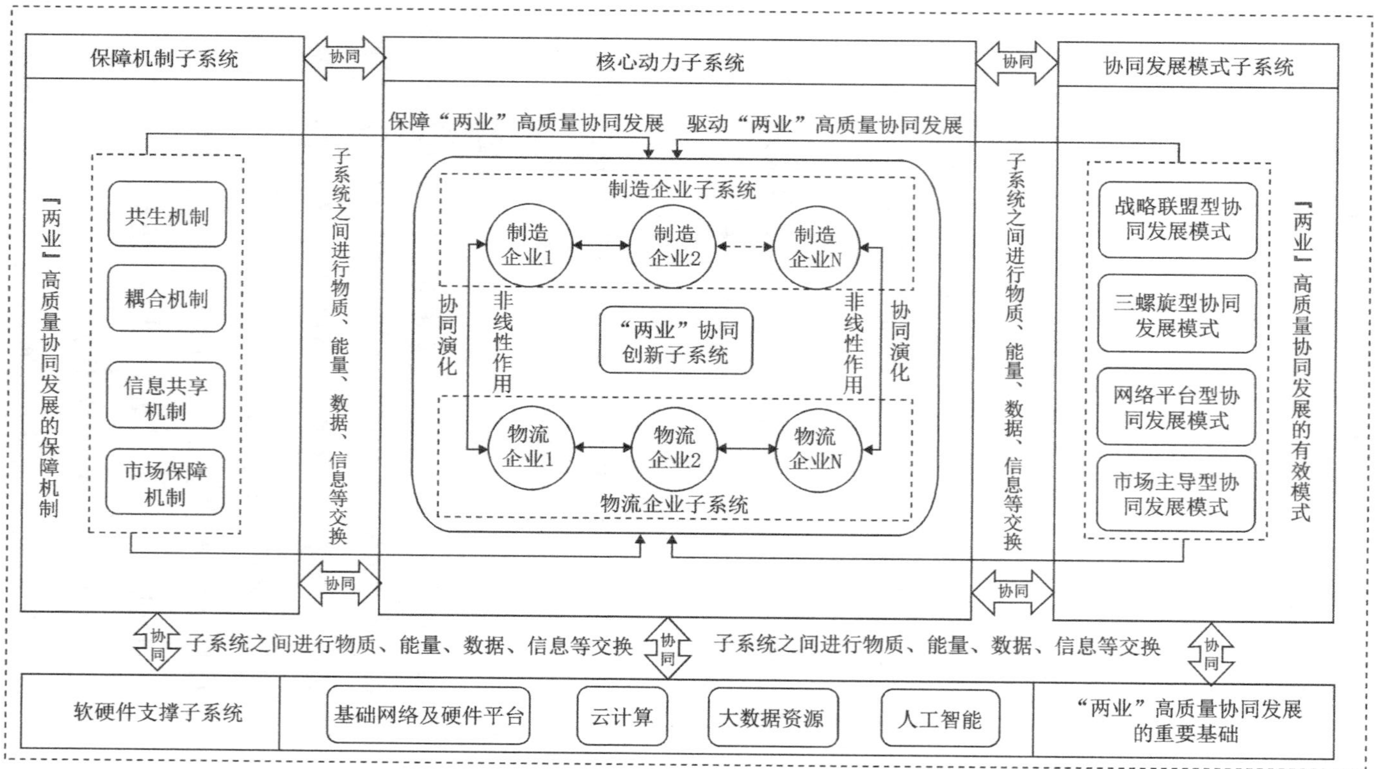

图 3-2 “两业”高质量协同发展系统的框架模型

业主体、物流企业主体、营商环境综合保障机制、“两业”高质量协同发展模式以及软硬件基础，在一定时空下，通过交互融合、协同演化形成互惠互利的“有机共生体”。因此，“两业”协同演化过程极其复杂。在大数据时代，研究大数据属性对制造企业与物流企业实现高质量协同发展的作用具有非常重要的现实意义：一是有利于掌握大数据时代制造企业、物流企业是如何利用互联网技术、大数据技术、信息技术、人机一体化技术以及实体物流网络在云平台上实现“两业”协同演化以及协同运作的规律；二是有利于从系统科学的角度，认识以制造企业与物流企业为主体而形成的高质量协同发展系统的内部，分析各要素之间、各子系统之间以及各子系统与各要素之间的内在关联性，以及它们分别与外部环境进行数据、信息、知识、物质和能量交换的规律。这必将为理论界深入研究“两业”实现高质量协同发展的内在机理、实业界探索“两业”实现高质量协同发展的有效途径提供理论参考与经验借鉴。

3.5 本章小结

本章首先对大数据、大数据技术的定义进行了阐述，在此基础上给出了大数据及大数据技术的特征；其次，概述了大数据如何影响制造企业与物流企业实现高质量协同发展；最后，对大数据时代制造企业、物流企业呈现的新特征进行了归纳总结，并且构建了大数据时代制造企业与物流企业高质量协同发展系统的框架模型。综合本章研究内容，可以得到如下结论：

（1）在大数据时代，将大数据及大数据技术应用到制造业、物流业等传统行业中，不仅有助于提高制造企业、物流企业的生产效率、服务水平和客户的满意度，还能够提高制造企业与物流企业之间的协同度，有效改善制造企业、物流企业的经营决策水平，持续推动制造企业、物流企业转型升级及其实现高质量协同发展；（2）制造企业、物流企业可以依托大数据技术，从数据采集、存储、分析和应用等环节构建大数据链条，且及时应用到供应、生产、分销和物流过程中，实现各种数据的有机集成和高质量协同发展路径的创新，并且构造智能、高效的“两业”高质量协同发展系统，持续提升制造企业、物流企业在同行业中的核心竞争力；（3）制造企业、物流企业务必抓住大数据时代良好的发展契机，打造“两业”高质量协同发展的大数据支撑平台，构建大数据中心，并且借助计算机和互联网技术将其应用到制造企业、物流企业的全产业链中，从源头到终端实现数据化管理，为我国制造企业、物流企业顺利迈入“工业 4.0”时代，实现“中国制造 2025”战略目标奠定坚实的数据化基础；（4）大数据时代制造企业与物流企业高质量协同发展系统的框架模型主要由相互关联、相互作用、相互制约的制造企业集群子系统、物流企业集群子系统、保障机制子系统、高质量协同发展模式子系统和软硬件集成子系统等相互融合而成，在一定时空范围内，不断地与系统外部环境进行着数据、信息、知识、物质和能量的交换，并且通过自组织、自适应、协同演化的过程，实现“两业”协同效应最大化，其目的就是要达到“整体大于部分之和”的涌现性和“1+1 ＞ 2”的目标。

第4章 大数据时代“两业”高质量协同发展系统演化机理分析

大数据时代“两业”高质量协同发展系统是以“云计算”“大数据”技术为基础，融合了互联网、物联网技术和先进的供应链管理理念，能够为广大客户提供满意产品和综合性物流服务的现代化产业联盟；它将供应、生产、销售、物流服务等环节融合为一个有机整体，从而能够为客户提供多样化、定制化的产品或服务。大数据时代“两业”高质量协同发展系统是一个复杂的动态系统，在其协同演化过程中，由于受到系统内外部因素的影响，必然会产生熵增现象，使得整个系统呈现有序性减弱、无序性增加，甚至系统功能整体衰减不可逆，这就严重阻碍了“两业”高质量协同发展系统的协同演化及其高质量协同发展的实现。为了彻底扭转“两业”高质量协同发展系统无序演化的被动局面，系统内部的技术创新子系统、运营模式创新子系统等各创新主体及其各相关要素应该加强合作、协同配合，在掌握大数据内在属性的基础上，充分利用大数据及大数据技术，不断从系统外部输入更多的负熵流，促使“两业”高质量协同发展系统从无序向有序、由低级有序向高级有序演化。通过技术创新、运营模式创新、管理创新以及其他各项创新活动之间的协同运作，最终产生整体创新绩效大于部分创新绩效之和的协同效应。本章将应用自组织理论对“两业”高质量协同发展系统演化机理进行深入研究[①]。

4.1 充分开放与远离平衡态是协同演化的前提条件

“两业”高质量协同发展是在具体市场环境中实现的，“两业”的各项生产、服务、创新等活动都与经济、社会、政治、文化环境等各方面因素密切相关。当“两业”协同发展系统中任何一个因素发生微小变化，都将对“两业”实现高质量协同发展产生一定影响。由于“两业”高质量协同发展系统是由技术创新、运营模式创新、机制创新、管理创新、文化创新等子系统构成的复杂非线性动态系统，所以“两业”实现高质量协同发展不仅包含“两业”技术创新、信息网络技术创新和物联网技术创新之间的协同，还包括“两业”运营模式创新、机制创新、管理创新、文化创新等各种创新活动之间的协同与配合。这些创新活动都需要政府部门、投资公司以及企业家们投入大量资金和各类人才，给予推动和支持。例如，运营模式创新是由制造企业、物流企业与客户以及其他利益相关者，通过捕捉商机、确定客户价值主张、设计盈利模式、制定成本模型、设计关键业务流程、有效配置各种资源，不断延长价值链，在为客户提供产品或增值服务的同时，也为自己创造了更多的利润。制造企业、物流企业开展技术创新、运营模式创新、机制创新、管理创新、文化创新等活动，其中各项创新活动之间的协同与配合，都将受到大数据分析与挖掘技术以及系统内外部环境等各种因素的影响，而且“两业”高质量协同发展系统所包含的各创新子系统构成了一个非线性、复杂开放的动态平衡系统，不断地与外界环境进行数据、信息、知识、物质和能量交换。

① 张季平，施晓敏．云物流平台协同创新系统协同演化机理研究——基于自组织理论 [J]. 嘉兴学院学报，2019，31(02)：110-117.

在此交换过程中，制造企业、物流企业依托互联网、云计算和大数据技术，对各种海量数据进行挖掘与分析，能够获取更有价值的数据、信息和知识，实时把握市场竞争动态和客户需求的变化，随时抓住新的商机，持续不断地为“两业”高质量协同发展系统从外界环境引入负熵流，促使“两业”高质量协同发展系统从无序状态向有序状态演化。因此，“两业”高质量协同发展系统协同演化的前提就是要达到充分开放和远离平衡态。所谓“两业”高质量协同发展系统的充分开放与远离平衡态就是指要充分利用大数据、云计算、物联网等新一代信息技术，从系统的外界环境输入更多负熵流驱动“两业”不断创新，从而促使“两业”高质量协同发展系统的协同演化达到新的动态平衡。

4.1.1 “两业”高质量协同发展系统是充分开放的动态平衡系统

根据热力学第二定律，一个孤立的系统，其熵值一定会随着时间的推移而不断增加。根据耗散结构理论可知，一个充分开放的动态平衡系统为了实现自组织、自适应，将会不断地与外界环境进行着数据、信息、知识、物质和能量交换，不断地从外界环境向系统内引入负熵流，只要这个负熵流足够强大，它不仅能够抵消掉系统内部正熵流的增加，而且还能够使得系统总熵的增量为负，从而促使开放系统从无序状态进入时间、空间上相对有序的耗散结构状态[①]。“两业”高质量协同发展系统的开放性，主要体现在系统与外界环境进行数据、信息、知识、物质和能量的交换，通过这种输入、输出的交换，加强了高质量协同发展系统与外界环境的互动关系（如图 4-1 所示）。

① NICOLIS G, PRIGOGINE I. Self-organization in nonequilibrium systems[M]. New York: Wiley, 1977.

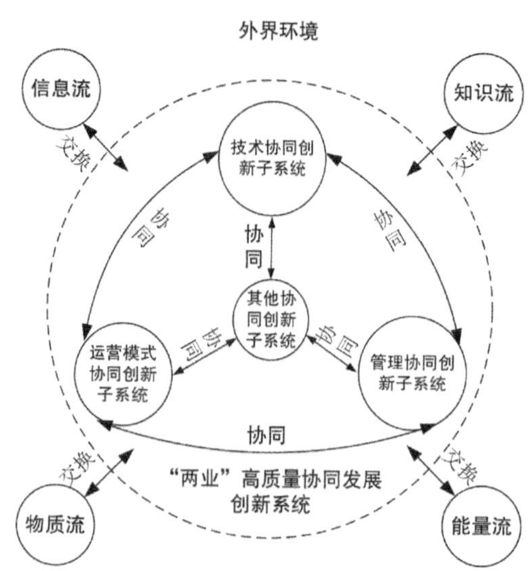

图 4-1 "两业"高质量协同发展系统与外界环境的互动关系

"两业"高质量协同发展系统与外界环境主要进行着信息流、知识流、物质流和能量流的输入与输出（如图 4-2 所示）。一方面，外界环境为"两业"高质量协同发展系统的协同创新提供了信息、知识、物质和能量这些关键要素的输入，将有助于推动"两业"高质量协同发展系统开展协同创新活动；另一方面，"两业"高质量协同发展系统内部通过协同创新活动也向外界环境输出新的产品、新的服务技术和新的服务知识等。为了有利于"两业"高质量协同发展系统实现可持续发展目标，必须积极营造有利于其开展协同创新和进行协同演化的外界环境，不断地从外界环境向系统内部引入负熵流，加速推进"两业"高质量协同发展系统由无序走向有序、从低级有序向高级有序演化。

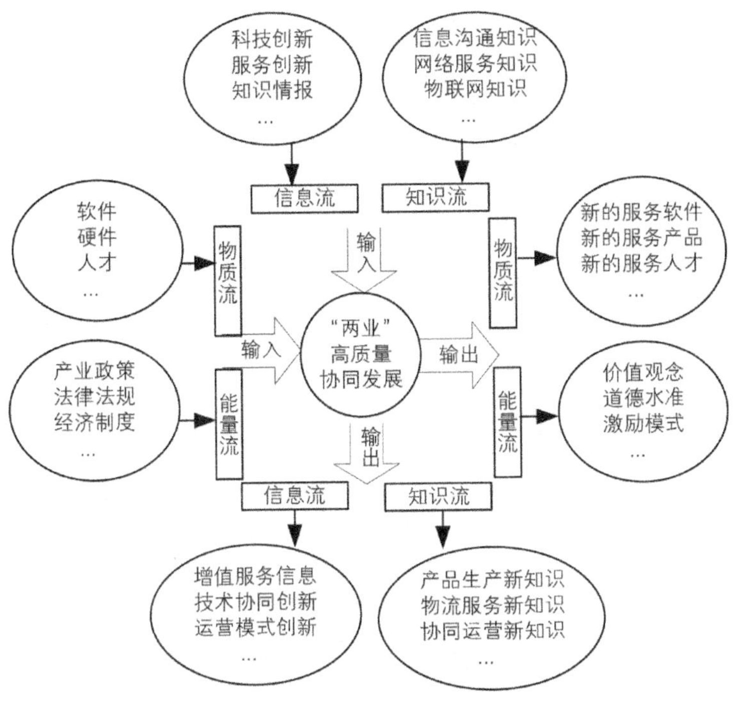

图 4-2 “两业”高质量协同发展系统与外界环境的输入、输出关系

信息流方面，在大数据时代，充分利用云计算、大数据分析与挖掘技术能够高效、迅速地获取与“两业”高质量协同发展系统相关的各类有用信息，这是“两业”实现高质量协同发展的关键。准确、可靠的市场需求信息可以为“两业”高质量协同发展系统带来巨大的收益，系统可以根据获取的产品需求、服务需求等信息为客户提供与之精准匹配的产品和满意的物流服务，抢先占领市场，获得较大的市场份额。如果“两业”高质量协同发展系统中各参与主体能够对制造业大数据、物流业大数据等分别进行及时分析与挖掘，那么就能够实时获取有价值的商业信息，有助于“两业”高质量协同发展系统积极开展有针对性的技术创新、运营模式创新、管理创新以及其他协同创新活动。从外界环境输入“两业”高质量协同发展系统的信息流，除了产品需求、服务需求等信息之外，还包括

科技创新、服务创新、行业发展信息、知识和情报等等。输入的有价值信息越丰富，越有利于促进“两业”实现高质量协同发展。“两业”高质量协同发展系统向外界环境输出的信息还有产品供给、服务供给、技术创新、运营模式创新等信息，这些信息对于外界环境中其他利益相关者同样具有重要的经济价值。

知识流方面，“两业”高质量协同发展系统的外界环境蕴涵着大量的显性知识和隐性知识。在“两业”实现高质量协同发展过程中，隐性知识的传递与获取具有较大的难度，只有将隐性知识转化为显性知识，才容易被传递或获取。将隐性知识显性化是知识传递与共享的关键，用类比、比喻、模型化、假设和深度会谈等方式，可以将隐性知识转化为容易被理解和获取的显性知识 。在此过程中，利用大数据分析与挖掘技术能够将隐藏在各类数据中的隐性知识显性化，大数据起到了举足轻重的作用。外界环境向“两业”高质量协同发展系统输入开展协同创新活动所需要的各类知识，例如，信息沟通知识、网络服务知识、物联网知识、物流服务知识等。“两业”高质量协同发展系统将外界环境输入的显性知识进行内化、吸收，并且将其转化为有价值的隐性知识，再进一步创造出新的知识，继续输出到外界环境。例如，创造出制造产品的新知识、物流服务的新知识、“两业”协同运营的新知识，还有新的生产技术、新的物流服务经验、新的物流管理方法等等。

物质流方面，“两业”高质量协同发展系统离不开各类资源的支撑，比如，物联网、大数据、计算机硬件、资金、人才等。为了解决资源有限问题，“两业”高质量协同发展系统必须从外界环境输入所需要的各类资源。这些物质资源的输入与补充为“两业”实现高质量协同发展提供了物质保障。“两业”高质量协同发展系统通过对输入的物质资源进行再加工或再创造，就能够向外界环境输出新的资源，例如，新的产品、新的技术人才、新的服务产品、新的服务设备、新的服务人才等，能够为更多的客户创造更大的价值，不断提高客户的满意度。

能量流方面，“两业”高质量协同发展系统需要的正能量主要来源于政治、经济、法律、文化等各个层面。例如，国家的产业政策扶持、经济制度支持、法律法规保障、社会文化导向等等。这些正能量的输入与吸收，必然有利于加速“两业”实现高质量协同发展。同时，“两业”高质量协同发展系统通过对正能量的吸收与转化，又能够向外界环境输出影响社会或其他组织发展的价值观念、道德水准、激励模式、组织文化等等。

4.1.2 “两业”协同发展系统的演化动力是远离平衡态

由自组织理论可知，在“两业”高质量协同发展系统的协同演化过程中，将呈现三种不同状态，即平衡态、近平衡态和远离平衡态。当系统处于近平衡态或平衡态时，系统将会自动演化到稳定状态，不再发生突变；当系统处于远离平衡态时，系统也会极力地向稳定状态演化。但是只有当从外界环境引入足够的负熵流以及内部涨落达到临界点（阈值）时，远离平衡态的“两业”高质量协同发展系统才会从无序走向有序、由低级有序向高级有序协同演化，渐渐趋向新的平衡态，此时此刻，“两业”高质量协同发展系统已经发生了突变，演化到一种新的稳定状态。随着时间的推移，由于技术落后、运营方式过于陈旧等原因，造成“两业”高质量协同发展系统的负熵流逐渐减少，而系统内部的正熵流不断增加，必然导致“两业”高质量协同发展系统的无序度增加、有序度降低，整个系统远离原来的平衡态，处于无序混沌状态。因此，如果要想使得“两业”高质量协同发展系统的无序度降低、有序度增加，并且渐渐由混沌状态向新的稳定状态演化，那么就必须构建负熵机制，不断地从外界环境向系统内部引入负熵流，只要引入的负熵流足够大，就能够实现“两业”高质量协同发展系统的总熵增量为负，从而促使系统从无序混沌状态进入新的有序稳定状态[①]。“两业”高质量协同发展系统的负熵机制可以用公式 4-1 进行规范性描述：

$$S^e=\sum_{i=1}^{n}K_iS_i^e \tag{4-1}$$

其中，S^e 是“两业”高质量协同发展系统产生的负熵值，i 是影响“两业”高质量协同发展系统产生负熵的各类因素（如政治、法律、经济、文化等），$i=1, 2, \cdots, n$；K_i 是各类因素的权重，S_i^e 是各类因素产生的负熵值，S_i^e 可以由公式（4-2）进行描述：

$$S_i^e=K_b\sum_{j=1}^{m}P_j\ln P_j \tag{4-2}$$

其中，K_b 是熵系数，即“两业”高质量协同发展系统每增加单位收益所需要追加的成本；j 表示影响熵值变化的每类因素中所包含的子因素，$j=1, 2, \cdots, m$；P_j 表示“两业”高质量协同发展系统熵值变化的概率，P_j 满足 $\sum_{j=1}^{m}P_j=1$。将政治、法律、经济、文化等各类因素所产生的负熵值 S_i^e 代入式（4-1），就能够得到“两业”高质量协同发展系统产生的负熵值 S^e。

由于“两业”高质量协同发展系统不断地从外界环境向系统内部引入负熵流，促使系统逐渐从无序走向有序、由低级有序向高级有序协同演化，最终达到新的稳定状态，其数学模型可以表示为

$$Y=\lambda^x,\ x=f(a_1x_1,\ a_2x_2,\ \cdots,\ a_ix_i,\ \cdots,\ a_nx_n,\ t) \tag{4-3}$$

其中，Y 表示“两业”高质量协同发展系统的状态，λ 表示“两业”高质量协同发展系统的结构常数，x 表示影响“两业”高质量协同发展系统产生

① SHANNON C E. A mathematical theory of communication[J]. ACM SIGMOBILE Mobile Computing and Communications Review, 2001, 5(01): 3–55.

负熵的函数，a_i 表示影响“两业”高质量协同发展系统产生负熵的具体因素的权重，x_i 表示影响“两业”高质量协同发展系统产生负熵的具体因素（$i=1, 2, \cdots, n$），t 表示时间。在一定时期内，时间 t 和权重 a_i 可以看作是一个常数，“两业”高质量协同发展系统的状态 Y 将随着自变量的变化而变化，这一变化过程呈现单调递增趋势，即随着“两业”高质量协同发展系统内部负熵的增加，系统将越来越远离原来的平衡状态，渐渐趋向一个新的稳定状态，形成一个具有协同效应的、有序的、新的耗散结构状态。

4.2 “两业”高质量协同发展系统协同演化的驱动力：非线性作用

“两业”高质量协同发展系统协同演化的驱动力，来源于系统内外各创新主体、各关键因素之间的非线性作用。在“两业”高质量协同发展系统协同演化的过程中，内部环境与外部环境、正式系统（正式组织）与虚拟系统（非正式组织）以及系统内部各子系统之间都存在相互的非线性作用。

4.2.1 “两业”高质量协同发展系统内外部环境之间的非线性作用

“两业”高质量协同发展系统内外部环境之间的非线性作用，一方面是系统内部与外界环境之间的相互关系，主要表现为信息流、知识流、物质流和能量流的输入与输出关系；另一方面是外界环境的瞬息万变将会给“两业”高质量协同发展系统的协同演化带来新的机遇和挑战。外界环境对于“两业”高质量协同发展的影响是非常显著的，为了适应外界环境的快速变化，“两业”高质量协同发展系统也应该适时选择有效的创新策略，积极开展协同创新活动，借助于内外部协同创新实现“两业”高质量协同发展。这一高质量协同发展过程也是通过系统内外部环境之间相互的非线性作用来实现的。

4.2.2 “两业”高质量协同发展系统的正式系统与虚拟系统之间的非线性作用

正式系统与虚拟系统是存在于“两业”高质量协同发展系统内部的两类子系统，它们相互之间始终发生着非线性作用。正式系统是“两业”高质量协同发展系统内部的正式组织，而虚拟系统是“两业”高质量协同发展系统内部的非正式组织。（1）当“两业”高质量协同发展系统内部存在具有较强防御能力的正式系统时，系统往往具有较强的排他性，不允许正式系统的内部滋生任何相反的观念与行为，正式系统内部的群体与个体只能循规蹈矩、墨守成规，在正式系统的统一指挥与控制下提供客户需要的产品和物流服务，完全没有创新的灵感与意愿。（2）当“两业”高质量协同发展系统没有足够的空间兼容虚拟系统时，且虚拟系统被超常规思维方式所支配，此时此刻“两业”高质量协同发展系统就会趋向高度混沌状态，一旦混沌状态超越了正式系统所能承受的极限（阈值），那么系统内部的正式系统就会彻底崩溃。（3）虚拟系统与正式系统会不断发生冲突与对抗，并且试图取代正式系统。如果虚拟系统在正式系统的掌控之下，为了完成正式系统为客户创造价值的任务，那么正式系统必须采取有效的控制方式，始终保持现有的显性模式。如果虚拟系统企图颠覆或取代正式系统，那么虚拟系统便会不断地集聚能量，随着能量逐渐增长，两个系统之间的冲突与对抗会愈演愈烈。当能量聚集到系统临界点（阈值）时，虚拟系统就会战胜正式系统转变为主导系统，随之隐性模式取代了显性模式，主导系统就演化为新的耗散结构系统，并将“两业”高质量协同发展系统推向新的稳定状态。

4.2.3 “两业”高质量协同发展系统内部各子系统之间的非线性作用

“两业”高质量协同发展系统内部各子系统之间的非线性作用，一方面表现为系统内部各子系统之间的竞争促进了“两业”高质量协同发展系统的协同演化，尤其是有利于“两业”高质量协同发展的合法的、公平的竞争，例如，竞争双方都是以充分利用或占有资源为目的，其竞争结果是：胜利的一方能够有效利用或充分占有外部资源，不断壮大自己的竞争优势。另一方面，“两业”高质量协同发展系统内部各子系统之间的冲突，主要表现为两种形式：一是破坏性冲突，二是建设性冲突。破坏性冲突常常表现为竞争双方之间相互攻击的极端行为，严重阻碍了“两业”高质量协同发展系统的健康发展。虽然破坏性冲突具有消极作用，但是它是促进“两业”高质量协同发展系统远离平衡态不可缺少的前提条件之一。建设性冲突是指竞争双方的最终目标是一致的，但是实现目标的策略与路径各不相同。在“两业”高质量协同发展系统的协同演化过程中，建设性冲突具有积极作用。在发生建设性冲突的过程中，“两业”高质量协同发展系统内部各子系统之间通过数据、信息、知识、物质和能量的相互交换，彼此增进了解，增强了整个系统的凝聚力，密切了系统内部各子系统之间的协同关系，同时也产生了许多协同创新的灵感与意愿，这些协同创新的灵感和协作意愿，不仅能促进“两业”实现高质量协同发展，而且能驱动“两业”高质量协同发展系统向着更高层次演化[①]。

① HAKEN H. Synergetics: Introduction and advanced topics[M]. London: Springer Science & Business Media, 2013.

4.3 “两业”高质量协同发展系统协同演化的诱因：随机涨落

根据突变理论，可以认为在“两业”高质量协同发展系统的协同演化过程中产生的微小涨落，在系统内部各子系统的非线性作用下，就会被放大为巨涨落，于是导致突变的发生，促使远离平衡态的“两业”高质量协同发展系统从无序走向有序，即涨落导致有序[①]。“两业”高质量协同发展系统内部的涨落是随机的、偶然发生的，它的出现无规律可循。一般情况下，微小涨落不会对系统宏观量产生影响，而是通过自组织、自适应的行为耗散掉，因此可以忽略不计；但是，当微小涨落靠近“两业”高质量协同发展系统的临界点（阈值）时，它不但不会消失，反而会被系统的正反馈机制加以放大，系统随之发生突变而形成新的有序结构。由此可知，涨落导致“两业”高质量协同发展系统从无序走向有序、由低级有序向高级有序协同演化。在“两业”高质量协同发展系统的协同演化过程中，不断受到系统内外涨落的影响。“两业”高质量协同发展系统协同演化的内涨落主要是系统内部影响各子系统协同创新的各类因素相互作用的结果，例如组织文化创新、技术创新、运营模式创新、管理制度创新等等。这些因素持续影响着系统内部各子系统之间的相互作用，造成系统内部各子系统在管理水平、技术水平、服务水平等方面发生变化，这些变化导致了系统内部出现涨落，促使“两业”高质量协同发展系统无规律、无序运行。“两业”高质量协同发展系统协同演化的外涨落是由外界营商环境对系统产生的各种影响所导致，如社会制度、国家政策、经济方针、文化制度和市场诚信度等等。这些因素不断地影响着“两业”高质量协同发展战略、协同创新氛围和协同创新方向等，促使系统在协同演

① THOM R. Structural stability and morphogenesis[M]. Boca Raton: CRC press, 2018.

化过程中不断出现外涨落。内外涨落在“两业”高质量协同发展系统的非线性作用下不断被放大，逐渐形成“巨涨落”，当“巨涨落”达到或超越一定的阈值时，“两业”高质量协同发展系统就会发生相变与分岔，从而形成一个新的有序的稳定结构。

基于上述分析可知，“两业”高质量协同发展系统的每个演化周期都需要经历四个阶段以及相应的关键演化节点，这四个阶段分别是混沌稳定阶段、轻微振荡阶段、剧烈振荡阶段和新的有序稳定阶段，连接这些阶段的关键临界点分别是触动点、振荡点和突变点。

1. 混沌稳定阶段

“两业”高质量协同发展系统虽然处于稳定状态，但是其内部仍然存在着各种要素的流动，只是缺乏催化机制。如果“两业”高质量协同发展系统内部一旦形成催化机制，并且发挥有效作用，那么整个系统就会产生振荡、失去平衡，触动点的出现恰好是混沌稳定阶段的终点，也是微涨落出现的始点。当“两业”高质量协同发展系统演化到触动点时，就意味着原先的混沌稳定状态被打破，在系统与外界环境进行信息、知识、物质和能量交换的过程中，已经开始出现隐隐约约的微涨落状态。

2. 轻微振荡阶段

当“两业”高质量协同发展系统进入轻微振荡阶段时，系统的稳定状态将被打破，系统内部各子系统、各种要素逐渐觉察到涨落的存在，并且感觉到系统出现微小的变化，此时，振荡点的涨落作用开始凸显。系统内部各子系统、各种要素之间的交流以及系统与外界环境进行的各种交换愈加频繁，信息、知识、物质和能量等要素的流速不断加快，由于微小涨落的影响，导致“两业”高质量协同发展系统无法回归到原来的稳定状态。当系统的协同演化越过振荡点之后，微涨落在系统非线性作用下不断扩散、传播，并且被“两业”高质量协同发展系统正反馈机制不断放大，最终形成巨涨落。

3. 剧烈振荡阶段

当“两业”高质量协同发展系统演化到剧烈振荡阶段时，原来混沌阶段的稳定状态被彻底打破，系统开始向完全不同的方向演化。微涨落在非线性作用下被放大成巨涨落，彻底改变了“两业”高质量协同发展系统的演化方向，当系统演化到突变点（也称之为转折点）的时候，巨涨落的作用力达到最大，并且影响“两业”高质量协同发展系统，当巨涨落越过一定的阈值（突变点）之后，原来的系统将会发生结构性质变，形成新的稳定的有序结构。

4. 新的有序稳定阶段

该阶段的稳定与混沌阶段的稳定有着本质区别，这是更高级、有序的稳定。虽然“两业”高质量协同发展系统已经形成新的有序稳定结构，但是仍然需要保持系统的开放与远离平衡态，在经历一段稳定时期之后，还会出现微小涨落，在复杂的“两业”高质量协同发展系统的非线性作用下，又开始新一轮的自组织演化过程。

依据上述分析过程，作者描绘出了“两业”高质量协同发展系统协同演化的示意图（如图 4–3 所示），该图展示了混沌稳定的平稳阶段、微涨落的轻微振荡阶段、巨涨落的剧烈振荡阶段之后的突变（相变与分岔）、新的有序的高层次稳定阶段以及“两业”高质量协同发展系统在开放环境中远离平衡态的循环往复、周而复始的自组织、自适应的演化过程。

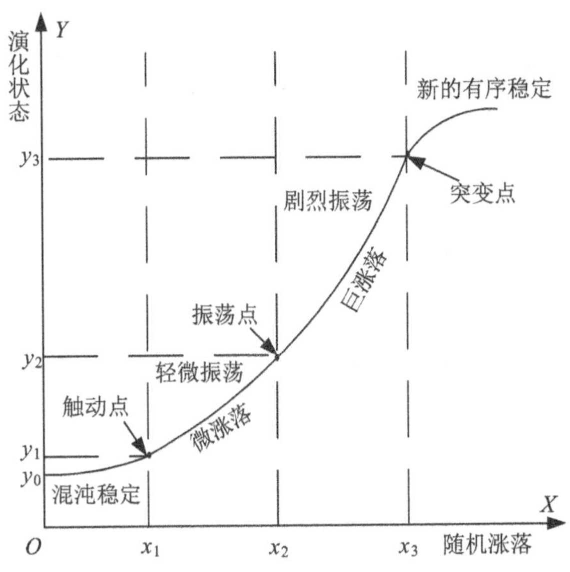

图 4-3 “两业”高质量协同发展系统协同演化过程

4.4 “两业”高质量协同发展系统协同演化的路径：相变与分岔

根据自组织理论可知，相变与分岔是在“两业”高质量协同发展系统的协同演化过程中，由于系统微观层面的自组织、自适应而形成的宏观层面的状态变化[①]。“两业”高质量协同发展系统的相变过程在时间与空间维度上呈现的形态是完全不一样的，在时间维度上，相变是“两业”高质量协同发展系统演化过程中越过某一临界点时的突变，相变所需要的时间比系统演化过程所需要的时间要少得多，所以，相变的幅度小于系统演化的幅度。在空间维度上，“两业”高质量协同发展系统的相变过程与系统内部微观层面的各子系统、各要素以及系统外部宏观层面的状态变化有关。“两业”实现高质量协同发展是整个系统内部微观层面与外部宏

① THOM R. Structural stability and morphogenesis[M]. Boca Raton: CRC press, 2018.

观层面协同演化的结果，只有当系统内部各子系统协同起来才能产生协同效应，才能实现系统宏观层面的高质量协同发展目标。由突变理论可知："两业"高质量协同发展系统的突变并非系统内部各要素的质变，而是系统质变的外在表现和反映。"两业"高质量协同发展系统的质变一般是通过渐变和突变两种形式来完成。渐变和突变同时作用于"两业"高质量协同发展系统，并推动着"两业"高质量协同发展系统的协同演化。

"两业"高质量协同发展系统是一个复杂的、动态的平衡系统，其内部存在多层次子系统，各子系统之间相互作用、相互渗透，关系错综复杂，"两业"高质量协同发展系统在其实现整体协同之前，首先要实现不同层次子系统之间的协同。因此，"两业"高质量协同发展系统内部各子系统的协同是一个渐变过程，当内部不同层次的子系统协同一致，并且达到或越过临界点（阈值）时，"两业"高质量协同发展系统才会发生突变，才能完成"两业"高质量协同发展系统协同演化的全过程，才能实现"两业"高质量协同发展的绩效最大化。"两业"高质量协同发展系统的协同演化路径具有多样性、可变性，这些特性主要体现在系统经过协同演化而越过临界点时，呈现出丰富多彩的相变与分岔现象，这些分岔现象又促使系统进一步协同演化，显现出一种树状结构（如图 4–4 所示）。在"两业"高质量协同发展系统的协同演化过程中，当系统经过协同演化到达临界点 A（阈值）时，系统就出现了分岔，将系统的演化过程"三分天下"，即稳定的分支 b_1 和 b_2 以及不稳定的分支 b_0；稳定的分支 b_1 和 b_2 持续演化，又会出现更多的分支，就这样周而复始、循环往复，于是形成一个树形结构。由此可见，首先，分岔意味着"两业"高质量协同发展系统的协同演化过程可能已经进入新的有序稳定状态，也有可能回归到无序的非稳定状态。其次，当"两业"高质量协同发展系统经过协同演化而越过临界点 A 时，便出现一对具有对称性的新的有序稳定状态，系统只要选择进入其中一个稳定状态 b_1（或 b_2），就意味着系统进入一个不可逆的演化过程，原有的对称性即刻消失。最后，“两业”高质量协同发展系统的演化趋势呈现为：初始状态是简单的线性演化过程，当越过临界点 A 时，就发生相变，即开始出现分岔；随着“两业”高质量协同发展系统持续协同演化，尤其是当系统的协同演化又越过临界点 B（阈值）时，那么在原来分岔的基础上再次出现分岔，即呈现稳定的分支 c_1 和 c_2 以及不稳定的分支 c_0，这就是“两业”高质量协同发展系统“一分为三”的演化趋势；稳定的分支 c_1 和 c_2 继续演化又会出现更多的分支。所以，“两业”高质量协同发展系统的协同演化趋势，就是这样沿着“$\eta \xrightarrow{a_1} A \xrightarrow{b_1} B \xrightarrow{c_1} C \xrightarrow{d_1} D$”演化路径持续不断地向前协同演化（如图 4-4 所示）。由此可知，“两业”高质量协同发展系统的协同演化趋势是由简单到复杂、从无序到有序、由低级有序向高级有序的协同演化过程。由于其相变与分岔呈现复杂的树状结构，因此，可以作为测度“两业”高质量协同发展系统协同演化复杂性的参照系。

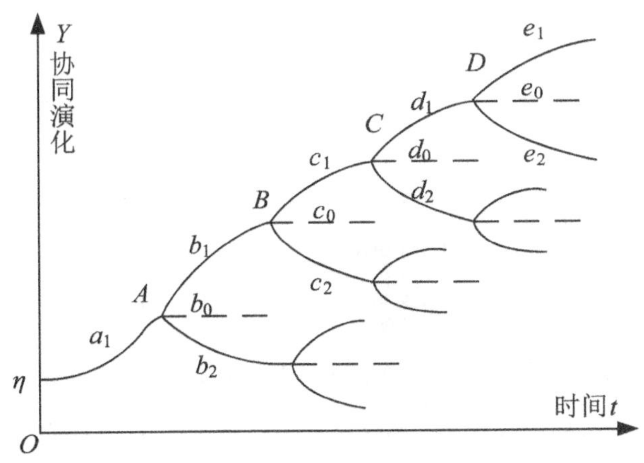

图 4-4 “两业”高质量协同发展系统的协同演化趋势

4.5 “两业”高质量协同发展系统协同演化模式：超循环模式

“两业”高质量协同发展系统的协同演化趋势就是从无序走向有序，由低级有序趋向高级有序。它是在不同层次、不同水平上的循环往复、周而复始地螺旋式协同演化。依据超循环理论，“两业”高质量协同发展系统协同演化的循环模式，可以表示为：“反应循环—催化循环—超循环”，最终实现“两业”高质量协同发展的协同效应最大化。催化循环是由简单的反应循环构成，而超循环又是由若干个催化循环融合而成的更高层次的循环。由于超循环系统内部的各子系统之间存在非线性的相互作用，所以形成了自组织、自适应机制，从而导致超循环系统向更高层次的有序稳定状态演化。因此，“两业”高质量协同发展系统的协同演化同样是一个超循环演化模式，超循环演化促进了“两业”高质量协同发展系统中各子系统之间的协同创新，并且产生了协同效应，增强了“两业”高质量协同发展系统的稳定性，为“两业”实现高质量协同发展发挥了重要作用①。

4.5.1 “两业”高质量协同发展系统协同演化的反应循环

反应物、中间物和生成物三者之间构成了“两业”高质量协同发展系统的反应循环，反应物在催化剂的作用下形成了中间物，然后又转化为生成物，最后，反应物又从生成物中分离出来回归原始状态 。在“两业”高质量协同发展系统的协同演化过程中，系统内部各子系统都存在反应循环。例如，在技术创新子系统中，技术创新团队也存在技术创新的反应循环，技术创新团队将国内外先进的产品生产技术（反应物）、物流服

① 邢大宁，赵启兰，宋志刚．基于云生态的物流信息平台服务模式创新研究[J]. 商业经济与管理，2016(08)：5-15.

务技术（反应物）（包括各种新的信息技术、网络技术、大数据技术和物联网技术等）进行深入研究（比如，各种研究方法、手段等都可以作为催化剂），并且通过引进、消化、吸收（中间物），然后创造出适合于“两业”客户需求的新的产品生产技术（生成物）、新的物流服务技术（生成物）。随着科技进步和社会发展，“两业”客户需求呈现个性化、多样化特征，原来新的产品生产技术（生成物）、新的物流服务技术（生成物）已经不能满足客户需求，于是对其进行分离，就得到过时的产品生产技术（产物）、过时的物流服务技术（产物）。然而，这些过时的产品生产技术和过时的物流服务技术既是上一个反应循环的“产物”又是下一个反应循环的“反应物”。同理可知，在运营模式创新子系统中，模式创新团队同样存在模式创新的反应循环，即通过捕捉商机、确定客户的价值主张、设计盈利模式、制定成本模型，为“两业”客户设计多样化、个性化服务产品，在为客户提供满意服务的同时，也为“两业”高质量协同发展系统创造了丰厚的利润。无论是技术创新团队还是模式创新团队，他们研发出的新的产品生产技术、新的物流服务技术、新的运营模式等，融入“两业”高质量协同发展系统的各项活动，不仅增强了“两业”高质量协同发展系统的协同效应，促进“两业”高质量协同发展系统实现可持续发展，而且在为“两业”客户提供多样化、个性化产品和增值服务的同时，也为“两业”客户创造了更大的价值；反之，“两业”客户将自己享用满意的产品和售后服务的体验（服务效果）反馈给“两业”高质量协同发展系统的创新团队（技术创新团队或模式创新团队），让他们对产品生产技术、物流服务技术、运营模式等进行再改进或再创新。在“两业”高质量协同发展系统协同演化的反应循环模型中，C 表示催化剂，W 表示反应物，CW 表示催化剂 C 与反应物 W 形成的中间物，CP 表示由中间物 CW 转化而来的生成物，P 表示由生成物 CP 分离出来的产物，但是，P 既是“两业”

高质量协同发展系统演化过程中某个反应循环的产物，又是下一个反应循环的反应物（如图 4-5 所示）。

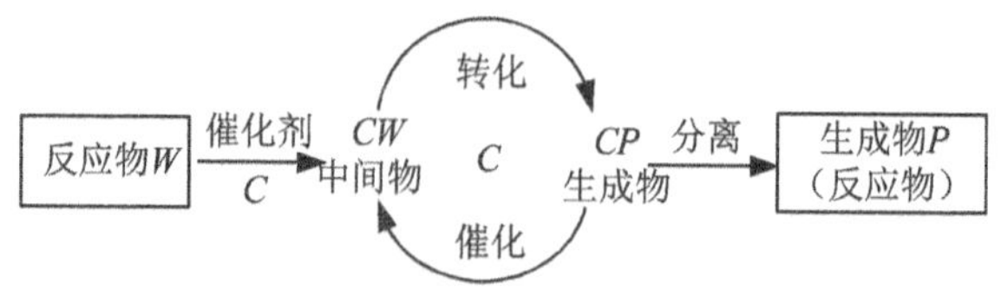

图 4-5 “两业”高质量协同发展系统演化的反应循环模型

4.5.2 “两业”高质量协同发展系统协同演化的催化循环

由多个反应循环融合而成的大循环就是催化循环，由它和反应循环的比较可知，它是处于较高层次的循环。催化循环类似于具有自我复制和新陈代谢机制的循环系统。在“两业”高质量协同发展系统的协同演化过程中，各创新主体都是具有一定联系的子系统（创新团队），某个子系统内部的反应循环可能与其他子系统的反应循环融合成“两业”高质量协同发展系统的催化循环。例如，在“两业”高质量协同发展过程中，“两业”高质量协同发展系统在其运营过程中给予技术创新子系统、运营模式创新子系统、管理创新子系统等各子系统投入各种创新活动所需要的资金、人才等资源，推动与维持各子系统的创新。然后，各子系统将资金、人才等资源用于创新活动，并且将各项创新成果再应用于“两业”高质量协同发展系统的运营活动，为“两业”客户提供新的产品或新的服务技术或准确、及时的信息追踪服务。客户根据享用“两业”提供的产品或各种服务的切身体验，再将相关意见反馈给各创新子系统。各创新子系统（创新团队）依据客户的反馈意见，再进一步完善或改进产品的功能或服务水平，不断增强各项服务能力或者将客户新的需求再反馈给“两业”运营主体，让其再追加资金和人才，促使各创新子系统（创新团队）继续加大创新力度，经过各子系统（创新团队）之间的协同创新，最终研发出更加符合“两业”客户需求的产品或服务技术等。“两业”高质量协同发展系统的这一催化循环是融合了“两业”运营主体、系统的各创新子系统（创新团队）、“两业”客户以及系统内外部其他利益相关者的反应循环。在“两业”高质量协同发展系统演化的催化循环模型中（如图4–6所示），K_1，K_2，…，K_n 表示 n 个“两业”高质量协同发展系统中的反应循环，每个反应循环内部各字母表示的含义与图4–5中完全一致，但是，其中 P 表示某一反应循环的产物，然而，它同时又是参与下一个反应循环的反应物 W，由此可知：$W_{n+1}=P_n$。如果用 L 表示“两业”高质量协同发展系统的催化循环，那么就可以得到“两业”高质量协同发展系统催化循环的演化模型：

$$L=K_1+K_2+\cdots+K_n \tag{4-4}$$

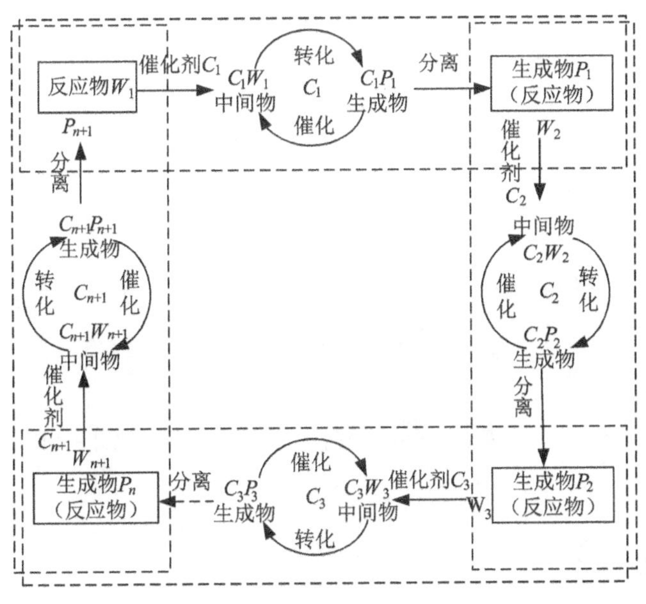

图4–6 “两业”高质量协同发展系统演化的催化循环模型

4.5.3 “两业”高质量协同发展系统协同演化的超循环

“两业”高质量协同发展系统的超循环模式又称为催化超循环，它是由 n 个催化循环在功能上通过循环耦合而融合成的超大循环。在超循环系统中，每一个催化循环既能自我复制，又能催化下一个催化循环的自我复制。“两业”高质量协同发展系统的催化循环在功能上借助于耦合机制融合起来，在自我复制的同时又能提供相互支撑的催化功能，从而形成“两业”高质量协同发展系统的超循环模型（如图 4-7 所示）。在“两业”高质量协同发展系统的超循环模型中，L_1，L_2，…，L_n 表示 n 个“两业”高质量协同发展系统的催化循环，n 个催化循环在耦合机制的作用下，又形成了“两业”高质量协同发展系统的超循环。如果用 H 表示“两业”高质量协同发展系统的超循环，那么“两业”高质量协同发展系统的超循环模型可以表达为：

$$H=L_1+L_2+\cdots+L_n \quad (4\text{-}5)$$

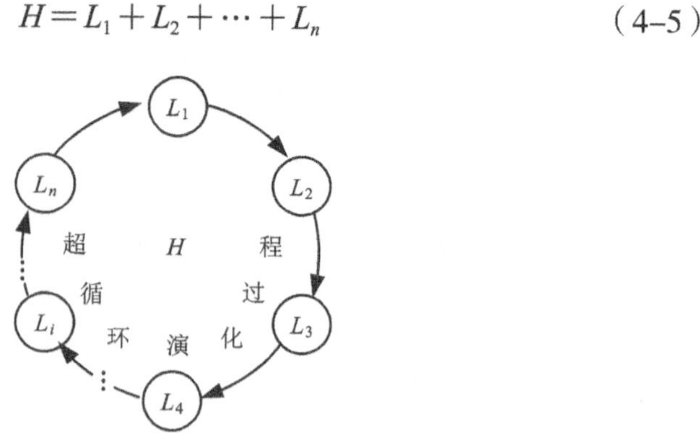

图 4-7 “两业”高质量协同发展系统演化的超循环模型

4.6 本章小结

本章运用系统科学中的相关理论对“两业”高质量协同发展系统协同

演化的前提条件、驱动力、诱因、路径以及协同演化模式进行了探索。依据系统科学理论，可以将“两业”高质量协同发展系统的协同演化过程概括为：当系统远离平衡态并且充分开放时，各创新主体、各子系统、各利益相关者及其与外部环境之间的非线性作用，驱动着“两业”高质量协同发展系统持续协同演化；由于系统内外随机涨落的出现及其所受系统正反馈机制的作用，微涨落被放大为巨涨落，所以诱导着“两业”高质量协同发展系统沿着“反应循环—催化循环—超循环”的轨迹持续不断地向前协同演化。“两业”高质量协同发展系统经历了多次渐变、突变（相变与分岔），从无序走向有序，由低级有序趋向高级有序演化，从而形成新的有序的耗散结构。因此，可以得出如下结论：（1）充分开放与远离平衡态是“两业”高质量协同发展系统协同演化的前提条件；（2）各创新主体（子系统）之间相互的非线性作用是“两业”高质量协同发展系统协同演化的驱动力；（3）随机涨落是“两业”高质量协同发展系统协同演化的诱因；（4）多次相变与分岔的“轨迹”是“两业”高质量协同发展系统协同演化的有效路径；（5）“反应循环—催化循环—超循环”是“两业”高质量协同发展系统协同演化的循环规律；（6）基于系统科学理论的视角，不仅可以清晰地描绘出“两业”高质量协同发展系统协同演化的轨迹，而且还能够深入分析“两业”高质量协同发展系统协同演化的机理。因此，以“超循环演化模型”作为“两业”高质量协同发展的驱动力，“两业”高质量协同发展系统就能够实现协同效应最大化。

第5章　大数据时代“两业”高质量协同发展系统熵变模型研究

在大数据时代，大数据已经渗透到各个行业的各个业务领域，大数据及其蕴藏的价值已经成为各行各业发展的战略性资源，将逐渐成为驱动制造企业、物流企业等各类组织创造价值的关键生产要素。可以认为大数据既是拉动制造企业创造价值的引擎，也是驱动物流企业创造价值的动力源泉。因此，国内外学术界专家、学者们对大数据如何影响制造企业、物流企业的发展进行了广泛研究，并且取得了一系列研究成果。通过系统梳理国内外相关研究成果，发现国内外分析与研究大数据时代“两业”高质量协同发展系统熵变的文献并不多。普利高津提出的耗散结构理论解释了微观粒子如何通过相互协调，不断地与外界环境进行物质、能量、信息的交换，使得微观粒子组成的整体在一定时间、空间条件下形成相对稳定的结构，并且从低级的稳定结构向高级的稳定结构演化。本专著在第 4 章分析了“两业”高质量协同发展系统协同演化的前提条件、驱动力、诱因和演化路径；本章在此基础上，运用耗散结构理论及熵理论，深入研究“两业”高质量协同发展系统的熵值增减状况，并且建立“两业”高质量协同发展的熵变模型，从理论上探索“两业”高质量协同发展系统的耗散结构以及熵变对“两业”实现高质量协同发展产生的重要影响①。

5.1 大数据时代“两业”高质量协同发展系统的特征分析

在大数据时代，“两业”高质量协同发展系统是以云计算、大数据技术为基础，以物联网、移动互联网等技术为依托，由若干个创新子系统构成的，各创新子系统之间相互依赖、相互作用、相互渗透，并且具有为客户提供多样化、个性化产品或增值服务功能的有机整体，其中包含“两业”技术创新子系统、运营模式创新子系统、管理创新子系统、文化创新子系统，等等。所谓高质量协同发展就是指拥有不同数据资源的两个或两个以上的发展主体为了达到协同发展的目的，相互之间进行深度合作，整合各种数据资源，充分发挥各自创新优势，获取“1＋1＞2”的协同效应，从而实现共赢的目标。“两业”技术创新的协同是“两业”实现高质量协同发展的不竭动力，“两业”是否具有竞争优势，在很大程度上取决于“两业”技术创新能力的强弱。然而，“两业”想要实现跨越式发展，仅仅依靠技术创新是远远不够的，还需要运营模式创新、管理模式创新等相关创新的协同配合。因此，本章从分析“两业”高质量协同发展系统的特征入手，深入探讨“两业”高质量协同发展的机理，构建“两业”高质量协同发展系统的熵变模型。

“两业”实现高质量协同发展是在一定条件和具体环境中进行的，而且各项高质量协同发展活动与经济、社会、文化环境等各种因素密切相关。高质量协同发展系统的内外部环境中任何一个因素发生微小变化都

① 张季平，骆温平．物流平台技术与运营模式协同创新研究 [J]. 科研管理，2018，39(02)：19-27.

将影响“两业”实现高质量协同发展。“两业”高质量协同发展系统是由管理协同创新、文化协同创新、技术协同创新和运营模式协同创新等各子系统构成的复杂的、非线性的动态大系统。“两业”技术协同创新不仅包括创造各种物流服务新技术、产品生产新技术，也包含着各种新的信息技术、工业互联网技术和物联网技术的使用，这就需要制造行业和物流行业的企业家们投入大量的资金和各类管理、技术人才，推动与维持各项协同创新活动。运营模式协同创新就是制造企业与货主、运输商或第三方物流企业等利益相关者，通过运用大数据分析与挖掘技术捕捉新的商机、确定用户的价值主张、设计制造企业与物流企业协同盈利模式、制定成本模型、设计关键业务流程、有效配置各种资源，不断延长价值链，在为客户制造产品、提供物流增值服务的同时，也为制造企业、物流企业获取了更多的价值。“两业”各项协同创新活动将会受到内外部环境各种因素的影响，“两业”高质量协同发展系统内部包含的相互作用、相互联系的各类协同创新子系统都是非线性的、复杂的动态系统。

根据热力学第二定律，可推知一个孤立的系统，其熵值一定会随着时间的推移而不断增加。然而，对于开放系统，它将不断地同外界环境进行着数据、信息、知识、物质和能量交换，从外界环境引入负熵流，只要这个负熵流足够强大，它不仅能够抵消掉系统内部正熵流的增加，而且还能够使系统的总熵增量为负，从而使得开放系统从无序进入相对有序的耗散结构状态。

在开放系统中，熵的增量 DS 是由系统与外界进行熵的交换 DS^e 和系统内部产生的正熵 DS^i 两部分构成，即 $DS=DS^e+DS^i$。若 DS^e 为负值，在外界一定参变量的作用下，当 $|DS^e|>DS^i$，此时 $DS<0$，即外界对开放系统注入的负熵流 DS^e 多于内部正熵流 DS^i 的增加量，所以系统的熵就会不断降低，系统的有序度也会不断提高，最终稳定在新的有序状态，

形成耗散结构[①]。

“两业”高质量协同发展系统的技术协同创新子系统和运营模式协同创新子系统都具有耗散结构特征，也都是远离平衡态的有序结构。维持这种有序结构，必须满足以下四个基本条件：各子系统是开放性系统；各子系统远离平衡态；各子系统涨落有序；“两业”高质量协同发展系统内部各要素和各子系统之间是非线性结构。

“两业”高质量协同发展系统随着时间的流逝，将会由于技术陈旧、管理机制不合理、协作方式不恰当、运营模式不适时等原因，导致正熵流 DS^i 的产生，同时“两业”高质量协同发展系统又会利用大数据等新一代信息技术，不断地从外部环境获取新数据、新知识、新技术、新人才和相关重要信息（或资源），等等。在此过程中，外界环境不断地向系统内部注入负熵流 DS^e。“两业”高质量协同发展系统的熵值变化结果可以表示如下：

$$DS = DS^e + DS^i \tag{5-1}$$

以“两业”技术协同创新子系统和运营模式协同创新子系统为例：“两业”技术协同创新系统作为“两业”高质量协同发展系统的子系统，将会由于“两业”技术落后、研发受阻、技术投资风险增大等因素，而产生正熵流 DS_t^i。但是，因为“两业”技术协同创新系统是开放系统，所以在它与外界环境进行数据、信息、物质和能量交换的过程中，将会不断地引入新技术或者进行跟踪创新，从而为系统注入负熵流 DS_t^e。因此，“两业”技术协同创新系统的熵值变化结果为

$$DS_t = DS_t^i + DS_t^e \tag{5-2}$$

“两业”运营模式协同创新系统同样是“两业”高质量协同发展系统

① PRIGOGINE I. Time, structure, and fluctuations[J]. Science, 1978, 201: 777–785.

的子系统，在它的运作过程中也存在运营模式不适时、与客户沟通失灵、为客户创造的价值太小等因素，从而导致子系统内部产生正熵流 DS_b^i。然而，“两业”还可以通过向货主提供优于竞争对手的产品或增值服务，制造企业、物流企业之间建立长期有效的战略合作伙伴关系，不断获取价值链中的协同价值，等等。这些必将为子系统引入负熵流 DS_b^e。所以，“两业”运营模式协同创新系统的熵值变化结果为

$$DS_b = DS_b^i + DS_b^e \tag{5-3}$$

5.2 “两业”高质量协同发展系统的协同机理分析

“两业”技术协同创新系统、运营模式协同创新系统作为“两业”高质量协同发展系统的子系统，它们并不会各自孤立地存在，它们之间相互联系、相互作用、相互影响。它们在与外部环境进行数据、信息、知识、物质和能量交换的过程中，不仅各子系统自身的熵变将会影响“两业”高质量协同发展系统总熵 DS 的变化，而且它们之间的相互影响还会产生熵变 DS_x。

在“两业”技术协同创新子系统、运营模式协同创新子系统各自运行的过程中：如果各子系统的有序度均没有改变，那么各子系统的熵值就不会增加或减少（$DS_t=0$，且 $DS_b=0$），此时此刻，“两业”平稳运作，“两业”高质量协同发展系统没有进行较大力度的技术协同创新和运营模式协同创新，不仅两子系统各自的熵变几乎为零，而且两子系统之间的相互影响微乎其微，$DS_x=0$。为了便于讨论，以下仅对“两业”高质量协同发展系统中的运营模式协同创新子系统、技术协同创新子系统进行分析。

假如“两业”技术协同创新系统向着有序方向发展（$DS_t<0$），但是，“两业”运营模式协同创新系统的无序度增加（$DS_b>0$），此时此刻，发

生的情况可能是“两业”进行了技术协同创新，创造出一种新的产品和新的增值服务，可是“两业”的运营模式并未随之进行协同创新，所以，新的产品、新的增值服务并没有得到“两业”各自客户的认可，不利于“两业”获取新增利润，因此，$DS_x>0$；假若“两业”运营模式协同创新系统向着有序方向发展（$DS_b<0$），而“两业”技术协同创新系统的无序度却不断增加（$DS_t>0$），这时可能发生的情况是：当“两业”发现各自客户的新需求，立刻进行运营模式协同创新，然而，“两业”技术协同创新却没有随之进行，所以不能及时满足各自客户的新需求，这就妨碍了“两业”的高质量协同发展，因此，$DS_x>0$；当“两业”的技术协同创新系统和运营模式协同创新系统同时向有序方向发展（$DS_t<0$ 且 $DS_b<0$），此时此刻，“两业”可能同时进行了技术协同创新与运营模式协同创新，并且两个协同创新子系统之间彼此适应、相互协同、相互促进，$DS_x<0$。

综合上述分析，可知：“两业”的技术协同创新子系统与运营模式协同创新子系统之间相互影响、相互作用，导致熵变的结果，可以概括如下[①]：

$$\begin{cases} \text{当 } DS_t>0 \text{ 且 } DS_b>0 \text{ 时，则 } DS_x>0 \\ \text{当 } DS_t=0 \text{ 且 } DS_b=0 \text{ 时，则 } DS_x=0 \\ \text{当 } DS_t<0 \text{ 且 } DS_b<0 \text{ 时，则 } DS_x<0 \end{cases} \tag{5-4}$$

因为 $DS_t=0$ 或 $DS_b=0$ 都是极其少见的情况，所以将 $DS_t=0$ 且 $DS_b=0$ 作为特殊情况来处理，不再分别考虑 DS_t 与 DS_b 其中一个为 0 的情况。

如果“两业”的技术协同创新系统和运营模式协同创新系统同时向有序化方向发展且有序度不断提高，则技术协同创新与运营模式协同创新

① 李志强，赵卫军．企业技术创新与商业模式创新的协同研究 [J]. 中国软科学，2012，10(08)：117-124.

之间相互协同，并且产生协同效应。协同是指系统中许多子系统之间相互合作、相互协调或同步演化、相互作用的过程，当系统在外部环境序参量的作用下（或当系统与外界环境进行数据、信息、知识、物质和能量交换）达到某种临界值时，系统内部各子系统之间相互协同，促使整个系统在临界点发生突变，从无序向有序演化，由混沌状态达到稳定的耗散结构。在一个开放系统中，由于大量子系统之间相互联系、相互影响和相互作用而产生了协同效应。各子系统之间通过各种资源的共享与协同配合，不仅会产生“1＋1＞10”的效应①，而且还会在子系统与子系统相互协同的作用下，产生“10＋10＞100”的协同效应②。

协同创新是指与创新活动密切相关的各种要素，通过相互之间的协调配合，经历复杂的演化和自组织过程，产生单个要素无法实现的协同效应。“两业”的技术协同创新子系统与运营模式协同创新子系统在其运行过程中，各子系统之间相互影响、相互作用、相互协调，通过各种资源的共享和信息反馈作用，最终无论是“两业”的技术协同创新，还是运营模式协同创新，它们都会获取各自单独无法得到的协同创新效果。正因为如此，必须构建“两业”高质量协同发展系统内部各子系统间相互协同的熵变模型，以便于进一步对系统的熵值变化进行定量分析。

5.3 “两业”高质量协同发展系统熵变模型的构建

“两业”高质量协同发展系统不仅包括技术协同创新子系统和运营模式协同创新子系统，还包括机制协同创新子系统、管理协同创新子系统

① OSEGOWITSCH T. The art and science of synergy: The case of the auto industry[J]. Business Horizons, 2001, 44(02): 17–24.

② CORNING P A. “The Synergism Hypothesis”: On the concept of synergy and its role in the evolution of complex systems[J]. Journal of Social and Evolutionary Systems, 1998, 21(02): 133–172.

和文化协同创新子系统等。由于本章主要探讨“两业”的技术协同创新子系统与运营模式协同创新子系统之间相互协同的熵变状况，所以，我们将其他各协同创新子系统看作一个整体，并且将其他各协同创新子系统产生的熵变及其相互作用导致的熵变之和确定为 DS^*，并假设 $DS^*=0$，所以“两业”高质量协同发展系统的熵变方程为

$$DS = DS_t + DS_b + DS_x + DS^* \tag{5-5}$$

“两业”高质量协同发展系统内部产生的正熵流 DS^i 分别由“两业”技术协同创新子系统内部产生的正熵流 DS_t^i 和“两业”运营模式协同创新子系统内部产生的正熵流 DS_b^i 以及管理协同创新、文化协同创新等各子系统产生的正熵流所构成。“两业”高质量协同发展系统与外部环境相互作用而引入的负熵流 DS^e 分别由技术协同创新子系统与外部环境进行各种交换所引入的负熵流 DS_t^e 和运营模式协同创新子系统与外部环境进行数据、信息、物质和能量交换所带来的负熵流 DS_b^e 以及其他各子系统从外部环境引入的负熵流所构成。“两业”的技术协同创新子系统和运营模式协同创新子系统之间相互影响、相互作用而产生的熵流为 DS_x。此外，其他各子系统之间相互作用、相互影响所产生的熵流均包含在 DS^* 中（如图 5-1 所示）。

基于上述分析，可以构建“两业”高质量协同发展的熵变模型：

$$DS = DS_t^i + DS_t^e + DS_b^i + DS_b^e + DS_x + DS^* \tag{5-6}$$

因为假设 $DS^*=0$，所以“两业”高质量协同发展的熵变模型为

$$DS = DS_t^i + DS_t^e + DS_b^i + DS_b^e + DS_x \tag{5-7}$$

$$DS_t^i = -K_1 \sum_{i=1}^{N_1} \lambda_i \sum_{j=1}^{M_1} P_{ij} \ln P_{ij} > 0,\quad K_1 = (\ln N_1)^{-1} \tag{5-8}$$

$$DS_t^e = K_2 \sum_{\omega=1}^{N_2} \lambda_\omega \sum_{\varphi=1}^{M_2} P_{\omega\varphi} \ln P_{\omega\varphi} < 0,\quad K_2 = (\ln N_2)^{-1} \tag{5-9}$$

$$DS_b^i = K_3 \sum_{i=1}^{N_3} \lambda_i \sum_{j=1}^{M_3} P_{ij} \ln P_{ij} > 0, \quad K_3 = (\ln N_3)^{-1} \tag{5-10}$$

$$DS_b^e = K_4 \sum_{\omega=1}^{N_4} \lambda_\omega \sum_{\varphi=1}^{M_4} P_{\omega\varphi} \ln P_{\omega\varphi} < 0, \quad K_4 = (\ln N_4)^{-1} \tag{5-11}$$

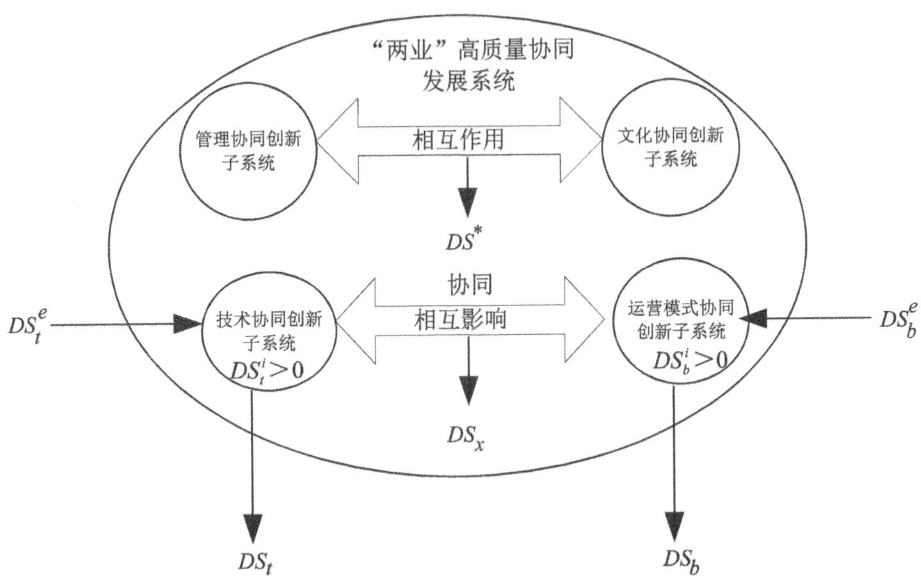

图 5-1 “两业”高质量协同发展系统总熵值变化状态

在上述熵变模型中，i表示引起“两业”技术协同创新子系统（或“两业”运营模式协同创新子系统）内部正熵变化的各类因素，λ_i表示对引起正熵变化的第i类因素所赋予的权重。ω表示引起“两业”技术协同创新子系统（或“两业”运营模式协同创新子系统）负熵变化的各类因素，λ_ω表示对引起负熵变化的第ω类因素所赋予的权重。N_1，N_2分别表示导致“两业”技术协同创新子系统正、负熵变化的各因素的种类数量，N_3，N_4分别表示导致“两业”运营模式协同创新子系统正、负熵变化的各因素的种类数量。j，φ表示每一类影响熵值的因素所包含的子因素。M_1，M_2表示影响“两业”技术协同创新子系统熵值的某类因素所包含的各种子因素的个数，M_3，M_4表示影响“两业”运营模式协同创新子系统熵值的某类因素所包含的各种子因素的个数。P_{ij}是每个子因素影响“两业”技术协同创新子系统（或“两业”运营模式协同创新子系统）正向熵值变化的概率，$P_{\omega\varphi}$是每个子因素影响“两业”技术协同创新子系统（或“两业”运营模式协同创新子系统）负向熵值变化的概率。

5.4 “两业”高质量协同发展系统的熵变分析

本小节从定性的视角，分析“两业”技术协同创新子系统与运营模式协同创新子系统间的熵变过程。基于$DS=DS_t+DS_b+DS_x$，再分别依据DS_t，DS_b，DS 三者取值的正负，就能够通过构建三维图形来描述DS 的取值空间情景，概括起来，共有五种情景如图 5–2 所示。

情景 1：当$DS_t=0$，$DS_b=0$，$DS_x=0$，故$DS=0$。“两业”技术协同创新子系统内部产生的正熵流DS_t^i与其和外界环境交换而引入的负熵流DS_t^e恰好相等；运营模式协同创新子系统内部产生的正熵流DS_b^i与其外部环境注入的负熵流DS_b^e恰好平衡，而且两子系统之间的相互影响微乎其微，$DS_x=0$。所以“两业”高质量协同发展系统总熵值的变化等于零，DS处于O点（如图 5–2 中的情景 1）。“两业”技术协同创新子系统与运营模式协同创新子系统运作平稳，它们之间相互影响极小。此时此刻，“两业”高质量协同发展系统处于相对稳定状态，整个系统的有序度达到最高，其运行效率也达到最高峰值，同时也是“两业”高质量协同发展系统处于衰减的临界点。此种情景罕见，也恰好是“两业”开展技术协同创新、运营模式协同创新或者两个子系统间进行协同创新的最佳时机。如果“两业”开展协同创新活动，那么各协同创新子系统以及“两业”高质量协同发展系统的正、负熵流将会伴随着协同创新活动而发生变化。负熵流的增加将会推动“两业”高质量协同发展系统向着更加有序的新的平衡状态演化，协同创新为“两业”注入了新的活力，促使“两业”实现高质量协同发展。

情景 2：当 $DS_t>0$，$DS_b>0$，$DS_x>0$，则 $DS>0$。由于“两业”技术协同创新子系统（或运营模式协同创新子系统）吸收的负熵流 DS_t^e（或 DS_b^e）不足以消除各子系统内部正熵流的增量 DS_t^i（或 DS_b^i），所以“两业”高质量协同发展系统的总熵值 DS 为正，处于 V_1（如图 5-2 中的情景 2），并且两个子系统由于外部环境没有足够的负熵流注入，而逐渐趋向混沌，二者之间既不协调又相互制约、相互影响、相互作用，不断产生正熵流 DS，这就进一步加剧了“两业”高质量协同发展系统的无序性，使得“两业”的运营处于低效率状态，不断向着衰亡的方向演化；如果“两业”再不进行协同创新，那么“两业”只能衰亡。此时此刻，“两业”高质量协同发展系统以及各子系统都必须不断地从外界环境向内部注入数据、信息、物质和能量等负熵流，当负熵流的总量积累到一定程度，必然引起“两业”进行技术协同创新或运营模式协同创新，而协同创新既会拉动又能推动更多负熵流的注入。如此循环往复，必将促使“两业”高质量协同发展系统不断向着有序的平衡状态演化。

情景 3：当 $DS<0$，$DS_b>0$，$DS_x>0$，我们会发现“两业”技术协同创新子系统吸收的负熵 DS_t^e 多于该子系统内部正熵的增量 DS_t^i，即 $\left|DS_t^e\right|>DS_t^i$；而运营模式协同创新子系统吸收的负熵 DS_b^e 不足以消除该子系统内部正熵流的增量 DS_b^i，即 $\left|DS_b^e\right|<DS_b^i$。因此，“两业”技术协同创新子系统将逐渐向更加有序的平衡态演化，而运营模式协同创新子系统却更加混沌。正是因为运营模式协同创新子系统的混沌妨碍了“两业”技术协同创新子系统有序度的提升，所以两个子系统相互制约、相互作用、

相互影响产生了正熵流 DS_x。如果 $|DS_t| > DS_b + DS_x$，则 $DS < 0$，处于 V_2 中（如图 5-2 中的情景 3），“两业”高质量协同发展系统向着更加有序的平衡态发展；如果 $|DS_t| < DS_b + DS_x$，则 $DS > 0$，处于 V_3 中（如图 5-2 中的情景 3），“两业”高质量协同发展系统向着更加混沌的方向演化。此时此刻，“两业”技术协同创新程度的高低，将决定着“两业”高质量协同发展系统有序度是否提升，对“两业”高质量协同发展有着较大影响。然而，运营模式协同创新子系统需要从外部环境注入更多的负熵流来促使其有序度不断提升，从而为“两业”高质量协同发展系统向着更加有序的方向演化做出较大贡献。

情景 4：由 $DS_t > 0$，$DS_b < 0$，$DS_x > 0$，可知“两业”技术协同创新系统从外部环境引入的负熵流 DS_t^e 不能够消除该子系统内部产生的正熵流的增量 DS_t^i，即 $|DS_t^e| < DS_t^i$，然而，“两业”运营模式协同创新子系统从外界环境吸入的负熵流 DS_b^e 多于其系统内部产生的正熵流的增量 DS ，即 $|DS_b^e| > DS_b^i$。因此，“两业”技术协同创新子系统向着更加混沌的方向演化，而“两业”运营模式协同创新子系统则不断地向着更加有序的方向发展。正是由于“两业”技术协同创新子系统的混沌阻碍了运营模式协同创新子系统有序度的提高，所以两者之间相互制约、相互影响，产生了正熵流 DS_x。如果 $|DS_b| > DS_t + DS_x$，则 $DS < 0$，处于 V_4 中（如图 5-2 中的情景 4），“两业”高质量协同发展系统的有序度不断提升；如果 $|DS_b| < DS_t + DS_x$，则 $DS > 0$，处于 V_5 中（如图 5-2 中的情景 4），“两业”高质量协同发展系统向着更加无序的方向发展。此时此刻，“两业”高质量协同发展系统有序度的提升取决于“两业”运营模式的协同创新程度，将对“两业”实现高质量协同发展产生较大影响。因此，“两业”技术协同创新子系统更加需要从外界环境吸入较多的负熵流来不断提升其有

序度，从而逐渐增强“两业”各自的核心竞争力，加快“两业”高质量协同发展速度。

情景 5：之所以 $DS < 0$，正是因为 $DS_t < 0$，$DS_b < 0$，$DS_x < 0$。由此可知，“两业”技术协同创新子系统和运营模式协同创新子系统都从外界环境吸入了足够多的负熵流，使得各子系统均向着有序度不断提升的方向演化，此时此刻，“两业”技术协同创新子系统与运营模式协同创新子系统之间产生了协同效应，也正是因为两者协同创新，所以能够为“两业”高质量协同发展系统注入更多的负熵流，导致“两业”高质量协同发展系统总熵的增量为负，处于 V_6 中（如图 5-2 中的情景 5）。因此，其有序度显然呈现上升趋势，“两业”高质量协同发展系统及各协同创新子系统都保持着良好的运行状态。“两业”技术协同创新子系统与运营模式协同创新子系统间的协同效应必将为“两业”实现高质量协同发展做出较大贡献。特别是当“两业”技术协同创新与运营模式协同创新呈现突飞猛进的态势，并且两者之间协同度又很高时，“两业”高质量协同发展系统及其各子系统通过与外界环境不断地交换数据、信息、物质和能量，吸入了更多的负熵流，必然促使“两业”高质量协同发展系统向着有序度更高的方向演化，不断增强“两业”协同创新的有效性，最终促使“两业”获取高质量协同发展的不竭动力。

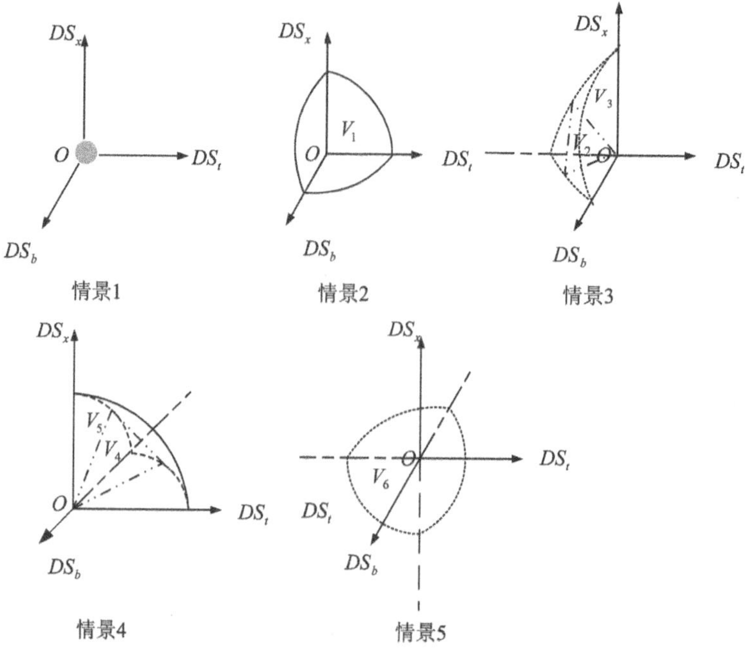

图 5-2　熵值变化的三维空间情景

5.5　制造企业与物流企业实现高质量协同发展的案例研究

创新驱动发展，企业要想发展，必须寻求创新。因此，制造企业、物流企业要想实现高质量协同发展，务必要开展一系列协同创新活动。海尔公司作为中国规模较大的家电制造业集团之一，始终高度重视创新。早在20世纪80年代末至90年代，家电产品处于卖方市场，其产量供不应求，海尔电器公司为了赚取更多的利润，进一步扩大市场占有率，于是就与自己旗下的青岛日日顺物流公司进行生产管理技术的协同创新，及时推出“计划驱动生产”的生产管理技术，建立并运行了国内一流的采购、制造和分销系统，最终实现了低成本、高效率、内外部资源优化配置的目标。可惜，这个尝试好景不长，随着国内外各类产品买方市场的

形成，家电行业竞争也愈演愈烈，以“计划驱动生产”为核心的整个制造系统的竞争优势与利润潜力已趋于尽头。究其原因：一方面是由于不能精准地确定生产的产品到底卖给谁，所以不可避免地出现大量的存货来回搬运，甚至出现大量的过时产品无人问津，这就必然导致仓储费用居高不下，同时占用大量流动资金；另一方面就是没有充分考虑到消费者的实际需求，没有准确把握消费者的价值主张，海尔电器公司与日日顺物流公司的技术协同创新和双方公司当时的运营模式并不匹配，双方更没有通过运营模式的协同创新去开拓新的家电市场，不断地取得广大消费者的青睐。彼时彼刻，海尔电器公司关注的仅仅是家电产品生产管理技术的协同创新，而没有高度重视运营模式的协同创新，该公司的协同创新系统正处于图 5-2 的情景 3 的状态，生产管理技术协同创新子系统的熵变 $DS_t < 0$，而运营模式协同创新子系统的熵变 $DS_b > 0$，运营模式协同创新子系统与技术协同创新子系统之间运行不协调，它们相互影响、相互作用，于是产生的熵变 $DS_x > 0$。由于 $|DS_t| < DS_b + DS_x$，所以海尔电器公司与日日顺物流公司（“两业”）协同创新系统的总熵变 $DS > 0$，处于 V_3 中（图 5-2 中的情景 3）。由此可知，虽然海尔电器公司与日日顺物流公司进行了生产管理技术的协同创新，优化了公司内外部资源、提高了生产效率，但是家电产品增加的产量并没有得到消费者的认可与信赖，当然不会有市场，最终公司不得不放弃“计划驱动生产”的技术协同创新，在经营战略上寻求新的、有效的途径。

目前，海尔电器公司与日日顺物流公司已经从过去仅仅重视技术协同创新转变为同时重视运营模式协同创新，特别关注消费者的价值主张及其对家电产品配送与安装服务的体验，并且将生产管理技术协同创新与运营模式协同创新融为一体。海尔电器公司与日日顺物流公司运营模式的变革必然导致双方运营模式协同创新子系统产生巨大熵变，由于该子系统不断地与外界环境进行数据、信息、知识、物质和能量的交换，在为消费者创造价值与提供更多增值服务的同时，海尔电器公司与日日顺物流公司也获取了更大的回报，两家公司运营模式协同创新子系统的熵变由 $DS_b>0$ 变为 $DS_b<0$。在此演化过程中，两家公司技术协同创新子系统与运营模式协同创新子系统相互影响、相互作用，由相互不协调逐渐转变为相互适应，并且进一步发展为相互协同，两个子系统相互作用的熵变由 $DS_x>0$ 演化为 $DS_x<0$。海尔电器公司与日日顺物流公司依靠技术协同创新不断提升家电产品生产与服务的附加值，使得更多的消费者愿意接入海尔用户交互定制平台，因此，越来越多的消费者乐于购买海尔用户交互定制平台提供的新产品和增值服务，这对海尔电器公司与日日顺物流公司技术协同创新发挥了积极的促进作用。

海尔电器公司与日日顺物流公司技术协同创新子系统与运营模式协同创新子系统之间相互影响、相互作用，产生了协同效应，极大地促进了海尔电器公司与日日顺物流公司协同创新系统向着更加有序的方向发展，而且，海尔电器公司与日日顺物流公司协同创新系统的有序度越高，越容易促使两家公司进行重大变革，形成良性循环。在整个海尔电器公司与日日顺物流公司协同创新系统的演化过程中，该协同创新系统总熵的增量由 V_3 穿过 V_2 到达 V_6，最终 $DS<0$[如图 5–3(a) 和图 5–3(b) 所示]，并且整个协同创新系统演化到海尔电器公司与日日顺物流公司技术协同创新子系统与运营模式协同创新子系统之间相互协同阶段，如图 5–3（c）中的“两者协同创新阶段”所示。海尔电器公司与日日顺物流公司利用技术协同创新，不断提升其电器产品全方位生产、销售、配送与安装的服务水平，必然为两家公司带来丰厚的利润。通过运营模式协同创新，海尔电器公司与日日顺物流公司提供的产品与增值服务得到更多消费者的认可与喜爱，并且提高了海尔用户交互定制平台双边或多边用户的忠诚度。

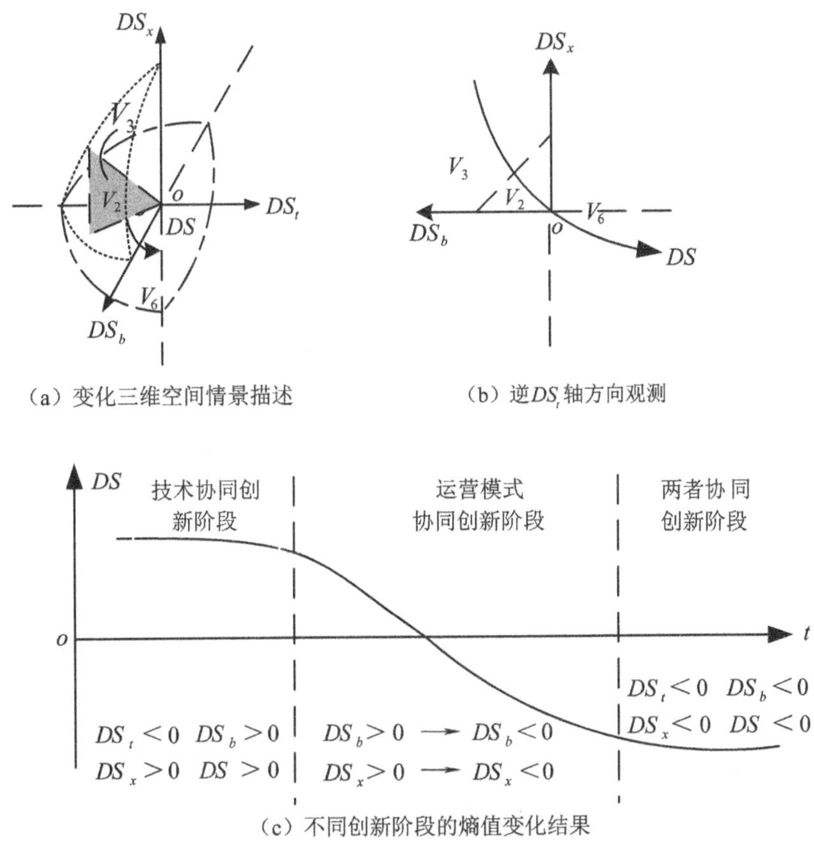

图 5-3　海尔电器公司与日日顺物流公司协同创新系统熵变过程

5.6　本章小结

首先，本章对大数据时代“两业”高质量协同发展系统的特征及其协同效应进行了分析；其次，构建了“两业”高质量协同发展系统的熵变模型；最后，对“两业”高质量协同发展系统的熵变情况进行了研究，并且结合“两业”协同创新案例进行了实证分析。由于协同创新是“两业”实现高质量协同发展的不竭动力，所以对“两业”技术协同创新、“两业”运营模式协同创新以及“两业”技术与运营模式协同创新的深入研究，可以得到如下结论：

（1）“两业”必须依靠技术协同创新、运营模式协同创新以及技术与运营模式之间相互协同创新，才能真正有效促进“两业”实现高质量协同发展。“两业”高质量协同发展系统将在外部拉力和内部推力的共同作用下，持续不断地追求“两业”技术协同创新、“两业”运营模式协同创新以及技术与运营模式之间的协同创新。当今“两业”如果仅仅依靠技术协同创新或运营模式协同创新，那么它们是很难获得成功的。所以，还应该更加重视开展技术与运营模式之间相互协同创新，这是“两业”实现高质量协同发展的有效途径。

（2）“两业”技术协同创新子系统、运营模式协同创新子系统是开放的复杂系统。它们通过不断地与外界环境进行数据、信息、物质和能量的交换，获取负熵流来冲抵内部产生的正熵流。在此过程中，如果“两业”技术协同创新子系统与运营模式协同创新子系统之间也能够彼此兼顾进行相互协同创新，并且产生协同效应，那么必将为“两业”高质量协同发展系统的有序发展带来更多的负熵流。

（3）“两业”可以选取影响各协同创新子系统熵变的合适因子，对“两业”技术协同创新子系统、运营模式协同创新子系统以及技术与运营模式相互协同创新的熵值变化进行定量评估。因此，可以计算出“两业”技术协同创新子系统与运营模式协同创新子系统之间的协同度，并诊断出哪些因子对“两业”技术协同创新子系统（或运营模式协同创新子系统）的有序运行产生积极影响，哪些因子将会产生消极影响，从而确定改变哪些影响因子，来进一步促进“两业”高质量协同发展系统向着更加有序的方向发展。

（4）“两业”高质量协同发展系统的熵变模型能够对“两业”开展协同

创新活动提供理论指导。通过构建“两业”高质量协同发展系统的熵变模型，不但从理论上证明了“两业”技术协同创新与“两业”运营模式协同创新之间相互协同的重要性，而且使得“两业”完全可以根据自身创新的状况，运用该熵变模型对其熵值变化进行计算与分析，把握当前“两业”高质量协同发展系统的运转状况。同时，也为“两业”如何开展各类协同创新活动提供理论指导。

第6章 大数据时代“两业”高质量协同发展的演化博弈分析

大数据、物联网、云计算、区块链等新一代信息技术的快速发展，助推人类社会迈进了大数据时代。然而，大数据时代涌现出的大数据技术、大数据平台和大数据思维正在提升人们认识世界、分析世界的能力，同时也催生出迫切需要研究的问题，即大数据时代制造企业与物流企业如何实现高质量协同发展？此问题已经引起了专家、学者和企业家的高度关注。有的学者认为制造企业与物流企业高质量协同发展的内在机理在于两者如何合理分工以及如何进行有限资源的有效配置。但是，在社会再生产过程中，制造企业与物流企业之间的合作关系并不和谐，制造企业与物流企业协同运作的成功案例也并不多见。由于部分制造企业对于物流企业的诚信度和服务质量不满意，而选择了自营物流模式；也有部分物流企业由于服务成本较高、服务效率低下、服务体系不完善等原因，而不能较好地完成制造企业发包的物流服务项目，从而丧失了自身发展的大好机会。因此，大数据时代制造企业与物流企业之间竞争与合作的关系始终贯穿于“两业”高质量协同发展的过程中，那么如何洞察制造企业与物流企业之间合作与竞争的动态演化关系，深入研究“两业”协同演化的内在机理，促使“两业”朝着有利于双方实现高质量协同发展的方向演化，具有重要的理论意义和实践价值。

依据大数据时代制造企业与物流企业动态协同演化的现有研究成果，不难发现对于“两业”实现高质量协同发展的理论研究尚处于探索阶段。在现实中，制造企业与物流企业协同运作往往是建立在有限理性基础上的，由于“两业”各自市场预测能力、经营决策能力和现代信息技术应用能力等方面均存在显著差异，所以在大数据时代“两业”协作之初，双方均很难寻求到最优协作策略。因此，在制造企业与物流企业协同运作的演化博弈过程中，“两业”通过持续学习和应用大数据技术，不断改进和调整各自的博弈策略，方能寻找到较优协作策略；又因为大数据时代制造企业与物流企业之间的演化博弈是建立在有限理性的基础上，可以促进“两业”共生关系实现动态的复杂演化，所以本章将运用演化博弈理论对“两业”高质量协同发展系统的内在机理及其协同运作的客观规律进行演化博弈分析，并且探讨在引入政府部门激励行为或者考虑政府部门积极参与的基础上，构建“两业”实现高质量协同发展的演化博弈模型以及建立政府部门、制造企业与物流企业三方演化博弈模型①，为政府部门推动“两业”实现高质量协同发展提供借鉴与参考。

6.1 制造企业与物流企业协同运作的演化博弈模型

“两业”演化博弈是指在特定环境下企业行为与博弈策略的动态演化。“两业”演化博弈的基本逻辑是：假定参与博弈的各企业主体将从有限理性出发，进行重复博弈并且各自采取的博弈策略相互影响。由于参与博弈的企业主体基于有限理性和双方信息不对称，制造企业、物流企业对

① 张季平 . 考虑事故发生率的危险品物流企业运营监管研究 [J]. 系统科学与数学，2020，40(03)：495-509.

信息的快速变化并不能迅速给出最优博弈策略，各自的博弈策略也很难保证能够实现自身利益最大化，所以它们只有通过相互学习、相互模仿等行为来动态调整各自采取的演化博弈策略，以便于寻找到各自演化博弈的“进化稳定对策”（ESS）。物竞天择、适者生存，是自然界永恒的丛林法则；制造企业、物流企业的生存与发展也同样如此。依据演化博弈理论可知，假如制造企业（或物流企业）采取某种演化博弈策略之后所形成的支付高于制造企业（或物流企业）种群的平均支付，那么该博弈策略就会在制造企业（或物流企业）种群中得到进一步推广实施，即该博弈策略的增长率大于零（$\frac{1}{x_k}\frac{\mathrm{d}x_k}{\mathrm{d}t}>0$），便可以采用以下微分方程来表达：

$$\frac{1}{x_k}\frac{\mathrm{d}x_k}{\mathrm{d}t}=E(k,\ s)-E(s,\ s) \tag{6-1}$$

其中，x_k 表示制造企业（或物流企业）种群中采用博弈策略 k 的比率，$E(k,\ s)$ 表示采用博弈策略 k 时的适应度（支付），$E(s,\ s)$ 表示平均适应度（平均支付），k 代表不同的演化博弈策略。

6.1.1 构建演化博弈模型的基本假设与分析

1. 参与演化博弈的主体

“两业”协同演化系统中的制造企业（M）与物流企业（L）是参与演化博弈的两大共生主体，“两业”进行协同运作遵循着演化博弈的基本理论。

2. 演化博弈策略的选择

制造企业（M）与物流企业（L）双方各自可选择的博弈策略集合分别为M（协同，不协同）和L（协同，不协同）。在制造企业（M）与物流企业（L）的演化博弈过程中，只要当有一方选择“不协同”博弈策略时，它们之间就形成了“竞争”关系，那么各自获取的收益就分别为α和β；当制造企业（M）与物流企业（L）双方均选择“协同”博弈策略时，它们之间就形成了“合作”关系，那么各自获取的收益分别为（$\alpha+\Delta\alpha$）和（$\beta+\Delta\beta$），其中$\Delta\alpha$和$\Delta\beta$表示制造企业（M）与物流企业（L）双方在“协同”运作过程中分别获取的超额收益，并且双方超额收益之和为$\Delta\varphi$，即$\Delta\varphi=\Delta\alpha+\Delta\beta$。但是，在制造企业（$M$）与物流企业（$L$）双方“协同”发展过程中，双方也增加了投入，分别是C_α和C_β，并且$\Delta\alpha>C_\alpha>0$，$\Delta\beta>C_\beta>0$。显然，在制造企业与物流企业相互协同运作中双方获取的收益要高于双方不协同运作时的收益。在“两业”演化博弈过程中，当制造企业选择“协同”博弈策略，而物流企业却选择“不协同”博弈策略时，则制造企业将会遭受损失$\theta(\theta>0)$；反之，则物流企业将会遭受损失$\gamma(\gamma>0)$。

假设制造企业选择“协同”博弈策略的概率为λ，则制造企业选择“不协同”博弈策略的概率为$1-\lambda$；如果物流企业选择“协同”博弈策略的概率为ρ，那么物流企业选择“不协同”博弈策略的概率为$1-\rho$。基于上述分析和假设，可以绘制出制造企业（M）与物流企业（L）演化博弈的收益矩阵，如表6–1所示。

表6–1 “两业”演化博弈 的收益矩阵

“两业”博弈主体的策略选择		物流企业的选择	
		协同ρ	不协同$1-\rho$
制造企业的选择	协同λ	$\alpha+\Delta\alpha-C_\alpha$，$\beta+\Delta\beta-C_\beta$	$\alpha-C_\alpha-\theta$，β
	不协同$1-\lambda$	α，$\beta-C_\beta-\gamma$	α，β

6.1.2 “两业”演化博弈的收益分析与模型构建

1. 演化博弈主体制造企业（M）的收益

当制造企业选择“协同”博弈策略时，制造企业的期望收益为

$$E_{M1}=\rho(\alpha+\Delta\alpha-C_{\alpha})+(1-\rho)(\alpha-C_{\alpha}-\theta) \tag{6-2}$$

当制造企业选择“不协同”博弈策略时，制造企业的期望收益为

$$E_{M2}=\rho\alpha+(1-\rho)\alpha \tag{6-3}$$

所以，制造企业的平均期望收益为

$$E_{M12}=\lambda E_{M1}+(1-\lambda)E_{M2} \tag{6-4}$$

2. 演化博弈主体物流企业（L）的收益

当物流企业选择“协同”博弈策略时，物流企业的期望收益为

$$E_{L1}=\lambda(\beta+\Delta\beta-C_{\beta})+(1-\lambda)(\beta-C_{\beta}-\gamma) \tag{6-5}$$

当物流企业选择“不协同”博弈策略时，物流企业的期望收益为

$$E_{L2}=\lambda\beta+(1-\lambda)\beta \tag{6-6}$$

所以，物流企业的平均期望收益为

$$E_{L12}=\rho E_{L1}+(1-\rho)E_{L2} \tag{6-7}$$

3. “两业”演化博弈模型的构建

基于“复制动态”演化博弈理论，构建制造企业（M）与物流企业（L）的复制动态方程：

$$\frac{\mathrm{d}\lambda}{\mathrm{d}t}=\lambda(E_{M1}-E_{M12})=\lambda(1-\lambda)[\rho(\Delta\alpha+\theta)-C_{\alpha}-\theta] \tag{6-8}$$

$$\frac{\mathrm{d}\rho}{\mathrm{d}t}=\rho(E_{L1}-E_{L12})=\rho(1-\rho)[\lambda(\Delta\beta+\gamma)-C_{\beta}-\gamma] \tag{6-9}$$

4. “两业”演化博弈均衡点的稳定性判定

基于演化博弈理论，由“两业”复制动态方程可知：参与博弈的双方

各自选择的博弈策略随着时间的推移将会不断演化。为了便于分析演化博弈均衡点的稳定性，我们将“两业”复制动态方程（6-8）和（6-9）联立起来构建复制动态方程组，并且令$\frac{d\lambda}{dt}=0$，$\frac{d\rho}{dt}=0$；通过求解此方程组可以得到“两业”演化博弈的5个均衡点，分别是：$O(0,0)$；$A(0,1)$；$B(1,0)$；$C(1,1)$及$D\left(\frac{C_\beta+\gamma}{\Delta\beta+\gamma},\frac{C_\alpha+\theta}{\Delta\alpha+\theta}\right)$。

如何判断“两业”演化博弈5个均衡点的稳定性？我们可以采用雅可比矩阵稳定性判定法来进行判断。为此，在“两业”复制动态方程（6-8）和（6-9）中将$\frac{d\lambda}{dt}$和$\frac{d\rho}{dt}$分别对λ和ρ求偏导数，就可以得到如下雅可比矩阵：

$$\boldsymbol{J}=\begin{bmatrix}(1-2\lambda)[\rho(\Delta\alpha+\theta)-C_\alpha-\theta] & \lambda(1-\lambda)(\Delta\alpha+\theta)\\ \rho(1-\rho)(\Delta\beta+\gamma) & (1-2\rho)[\lambda(\Delta\beta+\gamma)-C_\beta-\gamma]\end{bmatrix}。$$

将雅可比矩阵的行列式与迹，分别记为$\mathrm{Det}(\boldsymbol{J})$和$\mathrm{Tr}(\boldsymbol{J})$；当“两业”演化博弈均衡点使得$\mathrm{Det}(\boldsymbol{J})>0$且$\mathrm{Tr}(\boldsymbol{J})<0$时，则该均衡点是稳定的均衡点，反之，均衡点不稳定。现对“两业”演化博弈的5个均衡点及其稳定性进行分析如下：

（1）由$O(0,0)$可得$\mathrm{Det}(\boldsymbol{J})=(C_\alpha+\theta)(C_\beta+\gamma)>0$，$\mathrm{Tr}(\boldsymbol{J})=(-C_\alpha-\theta-C_\beta-\gamma)<0$；所以，该均衡点稳定。

（2）由$A(0,1)$可得$\mathrm{Det}(\boldsymbol{J})=(\Delta\alpha-C_\alpha)(C_\beta+\gamma)>0$，$\mathrm{Tr}(\boldsymbol{J})=(\Delta\alpha-C_\alpha+C_\beta+\gamma)>0$；所以，该均衡点不稳定。

（3）由$B(1,0)$可得$\mathrm{Det}(\boldsymbol{J})=(C_\alpha+\theta)(\Delta\beta-C_\beta)>0$，$\mathrm{Tr}(\boldsymbol{J})=(\Delta C_\alpha+\theta+\Delta\beta-C_\beta)>0$；所以，该均衡点不稳定。

（4）由$C(1,1)$可得$\mathrm{Det}(\boldsymbol{J})=(\Delta\alpha-C_\alpha)(\Delta\beta-C_\beta)>0$，$\mathrm{Tr}(\boldsymbol{J})=(C_\alpha-\Delta\alpha+C_\beta-\Delta\beta)<0$；所以，该均衡点稳定。

（5）由$D\left(\frac{C_\beta+\gamma}{\Delta\beta+\gamma},\ \frac{C_\alpha+\theta}{\Delta\alpha+\theta}\right)$可得 $\mathrm{Det}(\boldsymbol{J})=-\frac{(C_\beta+\gamma)(C_\alpha+\theta)(\Delta\alpha-C_\alpha)(\Delta\beta-C_\beta)}{(\Delta\alpha+\theta)(\Delta\beta+\gamma)}<0$，$\mathrm{Tr}(\boldsymbol{J})=0$；因此，该均衡点是鞍点。

基于上述分析，可知 5 个均衡点中有两个均衡点（ESS）具有稳定性，即C（协同，协同），O（不协同，不协同）；因此，当“两业”演化博弈达到稳定均衡时，参与博弈的制造企业与物流企业要么均选择协同运作，要么均选择不协同运作。博弈主体的演化博弈过程如图 6–1 所示：图中 O，A，B，C 及 D 表示“两业”演化博弈过程中的 5 个均衡点，“两业”演化博弈达到最终稳定的均衡点分别是 O 点或者 C 点；而鞍点的演化方向将受到“两业”演化博弈的初始状况、获取的超额利润、早期投入费用以及各方遭受的额外损失等各种因素的制约。

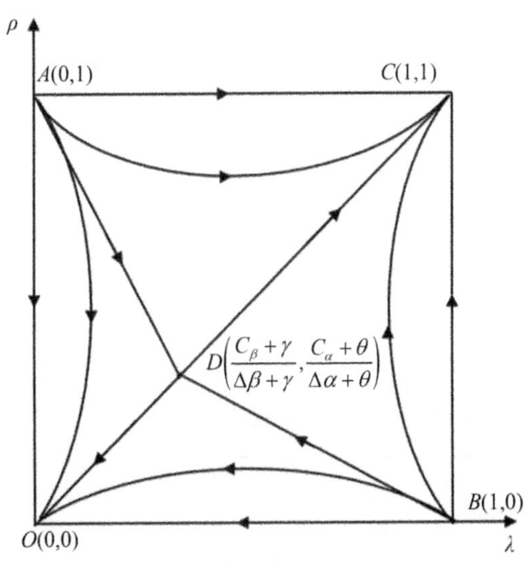

图 6–1 “两业”演化博弈过程

6.1.3 影响“两业”演化博弈稳定性的相关因素分析

1. “两业”初始博弈状况对制造企业和物流企业协同演化产生的影响

“两业”演化博弈达到稳定均衡点C（协同，协同）的全过程，可以通过制造企业、物流企业初始各自选择“协同”博弈策略的概率变化来模拟分析双方博弈的演化路径。假设“两业”初始各自选择“协同”博弈策略的概率值分别为(0.065,0.935),(0.232,0.768);(0.500,0.500),(0.768,0.232),(0.935,0.065),时间段取值为[0,100],λ,ρ 的初始值都是从 [0,1] 区间内随机选择的。其他参数分别设为:$\Delta\alpha=\Delta\beta=20$,$C_\alpha=C_\beta=4$,$\theta=\gamma=6$,运用 Matlab 2018b 进行模拟仿真,可以得到五种不同初始状况下“两业”博弈的演化路径(如图 6-2 所示)。由图 6-2 可知,“两业”初始各自选择“协同”博弈策略的概率值相差愈大,双方博弈到达稳定均衡点 $C(1,1)$ 的演化速率愈小,反之,则愈大。所以,可得到如下结论:“两业”演化博弈初始状况将影响到制造企业和物流企业协同演化的方向及速率。

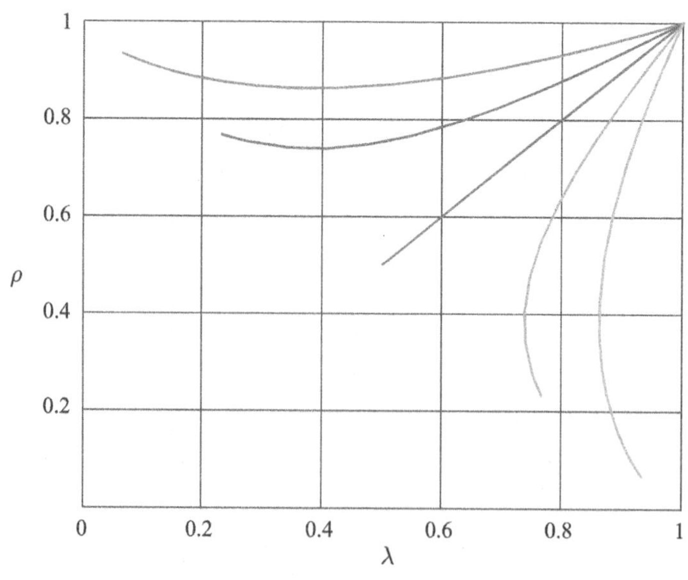

图 6-2 在不同初始状态下“两业”博弈的演化路径

2.“两业”获取的超额利润对制造企业和物流企业协同演化产生的影响

从图 6-3 中我们发现:当“两业”演化博弈到达鞍点 $D\left(\frac{C_\beta+\gamma}{\Delta\beta+\gamma},\ \frac{C_\alpha+\theta}{\Delta\alpha+\theta}\right)$

时，在图中形成的四边形 *ACBD* 面积的大小将随着鞍点 *D* 的移动而发生变化。例如，随着 $\Delta\beta$ 的值不断增大，鞍点 *D* 持续向左发生位移，图中四边形 *ACBD* 的面积将逐渐增大，制造企业和物流企业向着稳定均衡点 *C* 协同演化的概率值也随之加大；同理，伴随着 $\Delta\alpha$ 的值逐渐增长，鞍点 *D* 持续向下发生位移，图中四边形 *ACBD* 的面积将不断增大，“两业”向着稳定均衡点 *C* 协同演化的可能性也随之增大。假设其他条件不变，借助于数值模拟来验证超额利润 $\Delta\alpha$ 、$\Delta\beta$ 的变化对制造企业和物流企业协同演化产生的影响；假定在鞍点$D\left(\dfrac{C_\beta+\gamma}{\Delta\beta+\gamma}, \dfrac{C_\alpha+\theta}{\Delta\alpha+\theta}\right)$处取 $\theta=\gamma=2$，$C_\alpha=C_\beta=4$，而$\Delta\alpha=\Delta\beta$的取值分别为：8，14，24。通过计算可以得到，在“两业”获取不同超额利润的情况下，制造企业与物流企业同时选择协同运作的概率分别为：$\dfrac{3}{5}$，$\dfrac{3}{8}$以及$\dfrac{3}{13}$，如图 6-3 所示；再通过仔细观察鞍点$D\left(\dfrac{C_\beta+\gamma}{\Delta\beta+\gamma}, \dfrac{C_\alpha+\theta}{\Delta\alpha+\theta}\right)$的演化路径，我们可以发现，伴随着$\Delta\alpha=\Delta\beta$的取值不断增大，鞍点 *D* 将逐渐向 *O* 点收敛，先由 *D* 演化到 D_1，再从 D_1 演化到 D_2，又从 D_2 再演化到 D_3，由此可见协同区域 *ACBD* 的面积逐渐增大，“两业”演化博弈收敛于 *C*（1，1）点的概率不断加大，所以同时选择协同运作的制造企业、物流企业会愈来愈多。因此可以得到如下结论：“两业”在演化博弈过程中，如果制造企业、物流企业各方从高质量协同发展中获取的超额利润愈大，那么它们各自越愿意选择协同运作。

3. “两业”早期的投入费用对制造企业与物流企业协同演化产生的影响

由图 6-3 可知：当“两业”演化博弈到达鞍点$D\left(\dfrac{C_\beta+\gamma}{\Delta\beta+\gamma}, \dfrac{C_\alpha+\theta}{\Delta\alpha+\theta}\right)$时，假设“两业”早期的投入费用$C_\alpha$，$C_\beta$逐渐增多，则鞍点$D\left(\dfrac{C_\beta+\gamma}{\Delta\beta+\gamma}, \dfrac{C_\alpha+\theta}{\Delta\alpha+\theta}\right)$的横、纵坐标值均随之增长，驱使不协同运作的区域 *OADB* 面积不断增大，

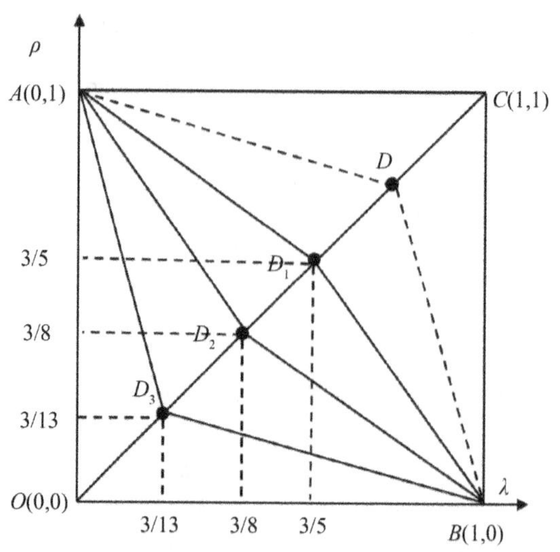

图 6-3 “两业”超额利润变化影响鞍点 D 的演化轨迹

而协同运作的区域 $ACBD$ 面积随之逐渐减小，最终鞍点$D\left(\frac{C_{\beta}+\gamma}{\Delta\beta+\gamma},\ \frac{C_{\alpha}+\theta}{\Delta\alpha+\theta}\right)$将远离原点 O（0,0），而不断逼近 C（1,1）点；若 C_{α} 值的增长幅度较大，而 C_{β} 值的增长幅度较小，则鞍点$D\left(\frac{C_{\beta}+\gamma}{\Delta\beta+\gamma},\ \frac{C_{\alpha}+\theta}{\Delta\alpha+\theta}\right)$的纵坐标值上升幅度就较大，而横坐标值上升幅度就较小，因此，不协同运作的区域 $OADB$ 面积将逐渐增大，而协同运作的区域 $ACBD$ 面积随之逐渐减小，最终鞍点$D\left(\frac{C_{\beta}+\gamma}{\Delta\beta+\gamma},\ \frac{C_{\alpha}+\theta}{\Delta\alpha+\theta}\right)$和原点 O（0，0）之间的距离越来越远，而鞍点不断逼近 C（1，1）点；若 C_{α} 值的增长幅度较小，而 C_{β} 值的增长幅度较大，那么鞍点$D\left(\frac{C_{\beta}+\gamma}{\Delta\beta+\gamma},\ \frac{C_{\alpha}+\theta}{\Delta\alpha+\theta}\right)$的纵坐标值上升幅度就较小，而横坐标值的上升幅度就较大，所以，不协同运作的区域 $OADB$ 面积逐渐增大，而协同运作的区域 $ACBD$ 的面积将逐渐减小，最终鞍点$D\left(\frac{C_{\beta}+\gamma}{\Delta\beta+\gamma},\ \frac{C_{\alpha}+\theta}{\Delta\alpha+\theta}\right)$将渐渐远离原点 O（0，0），但是逐渐靠近 C（1，1）点。基于上述分析可

知：考虑到“两业”早期的投入费用，假如早期的投入费用越少，则鞍点 $D\left(\frac{C_\beta+\gamma}{\Delta\beta+\gamma}, \frac{C_\alpha+\theta}{\Delta\alpha+\theta}\right)$ 越向原点 O（0，0）逼近，而“两业”演化博弈收敛于 C（1，1）点的概率就越大，“两业”越愿意选择协同运作，反之，双方越不愿意选择协同运作。

4. “两业”双方遭受的损失对制造企业与物流企业协同演化产生的影响

从图 6-3 中可以发现：如果“两业”双方遭受的损失 γ 和 θ 逐渐增大，那么双方演化博弈的鞍点 $D\left(\frac{C_\beta+\gamma}{\Delta\beta+\gamma}, \frac{C_\alpha+\theta}{\Delta\alpha+\theta}\right)$ 的横、纵坐标值将随之增长，使得不协同运作的区域 *OADB* 面积不断增大，而协同运作的区域 *ACBD* 面积随之逐渐减小，最终“两业”演化博弈的结果是：鞍点 $D\left(\frac{C_\beta+\gamma}{\Delta\beta+\gamma}, \frac{C_\alpha+\theta}{\Delta\alpha+\theta}\right)$ 将远离原点 O（0，0），而不断逼近 C（1，1）点；然而，如果双方各自遭受的损失 γ 和 θ 逐渐减小，那么最终“两业”演化博弈的结果与前者恰好相反。假定 值增加的幅度较大，而 θ 值增加的幅度较小，则“两业”演化博弈的鞍点 $D\left(\frac{C_\beta+\gamma}{\Delta\beta+\gamma}, \frac{C_\alpha+\theta}{\Delta\alpha+\theta}\right)$ 的横坐标值将以较大幅度增长，而纵坐标值将以较小幅度增加，同样会驱使不协同运作的区域 *OADB* 面积不断增大，而协同运作的区域 *ACBD* 面积随之逐渐减小，最终“两业”演化博弈的结果是：鞍点 $D\left(\frac{C_\beta+\gamma}{\Delta\beta+\gamma}, \frac{C_\alpha+\theta}{\Delta\alpha+\theta}\right)$ 将不断趋近 C（1，1）点；再假设 γ 值增加的幅度较小，而 θ 值增加的幅度较大，则“两业”演化博弈的鞍点 $D\left(\frac{C_\beta+\gamma}{\Delta\beta+\gamma}, \frac{C_\alpha+\theta}{\Delta\alpha+\theta}\right)$ 的横坐标值将以较小幅度增长，而纵坐标值将以较大幅度增加，最终必然驱使不协同运作的区域 *OADB* 面积不断增大，而协同运作的区域 *ACBD* 面积随之逐渐减小，“两业”演化博弈的最

终结果是：鞍点$D\left(\frac{C_\beta+\gamma}{\Delta\beta+\gamma}, \frac{C_\alpha+\theta}{\Delta\alpha+\theta}\right)$将逐渐靠近 C（1，1）点。由此可以得到如下结论："两业"在演化博弈过程中，如果制造企业（或物流企业）选择"协同"博弈策略，而物流企业（或制造企业）却选择"不协同"博弈策略，那么制造企业将会遭受损失 $\theta(\theta>0)$；反之，则物流企业将会遭受损失 $\gamma(\gamma>0)$。所以一旦制造企业（或物流企业）选择"协同"运作时，遭受的损失越大，后悔程度越高，越不愿意再选择"协同"运作。

5．"两业"博弈过程中的贴现因子对制造企业与物流企业协同演化产生的影响

"两业"在演化博弈过程中，设制造企业、物流企业双方的贴现因子分别为μ_m，μ_l，即"两业"演化博弈中双方从未来高质量协同发展过程中可能获取超额利润的可靠程度，$0<\mu_m<1$，$0<\mu_l<1$，$0<\mu_m+\mu_l\leqslant 1$，$\mu_m \cdot \mu_l \neq 1$，并且μ_m，μ_l对"两业"演化博弈均衡点的稳定性产生影响。根据鲁宾斯坦讨价还价博弈模型，假设制造企业首先出价，而物流企业给予还价，经过几轮讨价还价的博弈，则最后双方各自获取的收益为

$$\Delta\alpha=\frac{\mu_m(1-\mu_l/2)}{1-\mu_m\mu_l}\Delta\varphi \tag{6-10}$$

$$\Delta\beta=\frac{\mu_l(1-\mu_m/2)}{1-\mu_m\mu_l}\Delta\varphi \tag{6-11}$$

将式（6-10）和式（6-11）同时代入鞍点$D\left(\frac{C_\beta+\gamma}{\Delta\beta+\gamma}, \frac{C_\alpha+\theta}{\Delta\alpha+\theta}\right)$，便可以得到新的鞍点$D\left(\frac{C_\beta+\gamma}{\frac{\mu_l(1-\mu_m/2)}{1-\mu_m\mu_l}\Delta\varphi+\gamma}, \frac{C_\alpha+\theta}{\frac{\mu_m(1-\mu_l/2)}{1-\mu_m\mu_l}\Delta\varphi+\theta}\right)$。

假定其他参数不变，借助于数值模拟来验证贴现因子 μ_m，μ_l 的变化对制造企业与物流企业协同演化产生的影响；假定在鞍点

$D\left(\dfrac{C_\beta+\gamma}{\dfrac{\mu_l(1-\mu_m/2)}{1-\mu_m\mu_l}\Delta\varphi+\gamma},\ \dfrac{C_\alpha+\theta}{\dfrac{\mu_m(1-\mu_l/2)}{1-\mu_m\mu_l}\Delta\varphi+\theta}\right)$处取 $\theta=\gamma=2$，$C_\alpha=C_\beta=4$，“两业”通过协同运作而获取的超额利润总额$\Delta\varphi=15$，假设$\mu_m=\mu_l$的取值分别为：0.3，0.4，0.5；然后，通过计算可以得到鞍点 D 的变化分别如下：$D_1(0.9672,\ 0.9672)$，$D_2(0.7778,\ 0.7778)$，$D_3(0.6316,\ 0.6316)$，如图 6–4 所示。

我们再通过仔细观察鞍点的变化，很容易发现鞍点 D 的演化轨迹，即$D\left(\dfrac{C_\beta+\gamma}{\dfrac{\mu_l(1-\mu_m/2)}{1-\mu_m\mu_l}\Delta\varphi+\gamma},\ \dfrac{C_\alpha+\theta}{\dfrac{\mu_m(1-\mu_l/2)}{1-\mu_m\mu_l}\Delta\varphi+\theta}\right)$伴随着$\mu_m=\mu_l$的取值不断增大时，鞍点 D 的演化趋势逐渐向 O 点靠近，先由 D 演化到 D_1，再从 D_1 演化到 D_2，又从 D_2 再演化到 D_3，由此可见协同区域 $ACBD$ 的面积逐渐增大，“两业”演化博弈收敛于 C（1，1）点的概率越来越大。因此可以得出如下结论：“两业”在演化博弈过程中，当制造企业、物流企业各方的贴现因子越来越大，则“两业”各自从高质量协同发展中获取的超额利润就愈来愈多，那么它们越愿意选择“协同”策略来运作。

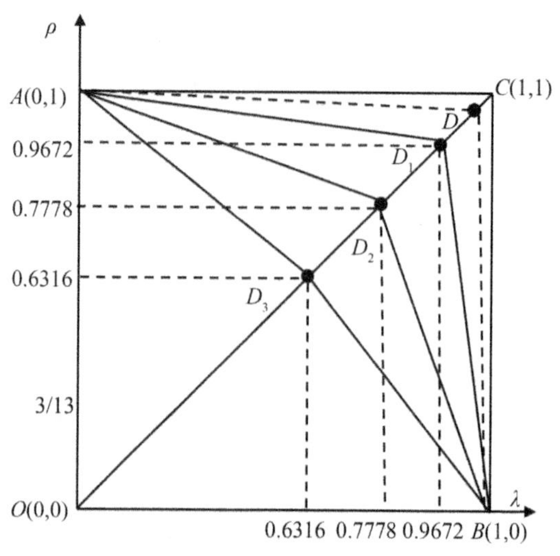

图 6–4　贴现因子变化影响鞍点 D 的演化轨迹

6.2　在政府部门激励机制下制造企业与物流企业协同运作的演化博弈

大数据时代制造企业与物流企业动态协同演化的效率如何？“两业”是否能够实现高质量协同发展？这将会受到“两业”内外部环境中各种因素的影响，其中政府部门（G）发挥着主导作用。例如，政府部门（G）可以对积极参与协同运作的制造企业、物流企业给予适当减免企业增值税、土地使用费、银行贷款利息以及其他各种补贴性奖励等优惠政策。因此，在政府部门激励政策的大力支持下，“两业”将会高效率、高质量协同发展。所以，我们将构建在政府部门激励机制下制造企业与物流企业协同演化的博弈模型，并且分析其演化路径。

6.2.1 在政府部门激励机制下演化博弈模型的基本假设

1. 参与演化博弈的主体

参与演化博弈的制造企业（M）与物流企业（L）是演化博弈系统中的两大共生主体，在政府部门激励机制下“两业”的演化博弈仍然是建立在有限理性基础上，博弈双方均是有限理性的经济人。

2. 演化博弈策略的选择

制造企业（M）与物流企业（L）在演化博弈过程中双方各自可选择的博弈策略集合仍然分别为M（协同，不协同）和L（协同，不协同）。

3. 在政府部门激励机制下“两业”演化博弈的收益矩阵

此处在“6.1.1 部分”假设条件的基础上，增加以下条件：假设政府部门对选择“协同”博弈策略的制造企业、物流企业分别给予正激励M_g，L_g，再假定政府部门对“两业”的奖励金额分别小于制造企业、物流企业双方的费用投入，即$M_g < C_\alpha + \theta$，$L_g < C_\beta + \gamma$。因此，可以构建出制造企业（M）与物流企业（L）演化博弈的收益矩阵，如表 6–2 所示。

表 6–2 在政府部门激励机制下的“两业”收益矩阵

“两业”博弈主体的策略		物流企业的选择	
		协同 ρ	不协同 $1-\rho$
制造企业的选择	协同 λ	$\alpha+\Delta\alpha-C_\alpha+M_g$，$\beta+\Delta\beta-C_\beta+L_g$	$\alpha-C_\alpha-\theta+M_g$，$\beta$
	不协同 $1-\lambda$	α，$\beta-C_\beta-\gamma+L_g$	α，β

6.2.2 在政府部门激励机制下“两业”演化博弈的收益

1. 在政府部门激励下演化博弈主体制造企业（M）的收益

当制造企业选择“协同”博弈策略时，制造企业期望收益为

$$E_{M_g1}=\rho(\alpha+\Delta\alpha-C_\alpha+M_g)+(1-\rho)(\alpha-C_\alpha-\theta+M_g);$$

当制造企业选择“不协同”博弈策略时，制造企业期望收益为

$E_{M_g2}=\rho\alpha+(1-\rho)\alpha$ ；

因此，制造企业的平均期望收益为

$E_{M_g12}=\lambda E_{M_g1}+(1-\lambda)E_{M_g2}$。

2. 在政府部门激励下演化博弈主体物流企业（M）的收益

当物流企业选择“协同”博弈策略时，物流企业的期望收益为

$E_{L_g1}=\lambda(\beta+\Delta\beta-C_\beta+L_g)+(1-\lambda)(\beta-C_\beta-\gamma+L_g)$；

当物流企业选择“不协同”博弈策略时，物流企业的期望收益为

$E_{L_g2}=\lambda\beta+(1-\lambda)\beta$ ；

所以，物流企业的平均期望收益为

$E_{L_g12}=\rho E_{L_g1}(1-\rho)E_{L_g2}$。

3. 构建在政府部门激励下的“两业”演化博弈模型

基于“复制动态”演化博弈理论，构建在政府部门激励下的制造企业（M）与物流企业（L）的复制动态方程：

$$\frac{\mathrm{d}\lambda}{\mathrm{d}t}=\lambda(E_{M_g1}-E_{M_g12})=\lambda(1-\lambda)[\rho(\Delta\alpha+\theta)-C_\alpha-\theta+M_g) \tag{6-12}$$

$$\frac{\mathrm{d}\rho}{\mathrm{d}t}=\rho(E_{L_g1}-E_{L_g12})=\rho(1-\rho)[\lambda(\Delta\beta+\gamma)-C_\beta-\gamma+L_g) \tag{6-13}$$

4. 在政府部门激励下“两业”演化博弈均衡点的稳定性判定

基于演化博弈理论，由“两业”复制动态方程可知：参与博弈的双方各自选择的博弈策略，随着时间的推移将会不断演化。为了便于分析演化博弈均衡点的稳定性，我们将“两业”复制动态方程（6–12）和（6–13）联立起来构建复制动态方程组，并且令$\frac{\mathrm{d}\lambda}{\mathrm{d}t}=0$，$\frac{\mathrm{d}\rho}{\mathrm{d}t}=0$；通过求解此方程组可以得到“两业”演化博弈的 5 个均衡点，分别是：$O(0, 0)$；$A(0, 1)$；$B(1, 0)$；$C(1, 1)$及$D\left(\frac{C_\beta+\gamma-L_g}{\Delta\beta+\gamma}, \frac{C_\alpha+\theta-M_g}{\Delta\alpha+\theta}\right)$。如何判断“两业”演

化博弈5个均衡点的稳定性？我们可以采用雅可比矩阵稳定性判定法来进行判断。为此，在“两业”复制动态方程（6–12）和（6–13）中将$\frac{d\lambda}{dt}$和$\frac{d\rho}{dt}$分别对λ和ρ求偏导数，就可以得到如下雅可比矩阵：

$$\boldsymbol{J}=\begin{bmatrix}(1-2\lambda)[\rho(\Delta\alpha+\theta)-C_\alpha-\theta+M_g],\lambda(1-\lambda)(\Delta\alpha+\theta)\\ \rho(1-\rho)(\Delta\beta+\gamma),(1-2\rho)[\lambda(\Delta\beta+\gamma)-C_\beta-\gamma+L_g]\end{bmatrix}。$$

将雅可比矩阵的行列式与迹，分别记为Det($\boldsymbol{J}$)和Tr($\boldsymbol{J}$)；当“两业”演化博弈均衡点使得Det($\boldsymbol{J}$) > 0 且Tr($\boldsymbol{J}$) < 0 时，则该均衡点是稳定的均衡点，反之，均衡点不稳定。现对“两业”演化博弈的5个均衡点及其稳定性进行分析如下：

（1）由$O(0,0)$可得$\mathrm{Det}(\boldsymbol{J})=(C_\alpha+\theta-M_g)(C_\beta+\gamma-L_g)>0$，$\mathrm{Tr}(\boldsymbol{J})=(M_g-C_\alpha-\theta+L_g-C_\beta-\gamma)<0$；所以，该均衡点稳定。

（2）由$A(0,1)$可得$\mathrm{Det}(\boldsymbol{J})=(\Delta\alpha-C_\alpha+M_g)(C_\beta+\gamma-L_g)>0$，$\mathrm{Tr}(\boldsymbol{J})=(\Delta\alpha-C_\alpha+M_g+C_\beta+\gamma-L_g)>0$；所以，该均衡点不稳定。

（3）由$B(1,0)$可得$\mathrm{Det}(\boldsymbol{J})=(C_\alpha+\theta-M_g)(\Delta\beta-C_\beta+L_g)>0$，$\mathrm{Tr}(\boldsymbol{J})=(C_\alpha+\theta-M_g+\Delta\beta-C_\beta+L_g)>0$；所以，该均衡点不稳定。

（4）由$C(1,1)$可得$\mathrm{Det}(\boldsymbol{J})=(C_\alpha-\Delta\alpha-M_g)(C_\beta-\Delta\beta-L_g)>0$，$\mathrm{Tr}(\boldsymbol{J})=(C_\alpha-\Delta\alpha-M_g+C_\beta-\Delta\beta-L_g)<0$；所以，该均衡点稳定。

（5）由$D\left(\frac{C_\beta+\gamma-L_g}{\Delta\beta+\gamma},\ \frac{C_\alpha+\theta-M_g}{\Delta\alpha+\theta}\right)$可得到如下结果：

$$\mathrm{Det}(\boldsymbol{J})=-\frac{(C_\alpha+\theta-M_g)(\Delta\alpha-C_\alpha+M_g)(C_\beta+\gamma-L_g)(\Delta\beta-C_\beta+L_g)}{(\Delta\alpha+\theta)(\Delta\beta+\gamma)}<0,$$

$\mathrm{Tr}(\boldsymbol{J})=0$；因此，该均衡点是鞍点。

基于上述分析，可知5个均衡点中有两个均衡点（ESS）具有稳定性，即C（1，1），O（0，0）；因此，当“两业”演化博弈达到稳定均衡时，参与博弈的制造企业与物流企业要么均选择协同运作，要么均选择不协同运作。显然“两业”演化博弈达到最终稳定的均衡点分别是O点或者是C点，但是，鞍点的演化方向如何？何种博弈策略占据优势？这些将受到“两业”演化博弈的初始状况、早期投入费用、获取的超额收益、各方蒙受的额外损失以及政府部门给予正激励（例如一系列优惠政策）等各种因素的制约。

6.2.3 分析政府部门正激励对“两业”演化博弈稳定性的影响

影响制造企业（M）与物流企业（L）演化博弈的稳定性以及鞍点D演化方向如何改变的因素，主要有“两业”演化博弈的初始状况、早期投入费用、各方获取的超额收益、各方蒙受的额外损失以及政府部门给予的正激励（例如一系列优惠政策）五方面因素，前四方面因素对“两业”演化博弈稳定性的影响，在上述有关章节已经进行了详细探讨，在此不再赘述。然而，政府部门的正激励对于“两业”演化博弈稳定性的影响如何？我们将根据政府部门分别给予制造企业（M）、物流企业（L）正激励的力度不同，分为四种情况展开深入分析（如图 6–5 所示）：

假如政府部门对于制造企业的奖励额度M_g在原来基础上适当提升，对于物流企业的奖励额度L_g在原来基础上适当降低，那么$D\left(\frac{C_\beta+\gamma-L_g}{\Delta\beta+\gamma},\ \frac{C_\alpha+\theta-M_g}{\Delta\alpha+\theta}\right)$点的横向坐标值将随之增大，纵向坐标值也将随之变小，鞍点D向着B（1，0）点方向趋近，此时此刻，博弈主体制造企业更愿意选择“协同运作”策略，而物流企业则愿意选择“不协同运作”策略。因此，“两业”演化博弈的均衡点$D\left(\frac{C_\beta+\gamma-L_g}{\Delta\beta+\gamma},\ \frac{C_\alpha+\theta-M_g}{\Delta\alpha+\theta}\right)$（鞍点）处于不稳定状态，为了支持制造企业（$M$）与物流企业（$L$）实现高质量协同发展，调动“两业”协同运作的积极性，政府部门必然对物流企业加大奖励力度，促使鞍点$D\left(\frac{C_\beta+\gamma-L_g}{\Delta\beta+\gamma}, \frac{C_\alpha+\theta-M_g}{\Delta\alpha+\theta}\right)$的横向坐标值降低，所以鞍点$D$向$O$（0，0）靠近，驱使不协同运作的区域$OADB$面积逐渐减小。

假定政府部门对于制造企业的奖励额度 M_g 在原来基础上逐渐降低，而对于物流企业的奖励额度L_g在原来基础上适当提升，那么$D\left(\frac{C_\beta+\gamma-L_g}{\Delta\beta+\gamma}, \frac{C_\alpha+\theta-M_g}{\Delta\alpha+\theta}\right)$点的横向坐标值将随之变小，纵向坐标值将逐渐变大，鞍点D向着A（0，1）点方向趋近，此时此刻，博弈主体制造企业更愿意选择“不协同运作”策略，而物流企业则更愿意选择“协同运作”策略。因此，“两业”演化博弈的均衡点$D\left(\frac{C_\beta+\gamma-L_g}{\Delta\beta+\gamma}, \frac{C_\alpha+\theta-M_g}{\Delta\alpha+\theta}\right)$（鞍点）处于非稳定状态，为了调动“两业”协同运作的积极性，持续提升制造企业（M）与物流企业（L）高质量协同发展效率，政府部门必然对制造企业加大奖励力度，促使鞍点$D\left(\frac{C_\beta+\gamma-L_g}{\Delta\beta+\gamma}, \frac{C_\alpha+\theta-M_g}{\Delta\alpha+\theta}\right)$的纵向坐标值下降，所以鞍点$D$渐渐趋近$O$（0，0）点，驱使不协同运作的区域$OADB$面积逐渐减小。

假设政府部门对于制造企业（M_g）、物流企业（L_g）的奖励额度在原来基础上同时降低相同数额，那么$D\left(\frac{C_\beta+\gamma-L_g}{\Delta\beta+\gamma}, \frac{C_\alpha+\theta-M_g}{\Delta\alpha+\theta}\right)$点的横向、纵向坐标值均逐渐增大，鞍点$D$向着$C$（1，1）点接近，驱使不协同运作的区域$OADB$面积逐渐增大，此时此刻，制造企业、物流企业均不愿意选择“协同运作”策略，而更倾向于选择“不协同运作”策略。因此，“两业”演化博弈的均衡点$D\left(\frac{C_\beta+\gamma-L_g}{\Delta\beta+\gamma}, \frac{C_\alpha+\theta-M_g}{\Delta\alpha+\theta}\right)$（鞍点）处于不稳定状态，为了鼓励“两业”保持协同运作的积极性，不断提高制造企业（M）与物流企业（L）高质量协同发展效率，政府部门对“两业”的奖励力度在原来基础上只能加大不能减小。

如果政府部门对于制造企业（M_g）、物流企业（L_g）的奖励额度，在原来激励基础上，分别同时持续增加相同奖励数额，那么 $D\left(\frac{C_\beta+\gamma-L_g}{\Delta\beta+\gamma},\ \frac{C_\alpha+\theta-M_g}{\Delta\alpha+\theta}\right)$ 点的横向、纵向坐标值均逐渐减小，鞍点 D 就渐渐趋近于 O（0，0）点，驱使不协同运作的区域 $OADB$ 面积逐渐减小，而协同运作的区域 $ACBD$ 面积随之增大，此时此刻，制造企业（M）、物流企业（L）更愿意选择“协同运作”策略。因此，为了调动“两业”协同运作的积极性，促进制造企业（M）与物流企业（L）实现高质量协同发展，政府部门必须在原来激励基础上，对“两业”双方选择“协同运作”策略加大奖励力度。

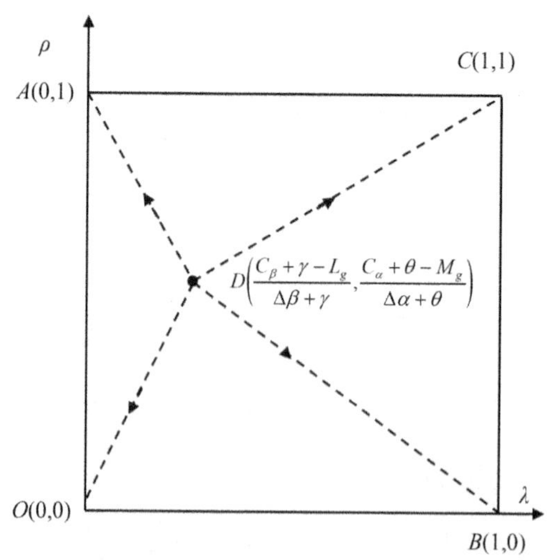

图 6–5　在政府部门正激励机制下的“两业”演化博弈过程

6.3 政府部门、制造企业与物流企业三方协同运作的演化博弈

在本章 6.2 节中，只是将制造企业（M）、物流企业（L）作为高质量协同发展过程中的演化博弈主体，而政府部门对于“两业”的正激励行为仅仅作为外生变量引入制造企业（M）与物流企业（L）的演化博弈模型，但是并没有将政府部门作为演化博弈的参与者来进行三方演化博弈分析。因此，本节将政府部门作为促进“两业”高质量协同发展的参与主体纳入三方演化博弈之中，分析政府部门的参与意愿、政策支持等因素对“两业”实现高质量协同发展的影响。在此考虑政府部门（G）、制造企业（M）和物流企业（L）各方的参与意愿来构建三方演化博弈模型，深入分析政府部门（G）主导、制造企业（M）和物流企业（L）积极参与的“两业”高质量协同发展机制。

6.3.1 构建政府部门、制造企业与物流企业三方演化博弈的收益矩阵

1. 构建三方演化博弈模型的基本假设

在制造企业与物流企业协同运作过程中，政府部门扮演着重要角色，其对于推进“两业”高质量协同发展发挥积极作用。例如政府部门对“两业”协同运作进行全程监督，对于积极参与高质量协同发展的制造企业（或物流企业）给予正激励，而对于不愿意参与协同运作的制造企业（或物流企业）将给予负激励，同时政府部门将会因为“两业”实现了高质量协同发展而增加税收收益。在“两业”协同运作初期，制造企业、物流企业双方通过签订“协作合同”来规定双方拥有的权利和应尽的义务，并且以法律为准则，在合同中规定双方事先应该缴纳一定数额的保证金作为违约赔偿金。在现实中，政府部门将会考察“两业”协同运作中各参与主体履行合同条款的状况以及各方创造的经济效益和社会效益，并且以此

作为奖励积极参与高质量协同发展的制造企业（或物流企业）的根据。所以，提出如下假设条件：

（1）演化博弈主体。在“两业”协同运作过程中，参与博弈的主体有三方，分别是政府部门（G）、制造企业（M）和物流企业（L），政府部门主要是对“两业”协同运作进行有效监督并且设计有针对性的激励机制，驱动制造企业与物流企业实现高质量协同发展；制造企业向物流企业提出供应链物流服务需求，而物流企业为制造企业提供满意的个性化、多样化物流服务；政府部门（G）、制造企业（M）和物流企业（L）三方在演化博弈过程中均具备有限理性，试图通过多次博弈来寻求稳定的演化博弈策略。

（2）博弈策略的选择。在政府部门（G）、制造企业（M）和物流企业（L）三方演化博弈过程中，政府部门可愿意（或不愿意）为“两业”实现高质量协同发展提供优惠政策以及监督制造企业（M）和物流企业（L）的协同运作，可供其选择的博弈策略集合为（鼓励，不鼓励）；制造企业（M）和物流企业（L）可以依据各自发展目标选择（或不选择）协同运作，可供它们选择的博弈策略集合为（协同，不协同）。

（3）三方演化博弈支付的成本。虽然政府部门不直接参与“两业”协同运作之中，但是它需要监督制造企业（M）和物流企业（L）的协同运作过程，并且为鼓励制造企业与物流企业实现高质量协同发展颁布优惠政策（或给予适当奖励），将支付总费用设为g_1。制造企业、物流企业双方为了更好地参与协同运作共投入的总费用为φ，设“两业”支付总费用的分担系数为μ，则制造企业参与协同运作支付的费用为$\mu\varphi$，而物流企业参与协同支付的费用为$(1-\mu)\varphi$。政府部门为了鼓励“两业”实现高质量协同发展将会提供相关优惠政策（或给予适当奖励），此时制造企业与物流企业协同运作过程中投入的总费用将会减少s，“两业”协同运作所支付的总费用就是$\varphi-s$，由于“两业”支付总费用的分担系数为μ，所以制造企业参与协同运作支付的费用为$\mu(\varphi-s)$，而物流企业参与协同运作支付的费用为$(1-\mu)(\varphi-s)$。

（4）三方演化博弈中各方的收益。设政府部门选择“鼓励”博弈策略时获取的收益为P_G，用λ（$0<\lambda<1$）表示政府部门选择“不鼓励”博弈策略时的收益系数，则政府部门获取的收益为λP_G。制造企业与物流企业在协同运作之前各方的初始收益分别为P_M和P_L，当制造企业与物流企业均选择协同运作时，为“两业”创造了超额利润P，若它们收益的分配系数是δ（$0<\delta<1$），则制造企业与物流企业获取的超额利润分别是δP和$(1-\delta)P$。当物流企业选择协同运作而制造企业却选择独立运作时，制造企业获取的机会收益是Q_M；当制造企业选择协同运作而物流企业却选择独立运作时，物流企业获取的机会收益是Q_L。

（5）三方演化博弈中违约方受到的惩罚。在政府部门主导下，“两业”签订了协同运作契约，并且向政府部门缴纳履约保证金。为了避免协作双方出现违约现象，政府部门必须加强有效监督，如果制造企业履约而物流企业违约，则物流企业需要向制造企业支付违约金w；假设物流企业履约而制造企业违约，则制造企业需要向物流企业支付违约金k。

2. 构建三方演化博弈的收益矩阵

在构建三方演化博弈模型的过程中，必须考虑到政府部门、制造企业与物流企业各自选择不同演化博弈策略的意愿。如果我们设定政府部门选择鼓励“两业”协同运作的概率为α，那么政府部门选择不鼓励“两业”协同运作的意愿就是$1-\alpha$；假如制造企业选择参与协同运作的意愿是β，那么制造企业选择不参与协同运作的意愿就是$1-\beta$；假设物流企业选择参与协同运作的意愿是γ，则物流企业选择不参与协同运作的意愿就是$1-\gamma$，α，β，$\gamma\in[0,1]$。基于上述多方面的假设条件，可以得到三方演化博弈的收益矩阵，如表 6–3 所示。

表 6–3　三方演化博弈的收益矩阵

政府部门意愿	制造企业意愿	物流企业的意愿	
		协同γ	不协同$1-\gamma$
鼓励协同运作α	协同β	P_G-g_1	P_G-g_1
		$P_M+\delta P-\mu(\varphi-s)$	$P_M-\mu(\varphi-s)+w$
		$P_L+(1-\delta)P-(1-\mu)(\varphi-s)$	P_L-w+Q_L
	不协同$1-\beta$	P_G-g_1	P_G-g_1
		P_M+Q_M-k	P_M
		$P_L-(1-\mu)(\varphi-s)+k$	P_L
不鼓励协同运作$1-\alpha$	协同β	λP_G	λP_G
		$P_M+\delta P-\mu\varphi$	$P_M-\mu\varphi+w$
		$P_L+(1-\delta)P-(1-\mu)\varphi$	P_L-w+Q_L
不鼓励协同运作$1-\alpha$	不协同$1-\beta$	λP_G	λP_G
		P_M+Q_M-k	P_M
		$P_L-(1-\mu)\varphi+k$	P_L

6.3.2　政府部门、制造企业与物流企业三方演化博弈主体的收益分析与模型构建

1. 演化博弈主体政府部门（G）的收益

当政府部门选择“鼓励”博弈策略时，它的期望收益为

$$E_{G1}=\beta\gamma(P_G-g_1)+\beta(1-\gamma)(P_G-g_1)+\gamma(1-\beta)(P_G-g_1)+(1-\beta)(1-\gamma)(P_G-g_1) \quad (6\text{–}14)$$

当政府部门选择“不鼓励”博弈策略时，它的期望收益为

$$E_{G2}=\beta\gamma\lambda P_G+\beta(1-\gamma)\lambda P_G+\gamma(1-\beta)\lambda P_G+(1-\beta)(1-\gamma)\lambda P_G \quad (6\text{–}15)$$

因此，政府部门的平均期望收益为

$$E_{G12}=\alpha E_{G1}+(1-\alpha)E_{G2} \quad (6\text{–}16)$$

2. 演化博弈主体制造企业（M）的收益

当制造企业选择“协同”博弈策略时，它的期望收益为

$$E_{M1}=\alpha\gamma[P_M+\delta P-\mu(\varphi-s)]+\alpha(1-\gamma)[P_M-\mu(\varphi-s)+w]$$
$$+\gamma(1-\alpha)(P_M+\delta P-\mu\varphi)+(1-\alpha)(1-\gamma)(P_M-\mu\varphi+w) \tag{6-17}$$

当制造企业选择“不协同”博弈策略时，它的期望收益为

$$E_{M2}=\alpha\gamma(P_M+Q_M-k)+\alpha(1-\gamma)P_M+\gamma(1-\alpha)(P_M+Q_M-k)$$
$$+(1-\alpha)(1-\gamma)P_M \tag{6-18}$$

所以，制造企业的平均期望收益为

$$E_{M12}=\beta E_{M1}+(1-\beta)E_{M2} \tag{6-19}$$

3. 演化博弈主体物流企业（L）的收益

当物流企业选择“协同”博弈策略时，它的期望收益为

$$E_{L1}=\alpha\beta[P_L+(1-\delta)P-(1-\mu)(\varphi-s)]+\alpha(1-\beta)[P_L-(1-\mu)(\varphi-s)+k]$$
$$+(1-\alpha)\beta[P_L+(1-\delta)P-(1-\mu)\varphi]+(1-\alpha)(1-\beta)[P_L-(1-\mu)\varphi+k] \tag{6-20}$$

当物流企业选择“不协同”博弈策略时，它的期望收益为

$$E_{L1}=\alpha\beta(P_L-w+Q_L)+\alpha(1-\beta)P_L+\beta(1-\alpha)(P_L-w+Q_L)$$
$$+(1-\alpha)(1-\beta)P_L \tag{6-21}$$

因此，物流企业的平均期望收益为

$$E_{L12}=\gamma E_{L1}+(1-\gamma)E_{L2} \tag{6-22}$$

4. 构建三方演化博弈模型

基于“复制动态”演化博弈理论，构建政府部门（G）、制造企业（M）与物流企业（L）的复制动态方程（即三方演化博弈模型）：

$$F(\alpha)=\frac{\mathrm{d}\alpha}{\mathrm{d}t}=\alpha(E_{G1}-E_{G12})=\alpha(1-\alpha)[P_G(1-\lambda)-g_1] \tag{6-23}$$

$$F(\beta)=\frac{\mathrm{d}\beta}{\mathrm{d}t}=\beta(E_{M1}-E_{M12})=\beta(1-\beta)[\gamma(k+\delta P-Q_M-w)+\mu(\alpha s-\varphi)+w] \tag{6-24}$$

$$F(\gamma)=\frac{\mathrm{d}\gamma}{\mathrm{d}t}=\gamma(E_{L1}-E_{L12})=$$
$$\gamma(1-\gamma)\{\alpha(1-\mu)s+\beta[(1-\delta)P+w-k-Q_L]+k-(1-\mu)\varphi\} \quad (6\text{–}25)$$

将公式（6–23）、公式（6–24）、公式（6–25）联立，形成政府部门（G）、制造企业（M）与物流企业（L）的复制动力系统方程组：

$$\begin{cases} F(\alpha)=\alpha(1-\alpha)[P_G(1-\lambda)-g_1] \\ F(\beta)=\beta(1-\beta)[\gamma(k+\delta P-Q_M-w)+\mu(\alpha s-\varphi)+w] \\ F(\gamma)=\gamma(1-\gamma)\{\alpha(1-\mu)s+\beta[(1-\delta)P+w-k-Q_L]+k-(1-\mu)\varphi\} \end{cases} \quad (6\text{–}26)$$

依据复制动力系统方程组（6–26），当$F(\alpha)=F(\beta)=F(\gamma)=0$时，可求得到八个均衡点，分别为：$E_1(0,0,0)$、$E_2(0,0,1)$、$E_3(0,1,0)$、$E_4(0,1,1)$、$E_5(1,0,0)$、$E_6(1,0,1)$、$E_7(1,1,0)$、$E_8(1,1,1)$。再根据三方演化博弈的动态复制方程组（6–26）可以得到雅可比矩阵为：

$$J=\begin{bmatrix} (1-2\alpha)[P_G(1-\lambda)-g_1] & 0 & 0 \\ \beta(1-\beta)\mu s & (1-2\beta)[\alpha\mu s-\mu\varphi+\gamma(k+\delta P-Q_M-w)+w] & \beta(1-\beta)(k+\delta P-Q_M-w) \\ \gamma(1-\gamma)(1-\mu)s & \gamma(1-\gamma)[(1-\delta)P+w-k-Q_L] & (1-2\gamma)\{\alpha(1-\mu)s+\beta[(1-\delta)P+w-k-Q_L]+k-(1-\mu)\varphi\} \end{bmatrix}$$

5. 分析八个均衡点的稳定性

依据演化博弈理论可知，当均衡点使得雅可比矩阵$\boldsymbol{J}$的所有特征值均为负数时，此均衡点为演化博弈的稳定点（ESS）。具体如何判断八个均衡点的稳定性？可根据Friedman的研究结论，通过分析雅可比矩阵$\boldsymbol{J}$特征值的正负性来判断三方演化博弈八个均衡点的稳定性（ESS）。因此，首先将均衡点$E_1(0,0,0)$中的$\alpha=0$、$\beta=0$、$\gamma=0$代入雅可比矩阵$\boldsymbol{J}$，就可以得到此时的雅可比矩阵$\boldsymbol{J}_1$：

$$\boldsymbol{J}_1=\begin{bmatrix} (1-\lambda)P_G-g_1 & 0 & 0 \\ 0 & w-\mu\varphi & 0 \\ 0 & 0 & k-(1-\mu)\varphi \end{bmatrix}$$

所以，从雅可比矩阵J_1中可以发现其特征值分别为：$\rho_1=(1-\lambda)P_G-g_1$；$\rho_2=w-\mu\varphi$；$\rho_3=k-(1-\mu)\varphi$。因此，同理可知：再将其余7个均衡点分别代入雅可比矩阵J中，将分别得到其他均衡点对应的特征值，如表6–4所示。

表6–4 八个均衡点对应的雅可比矩阵特征值

均衡点	特征值 ρ_1	特征值 ρ_2	特征值 ρ_3
$E_1(0,0,0)$	$(1-\lambda)P_G-g_1$	$w-\mu\varphi$	$k-(1-\mu)\varphi$
$E_2(0,0,1)$	$(1-\lambda)P_G-g_1$	$\delta P+k-Q_M-\mu\varphi$	$(1-\mu)\varphi-k$
$E_3(0,1,0)$	$(1-\lambda)P_G-g_1$	$\mu\varphi-w$	$(1-\delta)P+w-Q_L-(1-\mu)\varphi$
$E_4(0,1,1)$	$(1-\lambda)P_G-g_1$	$\mu\varphi+Q_M-k-\delta P$	$Q_L+(1-\mu)\varphi-w-(1-\delta)P$
$E_5(1,0,0)$	$g_1-(1-\lambda)P_G$	$w-\mu(\varphi-s)$	$k-(1-\mu)(\varphi-s)$
$E_6(1,0,1)$	$g_1-(1-\lambda)P_G$	$\delta P+k-Q_M-\mu(\varphi-s)$	$(1-\mu)(\varphi-s)$
$E_7(1,1,0)$	$g_1-(1-\lambda)P_G$	$\mu(\varphi-s)-w$	$(1-\delta)P+w-Q_L-(1-\mu)(\varphi-s)$
$E_8(1,1,1)$	$g_1-(1-\lambda)P_G$	$Q_M+\mu(\varphi-s)-k-\delta P$	$Q_L+(1-\mu)(\varphi-s)-(1-\delta)P-w$

为了更合理、更准确地判断八个均衡点分别对应的不同特征值的正负性，我们给出如下假设：政府部门、制造企业和物流企业各自参与协同运作时所获取的净收益均超过不参与协同运作时的净收益，即$(P_G-g_1)-\lambda P_G>0$；$(\delta P-\mu\varphi)-(Q_M-k)>0$；$[(1-\delta)P-(1-\mu)\varphi]-(Q_L-w)>0$。因为雅可比矩阵模型中的参数较多，所以考虑在三种情景下详细分析每个均衡点分别对应的三个不同特征值的正负性，并且在八个均衡点中寻找稳定均衡点及其对应的演化稳定策略。

（1）情景之一：当政府部门鼓励“两业”协同运作时，物流企业获取制造企业的违约金少于物流企业参与协同运作时所支付的成本；或者制造企业获取物流企业的违约金少于制造企业参与协同运作时所支付的成本；即$k-(1-\mu)(\varphi-s)<0$且$w-\mu(\varphi-s)<0$。此时此刻每个均衡点分别对

应的三个不同特征值的正负性判断结果如表 6–5 中“情景 1”所示。从表 6–5 中可以发现均衡点 $E_5(1, 0, 0)$ 和 $E_8(1, 1, 1)$ 分别对应的雅可比矩阵比矩阵 $\boldsymbol{J}$ 中的三个不同特征值均为负数，所以 $E_5(1, 0, 0)$ 和 $E_8(1, 1, 1)$ 是两个稳定均衡点，它们分别对应的演化稳定策略为：E_5（鼓励，不协同，不协同）和 E_8（鼓励，协同，协同）。

（2）情景之二：当政府部门不鼓励“两业”协同运作时，物流企业获取制造企业支付的违约金多于物流企业参与协同运作时所支付的成本；或者制造企业获取物流企业支付的违约金多于制造企业参与协同运作时所支付的成本；即 $k-(1-\mu)\varphi>0$，$w-\mu\varphi>0$。此时此刻每个均衡点分别对应的三个不同特征值的正负性判断结果如表 6–5 中“情景 2”所示。从表 6–5 中仅能发现均衡点 $E_8(1, 1, 1)$ 对应的雅可比矩阵 $\boldsymbol{J}$ 中的三个不同特征值均为负数，所以 $E_8(1, 1, 1)$ 是稳定均衡点，它对应的演化稳定策略为：E_8（鼓励，协同，协同）。

（3）情景之三：当政府部门鼓励“两业”协同运作时，物流企业获取制造企业支付的违约金多于物流企业参与协同运作时所支付的成本，而当政府部门不鼓励“两业”协同运作时，物流企业获取制造企业支付的违约金则少于物流企业参与协同运作时所支付的成本；或者当政府部门鼓励“两业”协同运作时，制造企业获取物流企业支付的违约金多于制造企业参与协同运作时所支付的成本，且当政府部门不鼓励“两业”协同运作时，制造企业获取物流企业支付的违约金则少于制造企业参与协同运作时所支付的成本。即 $k-(1-\mu)(\varphi-s)>0$ 且 $k-(1-\mu)\varphi<0$；或者 $w-\mu(\varphi-s)>0$ 且 $w-\mu\varphi<0$。此时此刻每个均衡点分别对应的三个不同特征值的正负性判断结果如表 6–5 中“情景 3”所示。因此，在表 6–5 中只有均衡点 $E_8(1,1,1)$ 对应的雅可比矩阵 $\boldsymbol{J}$ 中的三个不同特征值均为负数，所以 $E_8(1, 1, 1)$ 是稳定均衡点，它对应的演化稳定策略为：E_8（鼓励，协同，协同）。

表 6-5　在三种情景下判断均衡点的稳定性

均衡点	情景一				情景二				情景三			
	ρ_1	ρ_2	ρ_3	稳定性	ρ_1	ρ_2	ρ_3	稳定性	ρ_1	ρ_2	ρ_3	稳定性
$E_1(0,0,0)$	+	−	−	不稳定	+	+	+	鞍点	+	−	−	不稳定
$E_2(0,0,1)$	+	+	+	鞍点	+	+	−	不稳定	+	+	+	鞍点
$E_3(0,1,0)$	+	+	+	鞍点	+	−	+	不稳定	+	+	+	鞍点
$E_4(0,1,1)$	+	−	−	不稳定	+	−	−	不稳定	+	−	−	不稳定
$E_5(1,0,0)$	−	−	−	稳定	−	+	+	不稳定	−	+	+	不稳定
$E_6(1,0,1)$	−	+	+	不稳定	−	+	−	不稳定	−	+	−	不稳定
$E_7(1,1,0)$	−	+	+	不稳定	−	−	+	不稳定	−	−	+	不稳定
$E_8(1,1,1)$	−	−	−	稳定	−	−	−	稳定	−	−	−	稳定

6.4　本章小结

本章基于演化博弈理论对制造企业与物流企业协同运作的“竞合”关系进行了深入研究，并且详细分析了影响“两业”在协同运作过程中选择不同博弈策略的主要因素。当不考虑政府部门干预时，制造企业、物流企业演化博弈策略的选择将受到“两业”演化博弈的初始状况、早期投入费用、获取的超额利润以及各方蒙受的额外损失等各种因素的制约。在政府部门激励机制下，“两业”演化博弈的稳定性以及各方如何选择演化博弈策略将受到政府部门分别给予制造企业、物流企业激励力度大小的影响。当政府部门、制造企业与物流企业之间形成演化博弈系统时，三方各自如何选择演化博弈策略将受到政府部门、制造企业与物流企业各方投入高质量协同发展中的费用和获取利益多少的影响。综上所述，可以得到如下结论：

（1）当不考虑政府部门干预时，制造企业与物流企业演化博弈策略的选择结果如下：①“两业”演化博弈初始各自选择“协同”博弈策略概率值的大小将影响到制造企业和物流企业协同演化的方向及速率；②“两业”在演化博弈过程中，如果制造企业、物流企业各方从高质量协同发展中获取的超额利润愈大，那么它们越愿意选择“协同”博弈策略；③如果“两业”早期投入的费用越多，则双方越不愿意选择“协同”博弈策略；④当制造企业（或物流企业）选择“协同”策略时，一旦由于另一方违约而蒙受损失，则遭受的损失越大，后悔程度越高，越不愿意再选择“协同”运作；⑤“两业”在演化博弈过程中，如果制造企业、物流企业各方的贴现因子越来越大，则“两业”各自从高质量协同发展中获取的收益就愈来愈多，那么它们越愿意选择“协同”策略来运作。

（2）在政府部门激励机制下，政府部门给予制造企业、物流企业激励力度的大小将影响“两业”协同运作的积极性：随着政府部门给予的正激励力度不断加大，制造企业与物流企业协同运作的积极性就持续提高，“两业”高质量协同发展效率也就不断增长；反之，则逐渐降低。

（3）当政府部门、制造企业与物流企业之间形成演化博弈系统时，如果政府部门、制造企业和物流企业各自参与协同运作时所获取的净收益均超过不参与协同运作时的净收益，那么三方演化稳定策略的选择结果如下：①当政府部门鼓励“两业”协同运作时，假如物流企业获取制造企业的违约赔偿金少于物流企业参与协同运作时所支付的成本，或者制造企业获取物流企业的违约赔偿金少于制造企业参与协同运作时所支付的成本，那么此时此刻三方演化博弈的稳定策略集合分别为：E_5（鼓励，不协同，不协同）和 E_8（鼓励，协同，协同）。②当政府部门不鼓励“两业”协同运作，假定物流企业获取制造企业支付的违约赔偿金超过物流企业参与协同运作时所支付的成本，或者制造企业获取物流企业支付的违约赔偿金多于制造企业参与协同运作时所支付的成本，则三方演化博弈的稳定策略集合为：E_8（鼓励，协同，协同）。③当政府部门鼓励“两业”协同运作，假设物流企业获取制造企业支付的违约赔偿金多于物流企业参与协同运作时所支付的成本，而当政府部门不鼓励“两业”协同运作时，则物流企业获取制造企业支付的违约赔偿金少于物流企业参与协同运作时所支付的成本；或者当政府部门鼓励“两业”协同运作，如果制造企业获取物流企业支付的违约赔偿金多于制造企业参与协同运作时所支付的成本，而当政府部门不鼓励“两业”协同运作，则制造企业获取物流企业支付的违约赔偿金少于制造企业参与协同运作时所支付的成本，那么三方演化博弈的稳定策略集合为：E_8（鼓励，协同，协同）。

第7章 大数据时代“两业”高质量协同发展的保障机制

在大数据时代，“两业”实现高质量协同发展是制造企业与物流企业等参与协同的主体在物联网环境下充分利用大数据及大数据技术，采取一系列协同行为，形成和谐共生、耦合互动、信息共享等协同关系，并实现了协同效应最大化。它既是“两业”间非线性作用的结果，也是参与协同的主体及其利益相关者利用大数据技术作用于“两业”高质量协同发展系统的结果，并且综合反映了“两业”实现高质量协同发展保障机制的动态复杂性，也呈现了“两业”高质量协同发展系统内部各要素之间相互联系、相互作用的路径、方式和过程。因此，深入研究影响“两业”实现高质量协同发展的保障机制，应着力探讨“两业”实现高质量协同发展的共生机制、耦合机制、信息共享机制和市场环境保障机制并且对其进行有机集成，最终形成综合保障机制，确保“两业”能够稳定、健康、持续地实现高质量协同发展[①②③]。

---

① 张季平，Nana Raymond Lawrence Ofosu Boateng. 新时代物流企业与制造企业共生演化机理分析——以日日顺物流与海尔电器公司共生为例 [J]. 嘉兴学院学报，2020，32(01)：114–122.

② 张季平，骆温平 . 基于云物流平台的技术与服务模式协同创新的耦合机理研究 [J]. 大连理工大学学报（社会科学版），2019，40(03)：24–32.

③ 张季平，Nana Raymond Lawrence ofosu Boateng. 制造 + 物流协同新模式——基于海尔与日日顺物流的运作机制 [J]. 企业管理，2020(03)：103–106.

7.1 “两业”高质量协同发展的共生机制

随着供给侧结构性改革的逐步深入，“三去一降一补（去产能、去库存、去杠杆、降成本、补短板）”目标即将实现，大数据及大数据技术驱动制造企业转型升级已成为必然趋势，在这一过程中制造企业释放的物流需求是拉动物流企业发展的动力源泉，即制造企业的物流服务需求就是物流企业的业务追求。物流企业的发展离不开制造企业的拉动，而制造企业的转型升级更需要物流企业的鼎力支撑。所以，制造企业与物流企业之间形成了相互依赖、相互促进、共同发展的和谐共生关系。制造企业与物流企业和谐共生是大数据时代“两业”实现高质量协同发展的重要基础，制造企业的供应链和物流企业的服务链不是取代关系，而是共生关系，只是这种共生关系随着环境的变化在不断演化、逐渐融为一体。因此，本节将运用共生理论对制造企业与物流企业之间的共生模式、共生机制进行全面细致的分析，试图揭示在“两业”实现高质量协同发展过程中持续共生演化的一般规律。

7.1.1 “两业”复合共生模式的类型

自德国真菌学家德贝里（Anton de Bary）于 1879 年提出共生概念以来[①]，共生理论得到广泛应用。制造企业与物流企业形成的复合共生系统是产业横向联系的典型模式。它是共生单元基于互补性资源（例如市场、技术、资金、政策、法律法规等），通过共生界面作用而形成的一种复杂的复合系统，由三个要素（即共生单元、共生模式和共生环境）构成。其中共生单元不但是形成共生关系的客观载体，而且是交换共生利益的行

① AHMADJIAN V, PARACER S. Symbiosis: An introduction to biological associations[M]. Oxford: Oxford University Press, 2000.

为主体。根据性质和功能差异可以将其分为同质共生单元和异质共生单元两类，本专著的共生单元是制造企业集群和物流企业集群。而共生环境不仅是共生单元生存与发展所依附的营商环境（包括社会、政治、经济、文化环境等），而且是形成共生关系的重要基础，它通过分配与交换共生能量对共生单元的行为模式产生影响。而共生模式能够直观反映共生单元之间如何进行物质、数据、信息和能量交换的方式以及共生单元与共生环境相互作用的强度。“两业”复合共生系统三要素之间相互作用、相互影响，共同驱动“两业”实现高质量协同发展，其中共生单元发挥主体作用，共生环境发挥客体作用，而共生模式起到关键作用。

共生关系是共生单元、共生模式和共生环境相互作用的结果。如果考虑从“组织、行为”两个维度来划分共生模式的类型，可以将共生模式分为“组织共生模式”和“行为共生模式”两类，而“组织共生模式”又可以细分为：点共生、间歇性共生、连续性共生和一体化共生四种形式；而“行为共生模式”又可以具体分为：寄生性共生、偏利性共生、非对称性互惠共生和对称性互惠共生四种形式[①]。“组织共生”反映了共生双方合作关系的紧密程度，而“行为共生”表现为共生收益、共生能量在共生双方之间的分配。如果我们以 x 轴代表“组织共生”，以 y 轴代表“行为共生”；用 x_1，x_2，x_3，x_4 分别表示点共生、间歇性共生、连续性共生和一体化共生，再用 y_1，y_2，y_3，y_4 分别表示寄生性共生、偏利性共生、非对称性互惠共生和对称性互惠共生；对“组织共生和行为共生”进行组合，就可以得到“两业”共生系统的 16 种共生状态（如图 7–1 所示）。因为共生模式是反映“两业”复合共生系统中共生关系的关键要素，所以 16 种共生状态就构成了“两业”共生系统中共生关系的集合，即某种共生关系

① 田刚，贡文伟，梅强，等．制造业与物流业共生关系演化规律及动力模型研究 [J]. 工业工程与管理，2013，18(02)：39–46.

呈现为某种“行为共生”状态与某种“组织共生”状态的组合。在此应该指明的是，这 16 种共生状态仅仅是从理论分析上得到的，而实践中并非如此。然而，依据经济学“理性”假设可知，在“两业”复合共生系统中，不可能有哪个物流企业愿意为某个制造企业长期提供不能给自己带来效益的服务。所以，寄生性共生这种“行为共生”模式在“两业”共生系统中是非常少见的，在现实的经济活动中不存在寄生性点共生、寄生性间歇共生、寄生性连续共生，仅存在一种一体化寄生性共生关系，那就是实力比较雄厚的制造企业与其独资成立的物流子公司之间的初始合作关系，往往表现出类似于寄生性共生的特征。偏利性“行为共生”模式，虽然能够让“两业”共生系统中产生新的共生能量，但是对共生能量的分配也仅仅惠及共生单元的某一方，而对另一方而言，既无舍，也无得。同理，制造企业（或物流企业）作为理性市场主体，绝不会做这种“利他不利己”的长期交易。所以说，在现实经济活动中偏利性连续共生与偏利性一体化共生都是不存在的。基于上述分析可知，现实经济活动中“两业”共生系统中共生关系表现为 11 种（如表 7-1 所示）。

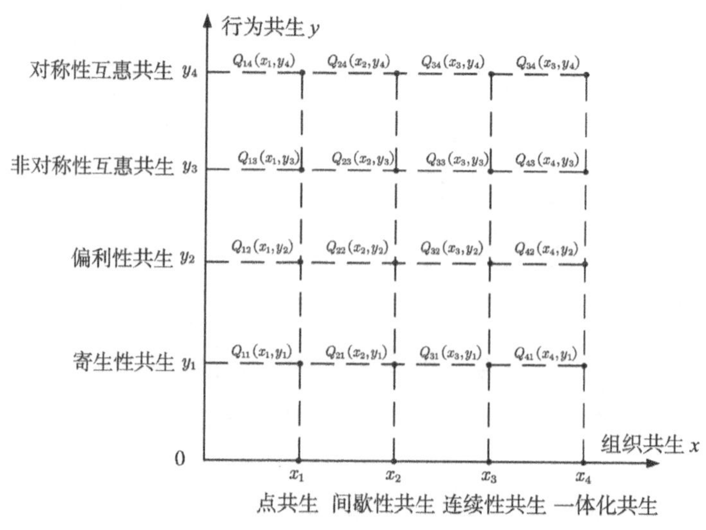

图 7-1 “两业”共生系统中的共生状态

表 7–1 “两业”共生关系的类型

行为共生	组织共生			
	点共生（x_1）	间歇共生（x_2）	连续共生（x_3）	一体化共生（x_4）
寄生性共生（y_1）				$Q_{41}(x_4,y_1)$
偏利性共生（y_2）	$Q_{12}(x_1,y_2)$	$Q_{22}(x_2,y_2)$		
非对称性互惠共生（y_3）	$Q_{13}(x_1,y_3)$	$Q_{23}(x_2,y_3)$	$Q_{33}(x_3,y_3)$	$Q_{43}(x_4,y_3)$
对称性互惠共生（y_4）	$Q_{14}(x_1,y_4)$	$Q_{24}(x_2,y_4)$	$Q_{34}(x_3,y_4)$	$Q_{44}(x_4,y_4)$

7.1.2 “两业”共生关系的演化轨迹与演化规律分析

“两业”共生系统中共生关系的演化与“两业”共生体的诞生、发展过程密切相关。例如，从寄生性共生到对称性互惠共生的演化以及从点共生到一体化共生的演变，时刻伴随着“两业”共生体的诞生与发展过程。本小节结合“两业”共生体的诞生与成长过程，对“两业”共生系统中共生关系的演化轨迹与演化规律进行深入分析。

1. 共生体的诞生阶段

在我国，物流企业与制造企业相比较，物流企业的技术、服务水平相对滞后，具体表现为物流企业的整体服务能力较弱、服务层次较低。所以，制造企业在实施部分物流业务外包选择物流服务商时非常谨慎，而物流企业为了抓住市场机遇，往往尝试性地承担制造企业的物流业务。在此过程中，双方一般基于短期市场交易界面形成初始共生关系。共生模式一般表现为：寄生性一体化共生、偏利性点共生、非对称（或对称）性互惠点共生、偏利性间歇共生。然而，偏利性共生模式的形成是物流企业为了抓住为制造企业提供物流服务的机遇，而在本企业利益上暂时做出让步，也就是为了将来能够持续获得制造企业的物流服务订单，而在短期内较少盈利甚至亏损。在此阶段，“两业”共生系统中共生关系的形成是基于制造企业临时性（或突发性）的物流服务需求，是典型的供求关系。因为上述共生模式是制造企业与物流企业完全通过市场交易界面形成的，不仅随机性较强，而且几乎没有实现任何资源共享，所以“两业”共生关系的稳定性很差。

2. 共生体的发展阶段

在大数据时代，随着制造企业利用大数据技术及大数据资源实现了转型升级，其生产技术、管理模式也彻底发生了变革，这为制造企业在激烈的市场竞争中，精准捕捉商机创造了更多机会。因此，制造企业需要进一步利用大数据平台在更大范围内整合内外部资源，并且对本企业各种生产要素进行优化配置。制造企业为了能够长期保持自身竞争优势，必须将本企业有限资源集中于核心业务，而将非核心业务的物流活动完全分离出来，外包给第三方物流企业，这就产生了大量新的物流需求，从而促进了专业化物流公司的发展。随着物流企业规模的不断扩大和数量的迅速增加，激烈的物流市场竞争促使物流企业必须在新的产业链分工中寻求更适合自身发展的生存空间。为了更好地满足制造企业个性化、多样化的物流需求，物流企业也必须利用大数据及大数据技术实施转型升级，由传统的物流服务向中高端物流服务转变，通过对大数据资源的分析与挖掘，实时把握制造企业个性化、多样化的物流需求，不断提高物流企业专业化程度和高端物流服务水平。在此过程中，“两业”共生系统中共生单元基于长期合作界面的交易更加频繁，“两业”从共生中不断获取新的共生能量，共生体也从诞生阶段渐渐进入发展阶段。共生模式往往表现为：非对称（或对称）性互惠间歇共生、非对称性互惠连续共生、非对称性互惠一体化共生。在此阶段，“两业”共生系统中共生关系的形成是基于制造企业个性化、多样化的物流服务需求，其共生介质逐步呈现个性化与多样化，而“两业”共生关系也呈现出由供求型关系向互补型关系转变的特征。如果将其与诞生阶段进行比较，“两业”共生关系的稳定性得到进一步提升。由于“两业”共生系统中共生单元之间合作的紧密程度得到较大提高，所以共生单元在一定程度上实现了资源共享。

3. 共生体的成熟阶段

随着现代制造企业与物流企业不断发展，制造企业、物流企业的集群化、联盟化以及制造企业的物流园区等新型共生形态持续涌现。因为制造企业产业集群的发展为物流企业的持续发展提供了广阔的市场空间，所以必然会促进物流企业不断提升物流服务水平，以便于更好地满足制造企业产业集群对物流服务的需求。由于产业集群内的成员企业在价值链上的分工越来越细，所以除了生产最终产品的企业直接面向市场之外，绝大多数成员企业都是面对产业集群内部的市场。因此，“两业”共生系统中共生单元常常是通过建立战略联盟等形式来实现对称性互惠连续共生和对称性互惠一体化共生，共生双方又通过信息、知识、人才、资金、设备等多重共生介质的长期交互作用，形成了相对稳定的合约与信任的内生界面，避免了“两业”共生单元选择的随机性，从而降低了共生能量在传输过程中的损耗。然而，“两业”从共生中获取新的共生能量迅速增加，“两业”共生系统中共生单元之间的协同趋于稳定，共生体将逐步进入成熟阶段。在此阶段，“两业”共生系统中共生关系的形成是基于物流服务供给与需求的“推拉”作用，“两业”共生系统中共生单元是基于长期合作界面的市场交易，“两业”共生单元对彼此的管理模式和价值创造逐步实现了高度认同。“两业”共生单元借助于多重共生介质的相互作用，使得共生关系表现为显著的互补型关系。如果将其与发展阶段进行比较，“两业”共生系统中共生关系的稳定性已得到进一步提高。“两业”共生单元相互介入对方的计划、组织、指挥、协调和控制等过程，共同追求“两业”资源的集约化经营与“两业”共生系统的整体优化，在资源优化配置上，实现了“两业”内外部资源的有效整合。

综上所述，在“两业”共生系统中共生关系的演化轨迹是：（1）“行为共生模式”的演化，先是从寄生性共生向偏利性共生转化，然后再向非对称性互惠共生转变，最后再转向对称性互惠共生。在此演化过程中，表现为“两业”共生系统中共生新能量（即共生单元由于共生而使双方经济效益的提高与核心竞争力增强等）分配的对称性不断提高的过程。（2）“组织共生模式”的演化，最先是从点共生向间歇性共生演化，然后再向连续性共生转变，最后向一体化共生演变。在此演化过程中，表现为“两业”共生系统中共生体的组织化程度持续提升，即“两业”共生单元由一次性合作到间歇性合作再到紧密性合作，最终“两业”共生单元形成一体化。伴随着“两业”共生关系的演化过程，共生体也从诞生阶段向发展阶段演化，然后，逐步演化到成熟阶段，在“两业”共生体内的共生单元之间以及共生体与共生环境之间不断地进行着交互作用，具体表现为“两业”资源从分散到集中、由分离到叠加、从各自占有向共享转变。在“两业”共生系统中共生关系的类型由供求型向互补型演化，共生体由动荡不安向逐步稳定演变，其演化过程呈现出合乎逻辑的内在规律性（如图 7-2 所示）。

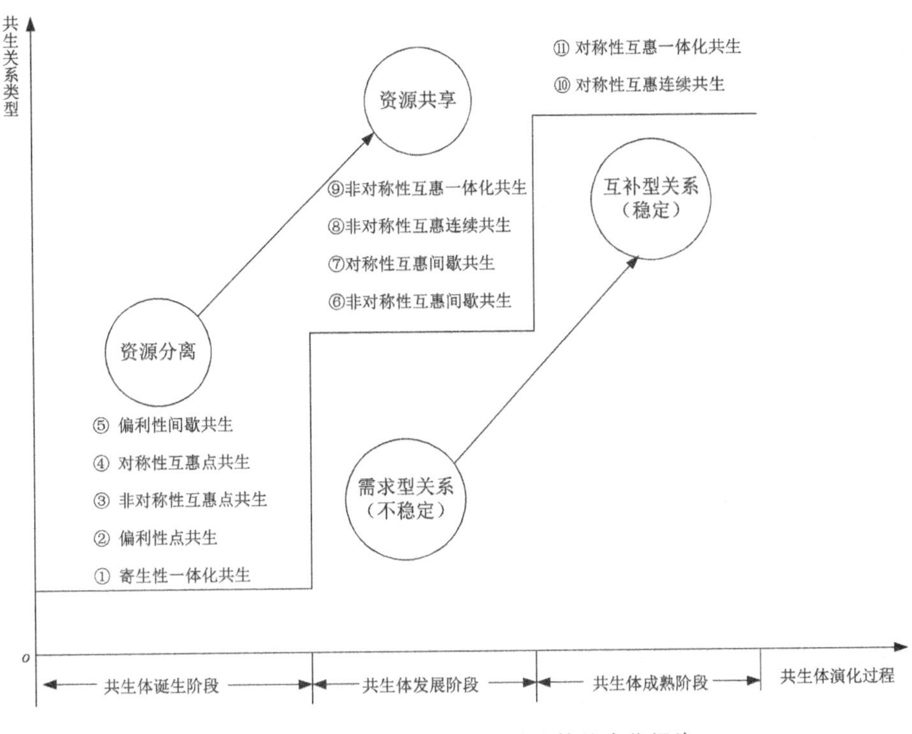

图 7-2 “两业”共生关系及共生体的演化规律

7.1.3 “两业”共生演化机制的动力模型

为了能够深入地揭示制造企业与物流企业共生的演化规律，本节将借助于 Lotka-Volterra 种间竞争模型构建“两业”共生演化机制的动力模型，并对其均衡点的稳定性进行分析。Lotka-Volterra 模型是 Alfred Lotka[①] 和 Vito Volterra[②] 在 1926 年分别提出的，用于模拟解释生态系统中不同种群的竞争或者互利共生关系。由于制造企业与物流企业之间更多的是互利共生关系，因此本小节着重讨论 Lotka-Volterra 种间互利共生模型。

① LOTKA A J. Elements of physical biology[J]. Science Progress in the Twentieth Century, 1926, 21(82): 341-343.

② VOLTERRA V. Variazioni e fluttuazioni del numero d' individui in specie animali conviventi[J]. Memorie della Regia Accademia Nazionale dei Lincei, 1926, 2(06): 31-113.

1.“两业”共生演化的研究假设

假设 1：制造企业与物流企业的发展过程均服从逻辑斯谛（Logistic）增长规律，即制造企业、物流企业的种群内企业密度分别影响其增长率，随着企业密度的增加，企业数量增长率也会随之下降。不仅如此，而且还受到地域资源因素的限制，其产业发展水平的潜在最大值为 k。k 与产业集群（种群）规模有关，种群规模越大，k 值就越大。

假设 2：制造企业集群、物流企业集群的产业发展水平分别是时间 t 的函数，t 具有广泛的抽象含义，表示影响集群发展水平的所有因素的变化。

假设 3：制造企业、物流企业在共生发展过程中，彼此促进对方企业数量增长率的提升。

2.“两业”共生演化模型的构建

种群生态学的 Logistic 方程的微分形式可以表示为[①]：

$$\begin{cases}\dfrac{\mathrm{d}M(t)}{\mathrm{d}t}=r(\dfrac{M(t)}{k})M(t)\\ M(t_0)=M_0\end{cases} \tag{7-1}$$

在公式（7-1）中引入了自然资源和环境容量所允许的最大值 k，并且在微分方程中加入了 $1-M(t)/k$ 作为修正值，即种群可以利用的最大空间（资源）容纳量中“余下未用的”或是种群还没有利用的空间（资源）容纳量，可以继续供种群增长过程中再使用的空间（资源）。在产业经济领域中，不同企业集群之间的相互关系与生物界种群之间的共生关系非常相似。基于上述假设和 Logistic 模型，可以构建制造企业集群、物流企业集群各自独立存在时的演化模型为：

① VERHULST P. Notice sur la loi que la population suit dans son accroissement. correspondance math é matique et physique publiée par a[J]. Quetelet, 1838, 10: 113–121.

$$\begin{cases}\dfrac{\mathrm{d}M_i}{\mathrm{d}t}=r_iM_i\left(1-\dfrac{M_i}{k_i}\right)\\M_i(t_0)=M_{i0}\end{cases}\tag{7-2}$$

在（7–2）式中 $i=1$，2 分别表示制造企业、物流企业两类企业集群。其中 M_1，M_2 分别代表制造企业集群、物流企业集群的产业发展水平，r_1，r_2 分别表示制造企业集群、物流企业集群的自然增长率，M_1/k_1，M_2/k_2 分别表示制造企业集群、物流企业集群的产业发展水平占各自所能达到最高水平的比率，称为自然增长饱和度；$(1-M_1/k_1)$，$(1-M_2/k_2)$ 分别表示制造企业集群、物流企业集群产业发展水平尚未达到的可自然增长的未饱和部分占最高水平的比率，反映了在既定的环境约束下，自然增长饱和度对制造企业集群、物流企业集群产业发展水平增长的阻碍作用。M_{10}、M_{20} 分别表示制造企业集群、物流企业集群初始阶段的数量。

基于上述分析可知，“两业”共生体处于不同的演化阶段，将会演化出不同类型的共生关系，并且制造企业集群与物流企业集群之间相互影响的程度也各不相同，从而显现出不同的共生效应。所以，在公式（7–2）中需要引入共生系数 α（或 β）（$0\leqslant\alpha<1$，$0\leqslant\beta<1$），以便于反映“两业”共生效应的大小。因此，制造企业集群演化机制的动力模型可以进一步表示为：

$$\frac{\mathrm{d}M_1}{\mathrm{d}t}=r_1M_1\left(1-\frac{M_1}{k_1}+\alpha\frac{M_2}{k_1}\right)\tag{7-3}$$

在模型（7–3）中共生系数 α 表示物流企业集群对制造企业集群的共生效应。显然，物流企业集群对制造企业集群的影响与物流企业集群的产业发展水平成正比，与制造企业集群本身的最大潜在产业发展水平成反比。$\alpha\dfrac{M_2}{k_1}$ 反映了物流企业集群对制造企业集群的影响程度。

同理，物流企业集群演化机制的动力模型也可以进一步表示为：

$$\frac{\mathrm{d}M_2}{\mathrm{d}t}=r_2M_2\left(1-\frac{M_2}{k_2}+\beta\frac{M_1}{k_2}\right) \tag{7-4}$$

在模型（7-4）中共生系数β表示制造企业集群对物流企业集群的共生效应。很显然，制造企业集群对物流企业集群的影响与制造企业集群的产业发展水平成正比，与物流企业集群本身的最大潜在产业发展水平成反比。$\beta\frac{M_1}{k_2}$反映了制造企业集群对物流企业集群的影响程度。

借鉴两个种群系统相互影响的 Lotka-Volterra 种间竞争模型①，将公式（7-3）、（7-4）联立，构建“两业”共生演化机制的动力模型：

$$\begin{cases}\dfrac{\mathrm{d}M_1}{\mathrm{d}t}=r_1M_1\left(1-\dfrac{M_1}{k_1}+\alpha\dfrac{M_2}{k_1}\right)\\[2ex]\dfrac{\mathrm{d}M_2}{\mathrm{d}t}=r_2M_2\left(1-\dfrac{M_2}{k_2}+\beta\dfrac{M_1}{k_2}\right)\end{cases} \tag{7-5}$$

该共生演化模型中包含了“两业”共生效应，并且利用α，β表示“两业”之间相互影响的相对强弱程度。因此，该模型能够充分表明“两业”之间的共生关系。由于“两业”共生演化模型是由两个微分方程联立之后转化而来的，所以可以采用数学方法导出在给定参数条件下“两业”共生关系的演化轨迹，有利于掌握“两业”共生系统演化的客观规律。

在现实社会中，制造企业与物流企业之间的关系更多地表现为合作型共生关系，一般而言，不会发生一方受益而另一方受损的情景，所以我们分别针对“两业”非对称性互惠共生、对称性互惠共生和偏利性共生三种共生状态进行深入分析。因为共生系数α，β反映了“两业”共生效应程度的大小，所以判定“两业”共生关系的关键在于共生系数α，β的取值大小。

---

① LOTKA A J. Contribution to the theory of periodic reactions[J]. The Journal of Physical Chemistry, 1910, 14(03): 271–274.

（1）当$\alpha>0$，$\beta>0$，$\alpha\neq\beta$时，为非对称性互惠共生；当$\alpha=\beta$时，为对称性互惠共生。无论是非对称性互惠共生还是对称性互惠共生，“两业”均能够从共生中获取收益。通过对模型（7–5）求解，可得互惠共生情景下，均衡条件为：$0<\alpha<1$，$0<\beta<1$，均衡点为$M\left(\frac{k_1+k_2\alpha}{1-\alpha\beta}, \frac{k_2+k_1\alpha}{1-\alpha\beta}\right)$。

（2）当$\alpha>0$，$\beta=0$时，“两业”处于偏利共生状态，制造企业集群处于强势地位，完全占有共生收益，而物流企业集群不能获取共生收益。所以，可以认为“两业”共生对制造企业有积极影响，而对物流企业无积极影响。因此，在此偏利性共生情景下，“两业”共生演化机制的动力模型为：

$$\begin{cases}\dfrac{\mathrm{d}M_1}{\mathrm{d}t}=r_1M_1\left(1-\dfrac{M_1}{k_1}+\alpha\dfrac{M_2}{k_1}\right)\\ \dfrac{\mathrm{d}M_2}{\mathrm{d}t}=r_2M_2\left(1-\dfrac{M_2}{k_2}\right)\end{cases} \tag{7–6}$$

对模型（7–6）求解，可以得到均衡点为：$N(k_1+k_2\alpha, k_2)$。

（3）当$\beta>0$，$\alpha=0$时，“两业”处于偏利共生状态，物流企业集群处于强势地位，完全占有共生收益，而制造企业集群不能获取共生收益。所以，可以认为“两业”共生对物流企业有积极影响，而对制造企业无积极影响。所以，在此偏利性共生情景下，“两业”共生演化机制的动力模型为：

$$\begin{cases}\dfrac{\mathrm{d}M_1}{\mathrm{d}t}=r_1M_1\left(1-\dfrac{M_1}{k_1}\right)\\ \dfrac{\mathrm{d}M_2}{\mathrm{d}t}=r_2M_2\left(1-\dfrac{M_2}{k_2}+\beta\dfrac{M_1}{k_2}\right)\end{cases} \tag{7–7}$$

对模型（7–7）求解，可以得到均衡点为：$P(k_1, k_2+k_1\beta)$。

（4）当$\alpha=0$，$\beta=0$时，“两业”之间互不影响，是典型的各自独立发展模式，在现实社会中几乎是不存在的，这只是为了便于对“两业”共生发展与“两业”独自发展进行比较分析而在理论上所给出的假设。

7.1.4 海尔电器公司与日日顺物流公司案例分析

1. 案例背景

海尔电器公司自1999年10月实施国际化战略以来，就面临着国内外同行业的激烈竞争。因此，为了增强公司核心竞争力、实现家电生产与物流业务高质量协同发展，海尔电器公司就与自己旗下的青岛日日顺物流公司进行了业务流程再造[①]。业务流程再造可划分为四个阶段：第一阶段，构建成熟的分销网络，为提升物流运作水平奠定坚实基础；第二阶段，为了解决“物流最后一公里”问题，进行内部资产重组；第三阶段，海尔电器公司与阿里巴巴集团建立战略合作伙伴关系，扩大社会物流市场；第四阶段，运用大数据、云计算、互联网技术进军物联网。首先，积极开展技术协同创新，努力构建智慧物流网络，为海尔互联工厂智能生产提供物流支撑，这样不仅可以快速响应与满足用户个性化需求，而且还能够为用户提供“快速送装、无处不达”的差异化服务体验；其次，青岛新日日顺物流公司借助于大数据提供决策支持和IT技术支撑，开展运营模式协同创新，为满足海尔电器公司各种物流需求提供满意的物流解决方案，即智能多级云仓方案、干线集配方案、可视化配送方案和最后一公里送装方案等等。

2. 案例分析

海尔电器公司与日日顺物流公司（下文简称“两公司”）的业务流程再造，之所以能够获得成功且实现了高质量协同发展，正是因为共生机

---

① 海尔互联工厂呼应“中国制造2025”[EB/OL]. http://scitech.people.com.cn/n/2015/0408/c1057-26810290.html.

理在“两公司”业务流程再造与共生演化过程中发挥了积极作用。

“两公司”共生系统中共生关系的演化与“两公司”共生体的诞生、发展过程密切相关。早在共生体诞生阶段，“两公司”是寄生性一体化共生关系，但是这种关系不可能长期存在。因此，随着“两公司”业务流程再造的不断推进与完善，海尔电器公司为了能够长期保持竞争优势，就将本公司的有限资源集中于核心业务，而将非核心业务的物流活动完全分离出去，于是将海尔物流的百分之百股权转让给青岛新日日顺物流公司，从而促进了新日日顺物流公司的发展。在此过程中，“两公司”共生系统中共生单元基于长期合作界面的交易更加频繁，“两公司”从共生中不断获取新的共生能量，共生体也从诞生阶段渐渐进入发展阶段。这时“两公司”共生模式表现为：非对称性互惠连续共生、非对称性互惠一体化共生（$\alpha>0$，$\beta>0$，$\alpha\neq\beta$）。在此阶段，“两公司”共生系统中共生关系也呈现出由供求型关系向互补型关系转变的特征。如果将其与诞生阶段进行比较，“两公司”共生关系的稳定性也得到进一步提升。由于海尔电器公司的发展为新日日顺物流公司的持续发展提供了广阔的市场空间，所以必然促进新日日顺物流公司不断提升物流服务水平，以便于更好地满足海尔电器公司以及其他客户对物流服务的需求。因此，“两公司”从共生中获取新的共生能量得到迅速增加，在“两公司”共生系统中，共生单元之间的协同趋于稳定，共生体将逐步进入成熟阶段。在此阶段，“两公司”共生系统中共生单元是基于长期合作界面的市场交易，其共生单元对彼此的管理模式和价值创造逐步实现了高度认同，这时“两公司”共生模式往往表现为：对称性互惠连续共生、对称性互惠一体化共生（$\alpha=\beta$）；于是共生关系表现为显著的互补型关系（如图 7–3 所示）。如果将其与发展阶段进行比较，海尔电器公司与日日顺物流公司共同追求资源的集约化经营与共生系统的整体优化，而在资源优化配置上实现了“两公司”内外部资源的有效整合。

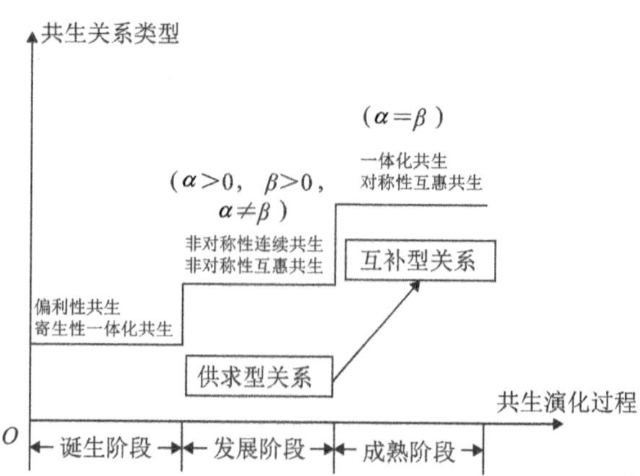

图 7–3　海尔电器公司与新日日顺物流公司共生关系及共生体的演化规律

由图 7–3 可知，在海尔电器公司与新日日顺物流公司形成的共生系统中，共生关系的演化轨迹是：(1)“行为共生模式”的演化，先是从寄生性一体化共生向非对称性互惠共生转变，然后再转向对称性互惠共生；在此演化过程中，表现为海尔电器公司与新日日顺物流公司双方经济效益提高与核心竞争力增强的过程。(2)“组织共生模式”的演化，最先是从偏利性共生向非对称性连续共生转变，然后再向一体化共生演变；在此演化过程中，表现为海尔电器公司与新日日顺物流公司共生系统中共生体的组织化程度持续提升，即“两公司”共生单元由紧密性合作，再到一体化共生单元的形成。伴随着“两公司”共生关系的演化过程，共生体也从诞生阶段向发展阶段演化，然后逐步演化到成熟阶段。

3. 案例总结

海尔电器公司与新日日顺物流公司的共生系统是由相互关联、相互影响、相互作用的海尔电器公司子系统、新日日顺物流公司子系统相互融合而成的复杂的、开放的生态系统，其共生的目的就是提升“两公司”的价值创造能力与核心竞争力。在“两公司”业务流程再造与共生过程中，共生机理是“两公司”共生演化的核心驱动力。海尔电器公司与日日顺物流公司的业务流程再造与共生演化过程，受到各种因素的影响和制约，其高质量协同发展是在共生系统内外部合力的作用下共生演化的结果。共生系统内外部形成的合力所发挥的主导作用将会随着共生系统的共生演化进入不同阶段而发生变化。但是，无论如何演化，海尔电器公司与新日日顺物流公司的和谐共生，始终是处于共生界面作用下的动态开放的共生系统内，各共生主体是共生演化过程中和谐共生的各参与主体（共生单元）及其利益相关者，它们是“两公司”共生系统共生演化的基本要素。因此，海尔电器公司与新日日顺物流公司的共生演化机理将直接影响“两公司”共生主体共生行为的发生与共生模式的选择。另外，“两公司”共生系统的共生演化过程，其本质就是各共生主体共生行为的动态选择过程。同时，海尔电器公司与新日日顺物流公司作为异质共生单元通过共生界面的作用形成一种复杂的复合共生系统，它由共生单元、共生模式和共生环境构成。其中基于互补性资源的海尔电器公司与新日日顺物流公司，不但是形成共生关系的客观载体，而且是交换共生利益的行为主体。然而，营商环境不仅是“两公司”生存与发展所依附的共生环境，而且是形成共生关系的重要基础。共生环境通过分配与交换共生能量对“两公司”的行为模式产生影响；而共生模式能够直观反映“两公司”之间如何进行物质、数据、信息和能量交换的方式以及“两公司”与共生环境相互作用的强度。互联网时代“两公司”复合共生系统中共生单元、共生模式和共生环境之间相互作用、相互影响，共同驱动海尔电器公司与新日日顺物流公司实现高质量协同发展，其中“两公司”发挥主体作用，营商环境发挥客体作用，而“两公司”的共生模式起到关键作用。

本节在阐述“两业”共生模式的基础上，深入分析了“两业”共生关系的演化轨迹与演化规律，并且构建了“两业”共生演化机理的动力模型，并用案例进行了验证。由此得到如下结论：（1）“两业”复合共生系统中三要素之间相互作用、相互影响，共同驱动“两业”高质量协同发展，其中共生单元发挥主体作用，共生环境发挥客体作用，而共生模式起到关键作用。（2）在现实的“两业”共生系统中共生关系表现为11种共生状态的组合。（3）伴随着“两业”共生关系的演化发展，共生体也从诞生阶段向发展阶段演化，然后逐步演化到成熟阶段，“两业”共生体处于不同的演化阶段将会对应不同的共生关系，并且制造企业集群与物流企业集群之间将会显现不同的共生效应。无论是非对称性互惠共生还是对称性互惠共生，“两业”均能够从共生中获取收益。在“两业”共生系统中，共生关系的类型也由供求型向互补型演化，并且演化过程呈现出合乎逻辑的共生规律性。（4）案例分析验证了“两业”共生系统是由相互关联、相互影响、相互作用的多个子系统相互融合而成的复杂的、开放的生态系统，其共生演化机理是“两业”实现高质量协同发展的核心驱动力，而共生的目的就是提升“两业”的价值创造能力与核心竞争力。

上述研究结论将给制造企业、物流企业和政府部门带来如下启示：（1）政府部门应该充分利用互联网、云计算和大数据技术挖掘“两业”共生系统中有价值的信息，实时把握“两业”共生规律，加快推进“两业”共生关系由供求型向互补型演化，进一步促进“两业”实现高质量协同发展。（2）互联网时代制造企业与物流企业应该充分利用物联网、大数据和云计算技术，促进“两业”线上与线下的和谐共生。（3）政府部门应高度重视“两业”共生演化机理的核心作用，颁布一些促进“两业”共生发展的财政优惠政策和行政措施，并且依托互联网、大数据、云计算技术加快驱动“两业”共生关系及其共生体从诞生阶段向发展阶段、成熟阶段演化，不断提升“两业”和谐共生能力和价值创造能力，最终实现“两业”优势互补、高质量协同发展。

7.2 “两业”高质量协同发展的耦合机制

耦合是属于物理学范畴的概念，它是指两个或两个以上的系统或运动形式之间彼此相互作用、相互影响，最终融合为有机整体的客观现象，并且该有机整体（系统）内部各子系统之间形成相互依赖、相互促进的动态协同关系。作者认为制造企业与物流企业之间同样存在着相互影响、相互作用、相互依赖、相互促进的动态协同关系，在制造企业与物流企业相互作用过程中形成了“两业”融合系统，其中制造企业子系统、物流企业子系统并不是孤立存在的，而是相互交织、相互渗透，经过相互耦合而形成一个复杂的、动态的“两业”高质量协同发展系统，并且该系统内部存在某种机制可促进制造企业与物流企业实现高质量协同发展。因此，制造企业与物流企业之间的协同关系可以称为耦合关系，在制造企业与物流企业耦合互动、实现高质量协同发展过程中，必然形成“两业”耦合互动机制。

7.2.1 “两业”实现高质量协同发展的耦合动因分析

在“两业”高质量协同发展系统发展过程中，需要整合多方资源，既需要整合系统内部各子系统的创新资源和创新能力，也需要全面整合系统外部可利用的资源（例如，供应商、分销商、消费者、竞争者、研发机构以及相关行业协会和政府职能部门等）。云计算、大数据分析等技术的迅猛发展及其在“两业”高质量协同发展过程中的广泛应用将会快速驱动“两业”的技术协同创新和运营模式协同创新。由于“两业”高质量协同发展系统内各参与方之间具有高度关联性，所以在创新过程中，制造企业与物流企业应当通过构建创新联盟实现技术协同创新，并且还要充分利用各自产业链上利益相关者的创新资源和创新能力，实现双方运营模式的协同创新。为什么制造企业与物流企业开展技术协同创新，同时还要兼顾运营模式的协同创新？技术协同创新与运营模式协同创新之间耦合的动因是什么？根据“两业”高质量协同发展系统开展协同创新活动的实际状况，可以将制造企业子系统与物流企业子系统协同创新的耦合动因分为内因与外因：

（1）内因：主要来源于制造企业与物流企业的创新意愿、创新战略部署以及成功的技术协同创新成果，这些均有利于“两业”运营模式的协同创新和高质量协同发展系统整体创新能力的提升。

（2）外因：主要来源于“两业”高质量协同发展系统外部营商环境的变化，诸如政策变化、法律法规的完善、高新技术的快速发展以及制造业、物流业的行业内部、行业之间激烈竞争而产生的压力等。

从“内外因”系统思考：由于技术协同创新子系统、运营模式协同创新子系统均属于“两业”高质量协同发展系统的子系统，所以它们之间的耦合关系必然受到内因、外因各要素的影响。从“内因”角度来思考，可以发现：为了实现制造企业、物流企业可持续发展目标，当制造企业与物流企业中任何一方主动推进技术协同创新或运营模式协同创新时，为了获取经济效益最大化，另一方必然要开展与之相匹配的协同创新活动，由此“两业”高质量协同发展系统中的耦合关系得到确立。再从“外因”角度来思考，又可以发现，当外部营商环境发生变化时，必将促使“两业”高质量协同发展系统中各子系统之间通过自组织、自适应，形成与外部环境相适应的协同关系，最终实现技术协同创新与运营模式协同创新的耦合关联。

充分发挥“内外因”的积极作用，实现协同效应最大化。“两业”高质量协同发展系统拥有整合系统内外部有用资源和开展协同创新的能力。因此，可以借助于运营模式协同创新来驱动技术协同创新能力的提升，进而使得制造企业与物流企业获取更好的协同创新效果，形成“1+1>2”的协同效应。

在“内外因”共同驱动下，“两业”协同创新活动形成了耦合互动的协同关系。现实中的制造企业与物流企业，如果仅仅专注于追求自身利益最大化，过分放大同行业企业技术创新或运营模式创新的作用，而忽视另一行业企业的技术创新或运营模式创新的配合、协同，或者只考虑“两业”之间技术创新的协同，而忽视“两业”之间运营模式创新的协同，那么必然会造成技术创新或运营模式创新的效果不明显，甚至导致技术创新或运营模式创新以失败告终。所以，“两业”高质量协同发展系统开展技术协同创新必须兼顾运营模式协同创新，绝不能偏袒任何一方，更不能“孤军奋战”。基于上述分析，作者认为在“两业”高质量协同发展系统内，技术协同创新子系统与运营模式协同创新子系统在内、外因的共同驱动下，已经形成了耦合互动的协同关系。只有当两子系统进行协同创新，才能实现整个系统创新效益最大化，促进“两业”实现高质量协同发展。“两业”高质量协同发展系统在技术协同创新与运营模式协同创新的耦合过程中，与供应商、分销商、终端客户以及其他利益相关者之间相互依赖、相互作用、相互促进、共同发展，各参与方与“两业”高质量协同发展系统构成了复杂的产业生态系统。在产业生态系统中，如果“两业”高质量协同发展系统构建了能够实现自组织、自适应的各创新子系统，那么“两业”高质量协同发展系统不仅能够达到技术协同创新与运营模式协同创新耦合的目的，而且还能够实现产业生态系统中各利益相关者“多方共赢”的目标。

7.2.2 “两业”实现高质量协同发展的耦合互动机制分析

首先，分析技术协同创新与运营模式协同创新彼此之间相互作用、相互影响，经过耦合互动形成了“两业”协同创新系统；其次，再对“两业”技术协同创新与运营模式协同创新的耦合机制进行探索。

1.“两业”协同创新系统是一个复杂的耦合系统

从“两业”高质量协同发展系统的构成主体来看，它是由管理协同创新子系统、文化协同创新子系统、运营模式协同创新子系统、技术协同创新子系统等构成，其中技术协同创新子系统和运营模式协同创新子系统是“两业”高质量协同发展系统的重要构成主体。作者将技术协同创新子系统与运营模式协同创新子系统经耦合之后而形成的新系统称为“两业”协同创新系统，该系统是一个以促进“两业”实现协同创新为目标，以获取竞争优势、增强“两业”高质量协同发展系统核心竞争力为宗旨，能够促进“两业”实现高质量协同发展的复杂的开放系统，其内部各子系统之间相互影响、相互促进，最终形成“两业”协同创新的耦合系统（如图 7-4 所示）。该耦合系统内部的各子系统之间彼此相互作用、相互渗透，不仅能够提升“两业”创新能力、加速创新进程，而且“两业”之间还能够实现从数据到信息、再到知识的快速转化。

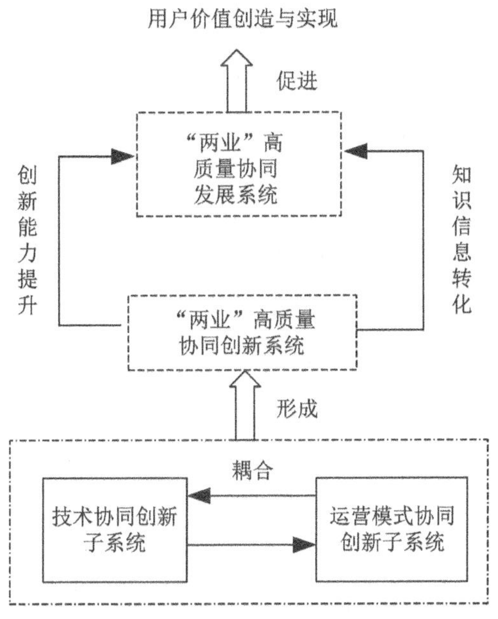

图 7-4 “两业”协同创新的耦合系统

复杂系统理论更加关注系统元素的自组织性和自适应性，远离平衡状态、非线性协同与开放性是复杂系统自组织、自适应的必要条件。然而，两个协同创新子系统同处于“两业”协同创新系统中，分别承担着截然不同的任务，发挥着各自的功能与作用。技术协同创新既是“两业”高质量协同发展的驱动力，也是“两业”在技术变革中获取竞争优势的重要途径之一；运营模式协同创新既是“两业”为客户创造经济价值和社会价值的有效途径，又是从技术协同创新到实现经济价值、社会价值的根本保障。在复杂多变的营商环境中，与时俱进的运营模式协同创新不仅能够帮助“两业”高质量协同发展系统增强核心竞争力，而且还能够让“两业”高质量协同发展系统获取可持续发展的竞争优势。在“两业”协同创新系统中，技术协同创新与运营模式协同创新两个子系统之间是复杂的、动态的、非线性的协同关系，在营商环境影响下耦合运行，共同驱动“两业”高质量协同发展系统为客户创造价值。

2.“两业”技术协同创新与运营模式协同创新的耦合互动机制

在深入分析耦合互动机制复杂性的基础上，构建技术协同创新与运营模式协同创新的耦合机制。

（1）耦合互动机制的复杂性分析。依据“两业”高质量协同发展系统协同演化规律，可知“两业”协同创新系统中的技术协同创新子系统、运营模式协同创新子系统是一个动态演化、不断更新、自组织、自适应的系统。它们分别与系统的外部环境进行着数据、信息、物质和能量交换，使得系统从无序走向有序、由动荡趋向平稳，在持续不断的运行中得到发展。在“两业”高质量协同发展系统中，各子系统之间的相互作用方式由过去的近似线性关系逐渐演变为更加复杂的非线性关系。“两业”进行技术协同创新、运营模式协同创新将会受到系统的内外部因素影响，有些因素既影响技术协同创新又影响运营模式协同创新，可以称之为“复合影响因素”，即“耦合要素”。作者在前人研究基础上[①②③]，结合“两业”技术协同创新和运营模式协同创新的实践活动，将“耦合要素”归纳为：市场需求拉动、技术进步推动、利益相关者、外部竞争压力、内部资源约束和利益驱动等。在“两业”协同创新系统中，技术协同创新子系统与运营模式协同创新子系统在耦合要素的非线性作用下必然导致技术协同创新与运营模式协同创新耦合机制的复杂性。“两业”协同创新系统中的运营模式协同创新子系统和技术协同创新子系统之间彼此作用、相互影响、相互渗透以及非线性关联，逐渐形成了稳定的关系，使得“两业”协同创新系统由无序向有序、由低级有序向高级有序方向发展，从而促使“两

① 童心，于丽英．基于商业生态系统的技术创新与商业模式创新耦合机制研究 [J]. 科技进步与对策，2014，31(12)：17–22.

② 原磊．商业模式体系重构 [J]. 中国工业经济，2007(06)：70–79.

③ 王艳，缪飞．基于产业融合论的企业商业模式创新驱动机制研究 [J]. 改革与战略，2012，28(02)：149–152.

业”高质量协同发展系统向更高层次演化。

（2）技术协同创新与运营模式协同创新的耦合机制。一般而言，“两业”技术协同创新是在市场需求的“拉力”和技术进步的“推力”所形成的“合力”驱动下进行的[①]，运营模式协同创新也同样如此。所以，本小节从“推力”与“拉力”两个方面对“两业”技术协同创新与运营模式协同创新的耦合机制进行探索。

1）“两业”技术协同创新驱动运营模式协同创新。第一，“两业”技术协同创新实现商业化，需要相应的运营模式奠定基础。为了获得“两业”技术协同创新的商业价值，则必须进行与之匹配的运营模式协同创新。“两业”在技术协同创新过程中，将面临大量竞争对手，“两业”欲从技术协同创新中实现利润最大化，必须根据新技术对“两业”的目标市场、成本结构、价值主张等产生的影响，创造一个与之高度匹配的新的运营模式。第二，为了持续不断地获取技术协同创新产生的超额利润，“两业”必然要进行运营模式协同创新。“两业”技术协同创新子系统的主要功能是实现产品的差异化与个性化，而运营模式协同创新子系统的主要功能则是实现“两业”技术协同创新的商业化。由于“两业”高质量协同发展系统中的制造企业与物流企业技术协同创新比运营模式协同创新更容易凸显扩散效应，所以一旦技术协同创新获得成功，那么市场上就会迅速涌现出大量的跟进者与模仿者，于是制造企业与物流企业由技术协同创新获取的超额利润在较短时期内就会随之消失。相比较而言，制造企业与物流企业运营模式协同创新的独占性要远远高于技术协同创新，为了持续获取技术协同创新创造的超额利润，制造企业与物流企业势必要适时进行运营模式协同创新。第三，制造企业与物流企业技术协同创新刺

① WILLEMSTEIN L, VAN DER VALK T, MEEUS M T H. Dynamics in business models: An empirical analysis of medical biotechnology firms in the Netherlands[J]. Technovation, 2007, 27(04): 221-232.

激顾客产生新的需求，创造了新的市场需求，这就必然促使其开展运营模式协同创新。当技术协同创新带来了新的市场机遇时，“两业”高质量协同发展系统中所有利益相关者都会考虑如何抓住这一机遇，实现自身利润最大化以及各参与方的共赢，最终使得“两业”高质量协同发展系统达到新的动态平衡。同时，处于“两业”高质量协同发展系统中的各成员都会借技术协同创新为自己创造更多的价值，然而，“两业”技术协同创新又会促进“两业”运营模式协同创新，从而不断促进“两业”高质量协同发展系统动态演化。所以，虽然超额利润来自“两业”技术协同创新，但是技术协同创新并不能确保“两业”提供的产品或服务让顾客满意。只有当“两业”技术协同创新借助于运营模式协同创新对其实现商业化，才能真正实现“两业”技术协同创新的价值创造，也才能产生源源不断的超额利润。

2）“两业”运营模式协同创新拉动技术协同创新。第一，运营模式协同创新能够加速新技术引入“两业”高质量协同发展系统。对于发展中国家而言，新生的制造企业与物流企业在技术协同创新能力与整合资源方面可能处于劣势地位，但是，可以从经济发达国家引入创新型技术，同时通过运营模式协同创新向消费者提供高附加值的个性化产品。第二，“两业”借助于运营模式协同创新之际，进行市场细分，进一步拉动“两业”开展新一轮技术协同创新。为了给“两业”的客户创造更多价值，常常需要对市场进行细分，根据客户的个性化需求，提供定制化产品或服务。由于制造企业、物流企业的资源、能力有限，所以需要通过组建战略联盟，整合“两业”高质量协同发展系统内外部资源，聚集“两业”高质量协同发展系统中各参与方的资源和能力进行技术协同创新。第三，在“两业”高质量协同发展系统中运营模式协同创新能够有效拉动技术协同创新，进而提升整个系统的进化能力。“两业”在实施运营模式协同创新的同时，必须要解决两个重要问题：一是“两业”应该为客户创造什么价值？二是“两业”如何创造这些价值？这两个问题的解决，可以从本质上揭示运营模式协同创新对技术协同创新的拉动作用。“两业”在利用各自核心资源挖掘潜在创新能力时，也需要关注“两业”高质量协同发展系统中其他各参与方的优势，充分利用运营模式协同创新之机，吸引越来越多的合作者、竞争者、终端客户加入“两业”高质量协同发展系统。为了充分满足日益增长、不断变化的客户需求，“两业”还应该再次借助于技术协同创新实现客户的新价值理念。“两业”技术协同创新不仅能够提升各参与方在“两业”高质量协同发展系统中的创新能力，而且还能够增强“两业”高质量协同发展系统的整体创新能力。因此，“两业”通过运营模式协同创新，不断吸引新成员加入“两业”高质量协同发展系统，不断拉动“两业”进行技术协同创新，持续增强“两业”高质量协同发展系统的核心竞争力。

（3）“推—拉”耦合机制的构建。在上述分析的基础上，作者构建了“两业”技术协同创新与运营模式协同创新的耦合互动机制（如图 7–5 所示）。技术协同创新与运营模式协同创新之间的耦合有利于“两业”为客户创造新价值。第一，技术协同创新子系统与运营模式协同创新子系统之间通过“推—拉”的有效互动，促进了“两业”的高质量协同发展，提高了“两业”技术创新与运营模式创新的能力，实现了“两业”产品价值、服务价值的增值；第二，技术协同创新子系统和运营模式协同创新子系统通过向“两业”高质量协同发展系统外部输出新技术、新服务，满足客户的多样化、个性化需求，为客户创造更多的价值，对社会技术进步、经济增长发挥了积极的“推—拉”作用，从而保证了“两业”的社会价值不断增值；第三，“两业”经济价值、社会价值的持续增值，将促进其成长为产业生态系统中的核心领导者，“两业”运营模式协同创新为技术协同创新商业化提供了新的机会，有利于搭建产业生态系统，同时促进更多客户彼此互动，从而能够有效整合“两业”高质量协同发展系统内外部资源，为系统内各参与方创造更多新价值；第四，“两业”技术协同创新与运营模式协同创新之间的耦合互动，促进“两业”实现高质量协同发展，持续提升“两业”核心竞争力，有利于“两业”实现可持续发展目标；第五，“两业”技术协同创新与运营模式协同创新之间彼此作用、相互影响、相互促进、协同演化，共同推进“两业”高质量协同发展与价值创造，同时，“两业”高质量协同发展系统的进化与发展又对“两业”技术协同创新和运营模式协同创新之间的协同与耦合产生了较大的促进作用。

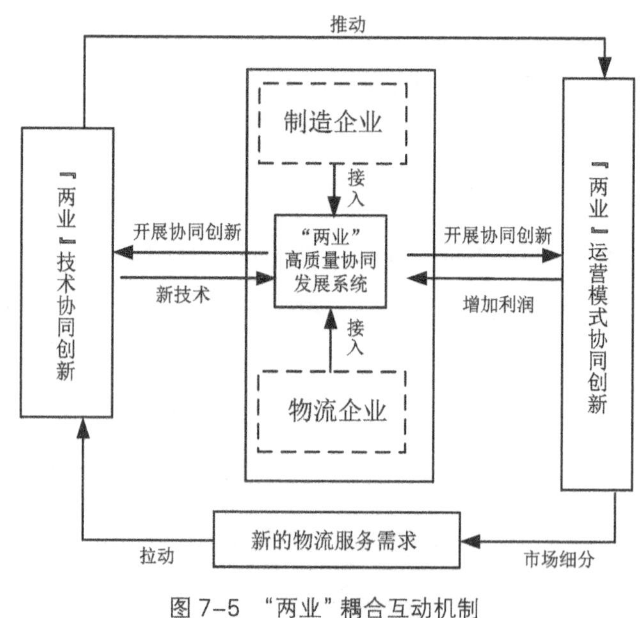

图 7-5 “两业”耦合互动机制

7.3 “两业”高质量协同发展的信息共享机制

目前，制造企业与物流企业在实际合作过程中，常常由于信息延迟、失真和信息不对称等原因，造成“两业”双方合作与协同的效率低下。然而，当今研究大数据时代“两业”如何构建信息共享机制的文献并不多见。因此，本专著构建了基于大数据的“两业”实现高质量协同发展的信息共享机制，作为支撑“两业”实现可持续发展、防止信息失真的重要保障，这样不但能够提高“两业”实现高质量协同发展的信息共享程度，而且还可以更好地解决“两业”实现高质量协同发展中存在的信息延迟、失真和信息不对称等问题。

在大数据时代，“两业”信息共享机制能够得到信息技术、大数据技术和互联网技术等强有力的支撑。基于大数据的“两业”信息共享体系能够将供应链上的原材料供应信息、采购信息、产品运输信息等各类信息，以电子数据、可压缩的文件、视频图像等形式，通过互联网进行传递、保存，同时运用大数据分析与挖掘技术，对制造企业与物流企业协作过程中的海量数据进行有效分析和处理，最终获取有价值的信息（包含商品生产、销售、仓储和配送以及市场供求关系等各种信息）。如果这些有价值的信息在“两业”之间一旦实现共享，那么必然促进“两业”实现高质量协同发展。

7.3.1 “两业”实现高质量协同发展的信息共享类型

在不同分销渠道上，采用不同生产方式的制造企业与物流企业在协同过程中所形成的“两业”信息共享类型是各不相同的。然而，就一般制造企业而言，在其产业链运作过程中，以制造企业为核心、信息传递为媒介、制造企业与上下游合作伙伴及物流企业的信息共享为切入点，来具体分析“两业”信息共享的类型，概括起来主要包括以下四种类型：

（1）“采购”信息共享。当制造商的下游合作伙伴（分销商）接收 n 个客户的需求订单之后，再将 n 个小订单汇总成产品总需求的大订单传递给制造商和物流服务商，然后，制造商根据分销商的总需求制订产品生产计划和物料采购计划；随后，制造商又将反映分销商总需求的物料采购订单传递给供应商和物流服务商，供应商依据物料采购订单进行备货，同时物流服务商按照物料采购订单及时、准确地配货与发货，并且将制造商所需物料保质保量地及时送达以及将分销商订购的商品安全、可靠、准确地送到用户手中，从而避免了由于信息不对称而造成的损失。在此物流活动过程中，制造商、供应商、分销商和物流服务商四方实现了“采购”信息的共享。

（2）“产供销”信息共享。制造企业与物流企业在产品生产方面的信息共享，表现为制造商加强与物流服务商、供应商和分销商的信息沟通，实现产品生产信息的共享。这是因为产品生产信息是构建产业链、物流链的基础，只有当产品生产的信息在产业链、物流链中实现了共享，才能保证生产物料的有效供应和产品销售。因此，供应商可以根据制造商的生产计划预先制订物料供应计划，物流服务商也可以超前做好配货与发货的计划工作。同理，分销商依据制造商的生产计划也可以事先拟订产品分销计划，物流服务商也同样依据产品分销计划提前制订物流计划，从而消除了上下游合作伙伴与物流服务商制订计划的盲目性。制造商、物流服务商在完成产品订单方面，将订单执行状态、预期订单延迟时间等相关信息与分销商实现共享，以便于下游分销企业调整销售计划，降低销售风险，提高下游合作伙伴的决策效率。制造企业的生产能力和物流企业的服务能力等信息，在制造商、供应商、分销商和物流服务商之间必须实现信息共享，例如，生产规模、生产设备、生产技术、物流装备、物流技术、物流设施等信息。这样可以根据客户的产品需求、服务需求等信息变化，动态调整产品生产能力和物流服务能力，保证物流服务与产品生产相匹配，实现产供销以及物流服务的均衡发展，消除生产能力、服务能力过剩或不足的现象。

（3）“分销”信息共享。在分销渠道上各产品零售商通过分销网络系统、及时地将产品销售数据传递给上游批发商和物流服务商，然后，批发商再将汇总的销售数据传递给制造商和物流服务商。因此，在制造商、批发商、零售商和物流服务商之间实现了分销信息的共享。制造商通过共享分销信息能够准确地分析消费者偏好、消费者类型和预测销售价格的变化趋势，并且为下一期产品生产计划安排以及未来产品销售价格的制订等奠定可靠的信息基础；分销商（包含批发商和零售商）通过共享分销信息可以最大限度地满足消费者多样化、个性化的需求，并且能够更加合理地制订下一期产品种类、产品质量、产品批量的采购计划和分销计划。而且，物流服务商通过共享分销信息就能够做到在合适的时间、合适的地点，以合适的价格、质量和服务向客户提供合适的商品。

（4）供应链库存信息共享。供应链库存信息的共享包括三个方面：第一，在以制造商为核心企业构建的供应链上，当分销商、物流服务商和客户之间实现了库存信息共享，则有利于分销商和物流服务商为客户及时补充库存量；第二，制造商、分销商和物流服务商之间实现了库存信息共享，有利于制造商准确掌握分销商的产品库存变化状态，能够消除供应链上的“牛鞭效应”，既而能够做到为分销商快速、及时、准确补货，大幅度降低销售风险；第三，供应商、制造商和物流服务商之间实现了库存信息共享，那么供应商和物流服务商就能够实时掌握制造商对生产性物料的需求状况，能够及时补充制造商生产过程中所需要的各种物料，也就能够有效避免由于缺料而导致生产中断的风险以及消除由此带来的不必要损失。

7.3.2 构建“两业”实现高质量协同发展的信息共享平台

基于互联网的“两业”协同运作更具有动态性，物流企业为了适应制造企业的转型升级与快速发展，除了进行实时的服务产品结构调整之外，还需要借助于互联网的优势实现“两业”实时联动与高质量协同发展。“两业”联动与协同是以动态联盟思想为基础的，其核心就是为了提高“两业”客户的满意度和对市场变化做出快速反应的敏捷度，提升“两业”核心竞争力。在“两业”协同过程中，各参与主体间的简单链接是无法推进“两业”实现高质量协同发展的，因此，要敢于创新，从互联网视角观察面向制造企业与物流企业的协同运作，构建一个紧密合作的、有利于“两业”实现高质量协同发展的信息共享平台，通过各参与主体间的信息共享和“两业”业务流程重组来实现“两业”协同运作。本小节在分析“两业”协同运作框架和整体业务流程的基础上，构建了基于互联网的“两业”实现高质量协同发展的信息共享平台①（如图 7-6 所示）。

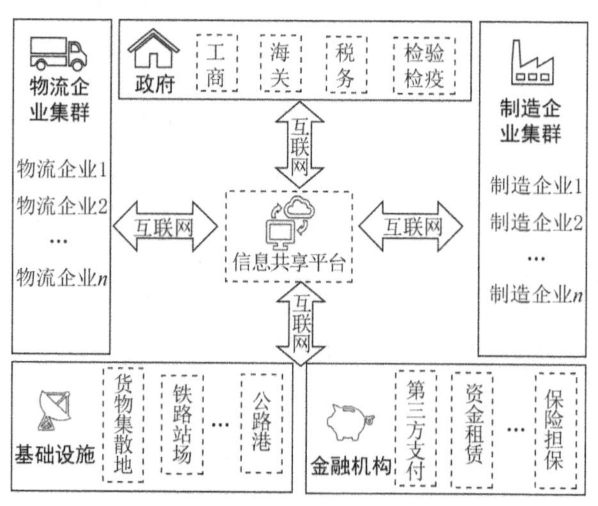

图 7-6 基于互联网的“两业”高质量协同发展的信息共享平台

① 孙笑，刘春延，张池军，等．“互联网 +”背景下敏捷物流管理信息共享机制研究 [J]. 情报科学，2017，35(05)：157-159.

由图 7–6 可知，基于互联网的“两业”实现高质量协同发展的信息共享平台有助于制造企业、物流企业以及各参与协同的相关主体之间的信息集成，并且能创造出便于沟通、方便交流的信息渠道。首先，由于“两业”高质量协同发展系统中包含了许多制造企业、物流企业以及相关参与主体，不同企业的信息系统也存在各种差异，所以参与信息共享的企业的信息来源非常广泛，这就要求“两业”高质量协同发展系统的信息系统具有一定的异构性，基于互联网的“两业”高质量协同发展系统的信息共享平台能够促使制造企业通过信息共享平台将参与协同的不同主体的信息进行整合，并且运用大数据分析与挖掘技术分析市场需求数据和过去的生产数据，为制造企业做出正确的生产决策提供有价值的信息支撑。其次，物流企业通过信息共享平台不仅可以实时、便捷地承接制造企业的物流外包业务，而且能够将不同物流企业的物流资源进行有效整合，且实现优势互补。政府部门的相关部门和金融机构也能够通过信息共享平台与制造企业、物流企业实现远程对接，可以在线上进行有关业务洽谈以及相关手续办理，不断提高工作效率。铁路站场、公路港、水路港、空港、物流园区等相关货物集散地也可以通过信息共享平台发布相关业务需求信息，各物流集散地之间也可以进行相关数据和信息的实时交换，借助于信息共享平台与制造企业、物流企业实现供需信息的即时对接，持续提高分拣、装卸、搬运、配送、仓储等物流环节的作业效率，并为实现海陆空多式联运的无缝衔接提供信息支持。

综上所述，在基于互联网的“两业”高质量协同发展系统的信息共享平台中，数据的实时性是“两业”实现高质量协同发展的重要保证，借助于互联网的桥梁和纽带作用，信息共享平台既能满足制造企业与物流企业协同运作的信息需求，又能够时时刻刻更新“两业”共享的信息，确保“两业”在实现高质量协同发展过程中所需信息的准确性和及时性。

7.3.3 建立"两业"实现高质量协同发展的信息共享机制

"两业"高质量协同发展系统中的信息共享，就是对参与协同的制造企业和物流企业等各类企业多方面的信息进行集成，并且储存于可以实现共享的信息数据库。要获取产业链和物流链上各节点企业所提供的可靠信息，就必须在"两业"高质量协同发展系统中实现信息共享，这是一项复杂的系统工程，它涉及参与协同的企业内外部不同的信息系统。只有通过不断完善制造企业、物流企业之间的信息共享网络，才能对客户的需求做出快速反应，才能在供应链上节点企业之间建立战略合作伙伴关系，才能促进制造企业和物流企业之间的协同创新。因此，信息共享机制既是"两业"实现高质量协同发展的动力源泉，又是保证信息共享的规则、程序和制度。本小节设计了基于互联网的"两业"实现高质量协同发展的信息共享机制（如图 7-7 所示）。

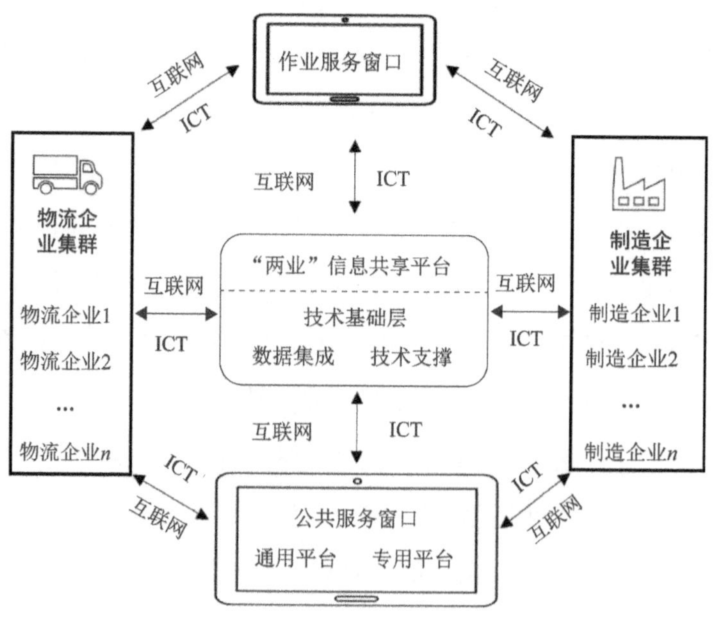

图 7-7　基于互联网的"两业"实现高质量协同发展的信息共享机制

在图 7–7 中，公共服务窗口主要是用于制造企业、物流企业面向社会各界发布制造行业、物流行业协同运作的相关信息以及产品或服务的供需信息。其中，通用平台一般用于发布产品或服务的供求信息、有关行业政策信息、客户信息以及咨询服务等基本的信息服务内容，包括：制造企业与物流企业的行业动态、行业政策法规、客户消费动态、各种物流服务方式的价格动态等；专用平台主要充当制造企业、物流企业、金融机构、政府相关部门等各参与主体间的内部信息系统对接窗口。作业服务窗口主要为制造企业、物流企业分别在“两业”实现高质量协同发展过程中进行资源配置和实现优势互补提供信息支持。技术基础层主要为“两业”高质量协同发展信息共享平台的正常运行提供数据集成和技术支撑。

此外，信息通信技术（information and communication technologies，ICT）也是构建基于互联网的“两业”高质量协同发展信息共享机制的重要技术支撑。在信息通信领域，信息通信技术被看作是计算机网络技术、电子通信技术、信息管理及通信技术、工业信息网络服务技术等多项技术的融合与集成；在“两业”高质量协同发展信息共享平台中，信息通信技术是最根本的支撑技术。信息通信技术通过将自动化“信息孤岛”、异类设备以及其他相关的电子设备连接起来，通过多个系统不同个体间的异构信息交换、相互协调、相互促进以及多方信息集成，实现将准确的信息以恰当的形式、在恰当的时间、以恰当的方式传递到信息共享平台，从而支撑“两业”在实现高质量协同发展过程中的科学决策。计算机网络通信技术是以互联网技术为基础，立足于制造企业、物流企业的信息数据库，在各产业内部建立起内部计算机信息网络系统，在产业外部同广域互联网链接，形成外部的网络通信系统，为制造企业、物流企业实现信息集成、产品数据共享、消费者互通互联等提供技术支撑。互联网、大数据、云计算等为“两业”信息共享平台的发展和建设提供了有效的技术保障，也为“两业”实现高质量协同发展奠定了坚实的技术基础。

大数据时代与传统时代的本质区别就在于现代制造企业与物流企业应用了信息通信技术与互联网技术处理制造企业与物流企业协同运作过程中的一系列业务，“两业”之间实现了信息共享，缩短了相关问题的处理时间，使得“两业”协同效率极大提高。高效的信息共享机制不仅能够消除产业链中的“牛鞭效应”和道德风险，而且还有助于驱动“两业”实现高质量协同发展。

7.3.4 海尔电器公司案例分析

1. 案例背景

海尔电器公司认为“工业 4.0”的本质就是互联工厂，海尔的互联工厂通过互联网将用户和生产线实现零距离对接，用户的个性化需求可以在第一时间反馈到生产线，智能制造系统为满足用户个性化需求进行自动生产安排，并且将相关信息传递给各道工序生产线以及所有物流服务商及模块商（下文简称“物流服务模块商”）。目前在沈阳、郑州、佛山、青岛等地已经建成了多家互联工厂，同时上线了用户交互定制平台和模块商资源平台，已经有许多个性化定制的空调从海尔郑州互联工厂下线，进入普通用户家庭。海尔电器公司建设互联工厂的根本目的，就是打造按需设计、按需生产、按需配送的个性化制造与物流服务体系。

2. 案例分析

海尔互联工厂的前端就是名为“众创汇”的用户交互定制平台，在此平台上，海尔互联工厂与用户可以零距离对话，用户也可以通过多种终端查看产品“诞生”的全过程，例如，定制内容、定制下单、产品下线等多个关键性节点以及产品生产全过程均在互联工厂、物流服务模块商和用户的共同“掌控”之中。为了实现从大规模制造向个性化定制的转型，海尔电器公司构建用户交互定制平台和模块商资源平台（信息共享平台），以模块化为基础的互联工厂能够为用户提供个性化定制体验，“众创汇”用户交互定制平台为互联工厂与用户实时沟通提供了保障，而“海达源”模块商资源平台为互联工厂、模块商和用户等利益相关者实现信息共享提供了支撑，由此形成了海尔互联工厂按需设计、按需生产、按需配送的信息共享机制（如图 7–8 所示）。用户交互定制平台的上线意味着用户不再是产品生产的旁观者，而是可以参与生产全过程，并且能与互联工厂等利益相关者共享产品生产全过程的相关信息。

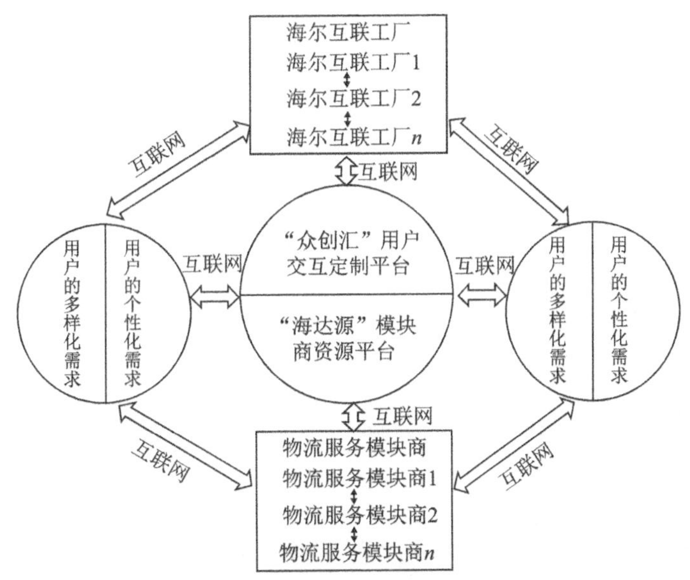

图 7–8　海尔互联工厂的信息共享机制

“海达源”模块商资源平台是全球家电行业第一家为供应商提供在线注册的直接对接用户需求的零距离平台。该平台具备开放、零距离、用户评价、公开透明四个特征，能够推动全球一流模块商、物流服务商自注册、自抢单、自交互、自交易、自交付、自优化。与传统的物流服务模式“零部件采购—订单销售”模式相比，物流服务商、模块商的注册、响应需求、方案选择结果、评价结果等全过程都将在平台上公开公示，考核物流服务商、模块商的主体已经不再是企业，而是用户。截止到目前，该平台已经完成了自注册模块商（包含物流服务商）3700多家，平台上交互的2000多个产品生产及服务方案为用户提供了最佳体验。模块商资源平台已将传统的价格博弈关系转变为共创共赢关系，互联工厂与模块商共同致力于提供满足用户需求的产品供应链一体化解决方案。海尔电器公司这一创新举措给近千家供应商和物流服务商带来强烈震撼，他们纷纷表示要转变经营模式，尽快实施战略联盟，将零部件供应商和物流服务商进行有机集成，并升级为“物流服务模块商”，并且一致认为只有和用户共享信息、共同设计、共同制造产品，才能获取更大的增值空间。

由于用户个性化需求信息与互联工厂在交互平台上实现了同步共享，所以依靠横向、纵向无缝集成的数字化系统就能够实现用户与生产线的协同。“横向集成”是应用互联网技术，由用户需求到产品设计、制造、物流、售后服务，实现整个供应链全流程融合；“纵向集成”是通过物联网技术，从公司到工厂，再到车间，最后到每台设备、每位员工，能够实现“万物”互联互通。

目前海尔电器公司正在打造一个虚实融合的“智能制造系统”，将用户需求通过虚拟设计、虚拟装配系统转化为产品制造方案，然后通过互联工厂的智能制造和智慧物流把它们配送到用户家中，也就是将现实世界和虚拟世界有机地联系起来。这样才能够彻底解决个性化定制过程中产品生产周期长、效率低、质量一般等问题。在未来通过互联网、大数据、云计算可以实现智慧家庭和互联工厂的有机融合，实现人、机、物等互联互通以及用户全生命周期的最佳体验。

在ICT和互联网技术的支撑下，海尔互联工厂的“众创汇”用户交互定制平台与“海达源”模块商资源平台之间实现了互联互通与信息共享，能够快速响应与满足用户的差异化、个性化需求。基于ICT和互联网技术的信息共享机制，是支撑海尔互联工厂与“物流服务模块商”实现高质量协同发展、防止信息失真的重要保障，信息共享机制不但能够提高海尔互联工厂、“物流服务模块商”高质量协同发展的信息共享程度，而且还能够更好地解决海尔互联工厂与“物流服务模块商”高质量协同发展中存在的信息延迟、失真和信息不对称等问题。

在互联网时代，海尔互联工厂按需设计、按需生产、按需配送的信息共享机制能够得到互联网、大数据、云计算等新一代信息技术的强有力支撑。因此，在海尔互联工厂与“物流服务模块商”实现高质量协同发展过程中，信息共享机制不仅使得海尔互联工厂与“物流服务模块商”以及用户之间实现了“采购”信息共享、“产供销”信息共享、“分销”信息共享和“供应链库存”信息共享，而且还能够将以海尔互联工厂为核心企业的供应链上的模块供应信息、采购信息、产品运输信息等各类信息，以电子数据、可压缩的文件、视频图像等形式，通过互联网进行传递、保存，同时运用大数据分析与挖掘技术，将海尔互联工厂与“物流服务模块商”协作过程中的海量数据进行有效分析和处理，最终获取有价值的信息（包含家电产品的生产、销售、仓储和配送以及市场供求关系等各种信息）。正是因为这些有价值的信息在互联工厂与“物流服务模块商”之间能够充分地实时共享，所以促进了海尔互联工厂与“物流服务模块商”实现高质量协同发展，极大地增强了海尔电器公司的市场竞争力。

3. 案例总结

从制造逻辑看，海尔电器公司实施互联工厂战略，以用户交互定制平台和模块商资源平台为中心，构建海尔互联工厂信息共享机制，其必要条件是工厂实现了模块化、自动化、智能化和生产效率的持续提升；而充分条件是用户与互联工厂、“物流服务模块商”等利益相关者之间实现了信息共享，并且能够无障碍参与到产品设计、供应链物流管理、市场营销活动等业务流程中。互联工厂的宗旨是构建大规模个性化定制模式，创造最佳用户体验。由于海尔互联工厂构建了一张动态抓取用户需求、快速整合全球最优资源的强大网络，所以能够将多样化、个性化的用户需求与智能化、透明化的互联工厂无缝衔接起来，海尔互联工厂是对“中国制造 2025”战略的率先实践。

在当今全球范围内，海尔电器公司对“工业 4.0”的探索与实践是非常超前的，中国制造业转型升级的关键是重塑制造逻辑，海尔互联工厂将用户、“物流服务模块商”和利益相关者等要素，利用开放平台集聚到一起，通过互联互通、信息共享，实现供应、生产、消费零距离对接，极大地满足多样化、个性化的用户需求。这种制造逻辑不仅能够促进我国家电行业的大发展，而且给制造业、物流业的转型升级以及“两业”实现高质量协同发展带来许多有益启示。

本节在全面分析“两业”实现高质量协同发展的信息共享类型基础上，构建了基于互联网的“两业”实现高质量协同发展的信息共享平台，并且探讨了驱动“两业”实现高质量协同发展的信息共享机制。由此得到如下结论：（1）在基于互联网的“两业”高质量协同发展系统的信息共享平台中，数据的实时性是实现“两业”高质量协同发展的重要保证，信息共享平台既能满足制造业与物流业协同运作的信息需求，又能够时刻更新“两业”共享的信息，确保“两业”在实现高质量协同发展过程中所需信息的准确性和及时性；（2）高效率的“两业”信息共享机制，不仅能够消除供应链中的“牛鞭效应”和道德风险，而且还有助于“两业”实现可持续的高质量协同发展；（3）互联网、大数据、云计算等技术为“两业”信息共享平台的建设与发展提供了可靠的技术保障，也为“两业”信息共享机制的高效运行奠定了坚实的技术基础；（4）“案例研究”验证了“两业”信息共享机制既能将多样化、个性化的用户需求与智能化、透明化的制造体系无缝衔接起来，又能充分保障制造企业与物流企业实现高效率、高质量的协同发展。

上述研究结论给制造业、物流业和政府部门带来如下启示：（1）政府有关部门应该充分利用互联网、大数据、云计算技术，加快建设有利于“两业”实现高质量协同发展的信息共享平台及其机制；（2）互联网时代制造业与物流业应该高度重视用户交互定制平台和“模块商”资源平台建设，努力让用户、“模块商”、物流服务商、互联工厂以及其他利益相关者等要素实现线上集聚，这样不仅有利于满足用户个性化、多样化需求，而且能促进“两业”线上与线下的高质量协同发展；（3）促使制造业、物流业和政府部门高度重视互联网、物联网、ICT、人工智能等新一代信息技术的广泛利用，加快发展智能制造业和智慧物流业，不断提升“两业”协同创新能力和协同创新效率，最终促进“两业”实现可持续的高质量协同发展。

7.4 “两业”高质量协同发展的市场环境保障机制

为了确保“两业”高质量协同发展系统中制造企业子系统与物流企业子系统之间的协同演化稳步推进，必须构建市场环境保障机制来支撑“两业”实现高质量协同发展，同时保障制造企业、物流企业的发展能够达到持续、稳定、协调的目标。然而，如何构建制造企业与物流企业实现高质量协同发展的市场环境保障机制，这是当前必须解决的重要问题。因此，本节尝试着从构建社会诚信保障体系、市场成熟度和政策协调体系三个维度来探讨市场环境保障机制的建立。

7.4.1 “两业”实现高质量协同发展的社会诚信保障机制

为了推进“两业”高质量协同发展系统协同演化能够稳步进行，必须构建市场环境保障机制。然而，构建市场环境保障机制，应该将社会诚信保障体系的构建作为切入点。首先通过构建社会诚信保障体系来支撑“两业”实现高质量协同发展，最终让制造企业与物流企业实现可持续发展的目标。社会诚信保障体系的构建，要从以下四个方面展开：(1) 通过构建征信系统，能够及时采集、处理和管理融入“两业”高质量协同发展系统的制造企业与物流企业的信用信息，并且充分利用这些信息对它们分别进行信用评级，这是“两业”实现高质量协同发展的信用基础；(2) 目前，由于我国颁布的制造企业与物流企业的相关法律法规不够完善，所以在社会诚信保障体系建设过程中，要制定与完善“两业”实现高质量协同发展的有关法律法规，从而形成法律保障体系，该体系能够维护“两业”高质量协同发展系统中各参与方的合法权益，对于促进“两业”实现高质量协同发展起到法律保障作用；(3) 在加强社会诚信保障体系建设的同时，不仅能够完善社会诚信制度，而且还能够营造“守信奖励、失信惩罚”的良好营商环境，促使制造企业与物流企业在实现高质量协同发展过程中，做到“守信、诚实”，最终在全社会形成“守信光荣、失信可耻”的“两业”高质量协同发展的社会诚信文化；(4) 高度重视社会诚信保障体系的建设，从根本上离不开有效的政府部门监管，“信任”不能取代“监管”，所以，加大政府部门对“两业”高质量协同发展的监管力度，必将对“两业”实现可持续发展起到关键作用。

7.4.2 “两业”实现高质量协同发展的市场成熟度

市场成熟度是市场环境保障机制的重要组成部分，它包含了成熟的市场结构、成熟的市场主体和成熟的市场运营机制，所以市场成熟度建设水平的高低将关系到“两业”在实现高质量协同发展过程中是否能够实现可持续发展的目标。因此，加强市场成熟度建设，必须从以下四个方面推进：（1）加快供给侧结构性改革，不断完善市场结构，助推市场结构向更加成熟的方向发展。因为市场结构越成熟，市场的运营体系就越完善，即商流、物流、资金流、信息流就越能够形成有效的良性循环体系，越有利于促进“两业”实现高质量协同发展。（2）推进物流供给侧结构性改革向纵深方向发展，不断提升市场主体的成熟度。“两业”高质量协同发展系统中的市场主体越成熟，以制造企业为核心的供应链对物流服务的需求就越能够从效用最大化的视角出发，选择更加适合自身所在供应链的物流服务商，而物流服务商就越能够为供应链上下游客户提供多样化的增值服务和个性化的物流解决方案。因此，有利于有效整合制造企业与物流企业的优势资源，有利于加快制造企业与物流企业实现高质量协同发展。（3）随着物流服务供给侧结构性改革继续向纵深方向发展，必将促使市场运营机制更加成熟。成熟的市场运营机制，一方面表现为物流服务的供给和需求相互平衡，即无论是低端物流服务还是高端物流服务，供给和需求始终能够保持动态平衡；另一方面表现为“两业”实现高质量协同发展是处于公平、公正、透明、自由的市场竞争环境中，这样的市场运营机制更有利于促进制造企业与物流企业实现高质量协同发展。（4）在加快市场成熟度建设的同时，要兼顾社会诚信保障体系建设同步进行。社会诚信保障体系既影响制造企业与物流企业实现高质量协同发展，又影响市场成熟度的完善与市场成熟水平的提升。同时，市场成熟水平的不断上升不仅反作用于社会诚信保障体系建设，而且影响制造企业与物流企业实现高质量协同发展。

7.4.3 “两业”实现高质量协同发展的政策协调体系

为了实现制造强国的战略目标，政府部门出台了“中国制造 2025”的发展战略规划，力图实现从制造业大国向制造业强国转变，物流业在其转变过程中扮演着重要角色。制造企业与物流企业实现高质量协同发展是提升物流业整体服务水平以及实现制造业转型升级的关键。然而，目前我国“两业”能否实现高质量协同发展将受到诸如社会诚信体系、市场成熟度、法律法规、政策制度等外部环境因素的影响，因此，需要加强市场环境保障机制建设，不断完善政策协调机制。为了促进制造企业、物流企业实现可持续发展，在“两业”实现高质量协同发展的初始阶段（或成长阶段），政府部门必须制定和颁布一系列指导性文件和相关政策来鼓励和推动制造企业与物流企业实现高质量协同发展，例如，2010年，全国现代物流工作部际联席会议办公室颁布了《关于促进制造业与物流业联动发展的意见》；2014 年国务院颁布了《关于促进市场公平竞争维护市场正常秩序的若干意见》，并且提出了简政放权、依法监管、公正透明、权责一致、社会共治的基本原则；2014 年国务院还出台了《社会信用体系建设规划纲要（2014—2020 年）》，以推进政务诚信、商务诚信、社会诚信和司法公信建设为主要内容；2014 年国家七部委还印发了《关于我国物流业信用体系建设的指导意见》，要求加强物流信用服务机构培育和监管、推进信用记录建设和共享、积极推动信用记录应用、开展专业物流领域信用建设试点、加强物流信用体系建设的组织协调等措施。这些指导性文件和相关措施对于完善政策协调机制发挥了积极作用。为了持续促进制造企业、物流企业健康、协调、有序发展，政策协调机制建设必须要落地生根、开花结果。因此，必须做好以下几个方面的工作：

（1）加强行政监督、完善审批制度、规范行政执法和行业标准，建立健全制造行业、物流行业的法律法规体系，不断提升各级政府部门行政管理水平。近几年来，我国制造企业、物流企业发展迅猛，但是，生产过程中“偷工减料、假冒伪劣”，运输过程中超载、超长、超宽、超高、违章运货等违法行为时有发生；为了保证我国制造企业、物流企业实现可持续发展，必须严格规范制造企业、物流企业和行政执法人员的行为，进一步完善制造行业、物流行业监管体系，广泛运用现代信息网络技术对工业互联网、物联网以及物流系统中各节点企业的行为进行在线、实时、有效监管。

（2）构建合理的市场准入“门槛”，消除地区封锁、打破行业垄断，形成公平、有序的营商环境，促进传统物流企业向高端物流企业转型升级，实现制造企业与物流企业高效协同。随着“中国制造 2025”发展战略的实施，服务型制造企业将会得到蓬勃发展，高成本、低效率的传统物流企业更加需要向高端物流企业转型升级。这不仅需要国家各项优惠政策的扶持，也需要健全的法律法规体系作为保障，更需要为制造企业、物流企业转型升级构建高效的市场环境保障机制。

（3）加快制造企业、物流企业的征信系统建设，构建制造企业与物流企业双边互动的信用平台，营造良好的信用环境。目前，我国的物流企业仍以提供运输、仓储等传统物流服务为主，诚信缺失、监管不力的现象仍较为普遍；征信系统的建设可以整合交通、运管、路政、工商、税务、银行、保险、司法等信用信息，全面推进制造企业、物流企业信用信息的共享与应用，这对构建守信奖励、失信惩戒机制能起到保障作用。

（4）政策协调体系的完善与成熟是一个复杂而漫长的过程，既需要政府部门的努力，也需要制造企业、物流企业的配合与参与。制造企业、物流企业应该高度重视对政策环境的整体性认识，转变认识误区，例如，总是将促进制造企业、物流企业实现高质量协同发展的政策看成是提供优惠、扶持和倾斜的措施来提高“两业”协同效率，然而，政策解决的问题是如何让市场公平公正运作，至于如何提高“两业”协同效应，则是企业应当思考和解决的问题。

7.5 营商环境综合保障机制的有机集成

所谓“营商环境”就是指企业在一个国家（或地区）创办与经营的难易程度，包括遵循当地政策、法规所付出的成本等；良好的营商环境应具备清晰、透明、高效的监管规则和成熟稳定的市场环境、技术环境、产业发展的政策环境以及健全的社会诚信机制等[①]。营商环境的构成要素既是制造企业与物流企业实现高质量协同发展的外在驱动力，又是“两业”实现高质量协同发展的最终检验者，也是制约“两业”高质量协同发展系统协同演化的关键要素。不同的营商环境要素对“两业”高质量协同发展系统协同演化所发挥的作用各不相同，制造企业与物流企业实现高质量协同发展是无法突破这些营商环境变量的约束。在制造企业与物流企业实现高质量协同发展过程中，营商环境是外生变量，它与高质量协同发展主体之间可能会发生正向、中性或反向的作用，正向产生积极作用、反向产生负作用、中性不产生作用。所谓营商环境综合保障机制，简言之，就是改善与营造良好的、有利于“两业”实现高质量协同发展的外部环境。也就是说，营商环境综合治理者如何营造宽松、和谐的政策、法律法规、诚信市场和技术环境来促进“两业”高质量协同发展系统的协同演化，从而加大对“两业”实现高质量协同发展的扶持力度，制定积极鼓励“两业”实现高质量协同发展的优惠政策，建立健全共生机制、耦合机

① 2017年营商环境报告：人人机会平等 [EB/OL]. http://chinese.doingbusiness.org/reports/global-reports/doing-business-2017.

制、信息共享机制和市场环境保障机制，为“两业”高质量协同发展系统的协同演化排除一切不利因素。

“两业”实现高质量协同发展的营商环境综合保障机制就是指作用于“两业”高质量协同发展系统中各参与主体的共生机制、耦合机制、信息共享机制以及市场环境保障机制实现集成之后所形成的有机整体。营商环境综合保障机制不仅决定了各协同主体之间的匹配关系，而且还通过各协同主体之间的协同行为对其协同意愿、协同状态以及协同模式的选择产生重要影响。制造企业与物流企业的协同演化过程受到各种因素的影响和制约，其高质量协同发展是在系统内外部合力的作用下协同演化的结果。高质量协同发展系统内外部形成的合力所发挥的主导作用将会随着系统演化进入不同阶段而发生变化。但是，无论如何演化，制造企业与物流企业实现高质量协同发展，始终是处于非线性作用下的动态开放系统内，各协同主体是制造企业与物流企业协同演化过程中相互作用的各参与主体及其利益相关者，它们是“两业”高质量协同发展系统演化的基本要素。因此，“两业”高质量协同发展系统的协同共生机制将直接影响“两业”协同主体协同行为的发生与高质量协同发展模式的选择。另外，“两业”高质量协同发展系统的协同演化过程，其本质就是各协同主体协同行为的动态选择过程，“两业”协同创新系统中各协同创新子系统间的耦合机制决定了“两业”实现高质量协同发展的可持续性与稳定性。同时，“两业”高质量协同发展系统是一个远离平衡态的开放的复杂系统，在协同演化过程中不断地与外界环境进行着数据、信息、知识、物质、能量等交换，即不断地从外界环境吸收负熵流以消除系统内部正熵流的增加，使得“两业”高质量协同发展系统的总熵为负，从而增强了“两业”高质量协同发展系统的有序性和自组织性，促进“两业”实现高质量协同发展的营商环境综合保障机制发挥更大的积极作用。

“两业”高质量协同发展系统是由相互关联、相互影响、相互作用的制造企业子系统、物流企业子系统和保障机制子系统等相互融合而成的复杂的开放系统，其高质量协同发展的目的是提升“两业”的价值创造能力。在“两业”实现高质量协同发展过程中，“两业”协同共生机制是制造企业与物流企业实现高质量协同发展的核心驱动力，与“两业”协同创新密切相关的耦合机制及信息共享机制是“两业”实现高质量协同发展的支撑平台和纽带，而营商环境则成为“两业”实现高质量协同发展的外源驱动力。因此，作者认为当影响“两业”实现高质量协同发展的共生机制、耦合机制、信息共享机制以及市场环境保障机制实现有机集成之后，就形成了以共生机制为核心、以协同创新的耦合机制为支撑、以信息共享机制为纽带、以市场环境保障机制为依托的由内向外逐级驱动“两业”实现高质量协同发展的营商环境综合保障机制（如图 7–9 所示）。

从图 7–9 中可知：“两业”高质量协同发展系统的核心机制是共生机制，它是制造企业主体、物流企业主体双方协同演化的结果。由于“两业”实现高质量协同发展是一个复杂的协同演化过程，在一定环境下，“两业”主体双方相互作用机制决定着高质量协同发展系统的发展趋势。“两业”主体基于产业关联而实现了共生，在这个高质量协同发展系统中，有效的协同共生机制是驱动“两业”实现高质量协同发展的内在动力，而“两业”协同创新系统中技术协同创新与运营模式协同创新间的耦合与协同加快了“两业”实现高质量协同发展的步伐。

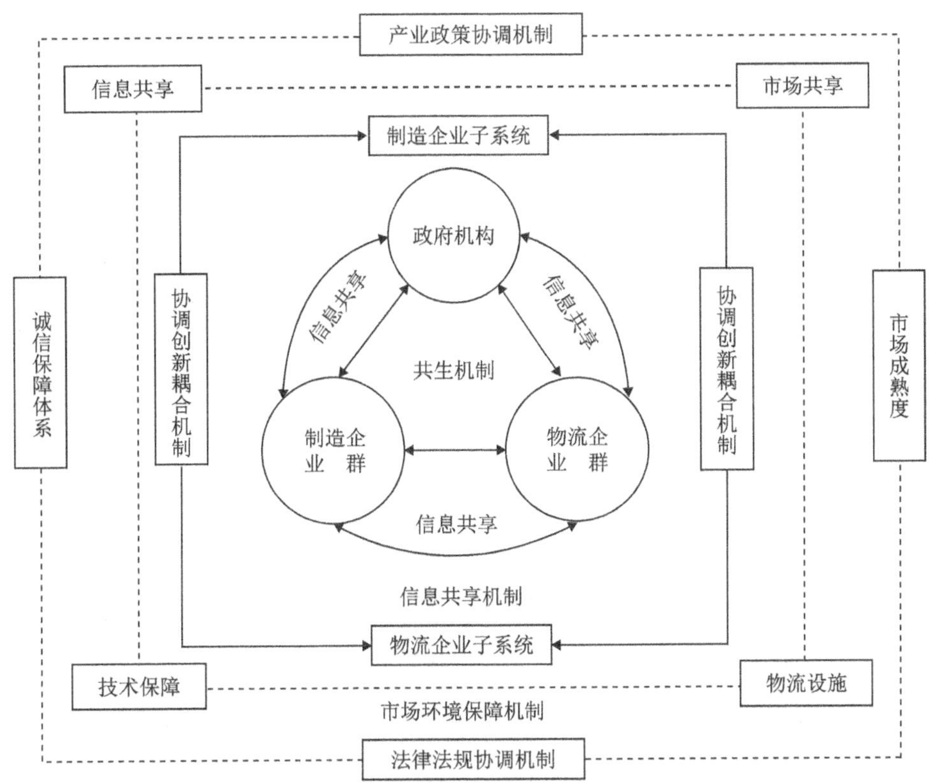

图 7-9 “两业”实现高质量协同发展的营商环境综合保障机制

“两业”高质量协同发展系统的支撑机制由信息共享机制和协同创新耦合机制构成。由于制造企业与物流企业实现高质量协同发展是各协同创新主体之间的有效耦合与协同的结果，所以各协同创新主体占有的市场份额、各创新主体间的信息沟通以及技术差异对“两业”实现高质量协同发展的效率与效果发挥着重要作用。信息共享、市场共享、技术保障和物流设施等构成了“两业”实现高质量协同发展的重要基础。其中公路枢纽、铁路站场、物流园区、港口等各种物流基础设施是“两业”实现高质量协同发展的支撑平台，而信息共享是“两业”实现高质量协同发展的技术平台。无论是物流企业还是制造企业都要高度重视信息技术的开发与应用，以便于“两业”在实现高质量协同发展过程中能够实现信息共享。然而，无论是“两业”高质量协同发展系统内各子系统之间的协同，还是各子系统内部各种要素之间的协同，只有当相关协同创新之间实现了耦合，才能进一步促进“两业”实现高质量协同发展。

“两业”高质量协同发展系统的约束与保障机制，即是市场环境保障机制。由前述“两业”实现高质量协同发展的熵变模型可知，“两业”形成的高质量协同发展系统不断地与外界环境进行着数据、信息、知识、物质和能量的交换，从外界环境引入的负熵流必将减少系统内部正熵流的增加，只要系统引入的负熵流足够大，就能够导致系统的总熵为负，“两业”高质量协同发展系统就能够向着更加有序的方向演化。因此，由市场成熟度、诚信保障体系、法律法规和政策协调体系等构成的市场环境保障机制将直接影响“两业”高质量协同发展系统的形成与演化。市场环境保障机制的作用具有两面性：一方面，当“两业”高质量协同发展系统的协同演化在市场环境保障机制的边界内，市场环境保障机制就是驱动“两业”实现高质量协同发展的外源动力；另一方面，当“两业”高质量协同发展系统的协同演化超越了市场环境保障机制的边界，市场环境保障机制就变成了“两业”实现高质量协同发展的制约力，也就使得“两业”高质量协同发展系统回归原来的状态。所以，良好的市场环境保障机制不仅为“两业”实现高质量协同发展创造了更协调、更完善的良好外部条件，而且有利于促进“两业”实现高质量协同发展。

7.6 本章小结

基于制造企业与物流企业实现高质量协同发展的理论基础及其演化机理，本章首先运用共生理论探讨了制造企业与物流企业在实现高质量协同发展过程中的共生演化机制，并且借鉴两个种群系统相互影响的

Lotka–Volterra 种间竞争模型，构建了“两业”共生演化机制的动力模型；其次，制造企业与物流企业实现高质量协同发展是各协同主体在产业时空内的耦合互动与协同创新的结果，由此建立了“两业”协同创新层面的耦合机制；再次，完善的信息共享机制是支撑“两业”协同创新的技术平台；另外，在构建“两业”实现高质量协同发展的诚信保障机制、市场成熟机制、法律法规和政策协调机制的基础上，形成了市场环境保障机制，对“两业”高质量协同发展系统的协同创新、协同演化起到约束与保障作用；最后，基于“两业”高质量协同发展系统的复杂性、动态性和集成性，建立了由协同共生机制、协同创新耦合机制、信息共享机制和市场环境保障机制共同集成的“两业”实现高质量协同发展的营商环境综合保障机制。

综上所述，可以得到如下结论：（1）“两业”高质量协同发展系统是由相互关联、相互影响、相互作用的制造企业子系统、物流企业子系统和市场环境子系统等相互融合而成的复杂的开放系统，其实现高质量协同发展的目的是提升“两业”协同创造价值的能力。（2）在“两业”实现高质量协同发展过程中，“两业”共生机制是制造企业与物流企业实现高质量协同发展的核心驱动力。（3）与“两业”协同创新密切相关的耦合机制及信息共享机制是促进“两业”实现高质量协同发展的支撑平台和纽带，而市场环境保障机制则是“两业”实现高质量协同发展的外源驱动力。（4）当影响“两业”实现高质量协同发展的共生机制、耦合机制、信息共享机制以及市场环境保障机制实现有机集成之后，就形成了以共生机制为核心、以耦合机制为支撑、以信息共享机制为纽带、以市场环境保障机制为依托由内向外逐级驱动“两业”实现高质量协同发展的营商环境综合保障机制。其中市场环境保障机制的作用具有两面性：一方面，当“两业”高质量协同发展系统的协同演化在市场环境保障机制的边界内，市场环境保障机制就是驱动“两业”实现高质量协同发展的外源动力；另一方面，当“两业”高质量协同发展系统的协同演化超越了市场环境保障机制的边界，市场环境保障机制就变成了“两业”实现高质量协同发展的制约力，会促使“两业”高质量协同发展系统回归原来状态。所以，良好的市场环境保障机制不仅为“两业”实现高质量协同发展创造了更协调、更完善的良好外部环境，而且有利于促进“两业”持续实现高质量协同发展。

第8章 大数据时代“两业”高质量协同发展模式研究

早在1977年，建筑设计师Alexander就在《建筑模式语言：城镇·建筑·构造》（*A Pattern Language：Towns，Buildings，Construction*）著作中对“模式”这一概念，首次给出了经典定义：模式描述了现实中反复出现的问题，并从理论层面给出了解决该问题的方法①，模式是解决某类问题参照性的指导方略。本章在分析“两业”高质量协同发展机理的基础上，考虑大数据对制造企业与物流企业实现高质量协同发展的影响，依据制造企业与物流企业实现高质量协同发展的不同状态，设计了四种高质量协同发展模式，即战略联盟型高质量协同发展模式、三螺旋型高质量协同发展模式、网络平台型高质量协同发展模式、市场主导型高质量协同发展模式。在大数据时代，制造企业与物流企业高质量协同发展模式是以复合系统协同效应最大化为目标，与大数据的属性特征相适应，由制造企业与物流企业所构成的具有特定结构、按一定规律运行，并且可以普遍推广、具有若干典型特征的有效高质量协同发展范式。通过上述四种高质量协同发展模式的实施与有效运行，可以促进“两业”高质量协同

① ALEXANDER C. A pattern language: towns, buildings, construction[M]. Oxford University Press, 1977.

发展系统从外界引入更多的负熵流，加速“两业”实现高质量协同发展，持续提升协同效率。由于制造企业与物流企业高质量协同发展系统具有动态性，所以必须和物联网、云计算、大数据技术的发展相适应，其高质量协同发展模式也是在动态选择与适时转换过程中不断创新的。

8.1 战略联盟型高质量协同发展模式

1. 战略联盟的内涵

企业战略联盟理论是“两业”战略联盟型高质量协同发展模式形成与发展的基础。最早提出“战略联盟”概念的学者是美国DEC公司总裁简·霍普兰德（J. Hopland）和管理学家罗杰·奈格尔（R. Nigel）。他们认为，战略联盟是由两个或两个以上有着共同战略利益和对等经营实力的企业，为了达到共同占有市场、共同利用资源等战略目标，通过各种协议、契约形式而组成的优势互补、风险共担、生产要素双向（或多向）流动的一种松散的合作模式。制造企业与物流企业为了实现高质量协同发展而组建的战略联盟是一种重要的联盟形式，是制造企业与物流企业联动、协同的进一步发展。参与联盟的制造企业、物流企业都是为了满足自身成长与长远发展的需要而采取联盟行动，均具有明确的战略意图和目标，但是这种联盟关系不一定是长期稳定的。因为战略联盟要求制造企业和物流企业精心谋划、相互参与、共同承担责任，使得各项业务活动能够相互协调，因此，制造企业和物流企业之间的界限模糊了，使得参与联盟的企业为了实现战略联盟的共同目标而采取一致的或协同的行动。

2. 战略联盟的作用

战略联盟是由两个或两个以上的独立组织为了实现各自的战略目标而形成的长期战略合作关系。参与联盟的制造企业与物流企业之间始终保持着既合作又竞争的关系。在大数据时代，数据、信息和知识是建立稳固战略联盟的重要基础①，通过数据、信息和知识等资源的共享，可以降低联盟过程中许多不确定性，不但能够加速“两业”实现高质量协同发展，而且还能够增强“两业”协同效应。战略联盟是制造企业与物流企业取得协同效益最大化的最佳载体，通过联盟企业之间的协同与合作，便于实现“两业”联盟的战略目标。

3.“两业”战略联盟型高质量协同发展模式的层级结构与形成周期

层级结构是一种有效的治理机制，为了深入理解与有效掌控战略联盟型高质量协同发展模式的层级结构，必须评估联盟企业战略目标情景下不同联盟结构的有效性②。一般包括权力系统与指挥结构、激励系统与标准操作程序、非市场定价系统与争端解决程序四个维度的联盟结构③，不同联盟结构具有不同的层级结构，其联盟伙伴之间协同效应也不同。制造企业与物流企业战略联盟型高质量协同发展模式的形成周期包括探索期（或称筹备期）、成长期（或称发展期）、协同期（或称运行期）和成熟期（或称收获期）四个阶段（图 8-1 所示）④，每个阶段物流企业都必须树立基于供应链管理的现代物流理念，不断强化物流服务能力，为制造企业提供物流增值服务，而制造企业要树立与物流企业“双赢共享”的理念，这是制造企业优化物流管理的重要动力，其优化过程主要包括：基于供应链管理的生产业务流程再造，整合原材料、零部件采购、运输、仓储等各物流环节，不断创新物流模式，实施一体化物流管理，并且将本

① SMITH C R. Institutional determinants of collaboration: an empirical study of county open-space protection[J]. Journal of Public Administration Research and Theory, 2007, 19(01): 1-21.

② RAHMAN N, KORN H J. Fit between corporate strategy and alliance purpose: implications on partnering firms' performance[J]. International Journal of Strategic Business Alliances, 2009, 1(02): 132-149.

③ GULATI R, SINGH H. The architecture of cooperation: managing coordination costs and appropriation concerns in strategic alliances[J]. Administrative science quarterly, 1998, 4(43): 781-814.

④ 崔新健，崔志新．区域创新体系高质量协同发展模式及其政府部门角色 [J]. 中国科技论坛，2015(10)：86-91.

企业非核心的物流业务从主业中分离出来，外包给专业化物流企业。

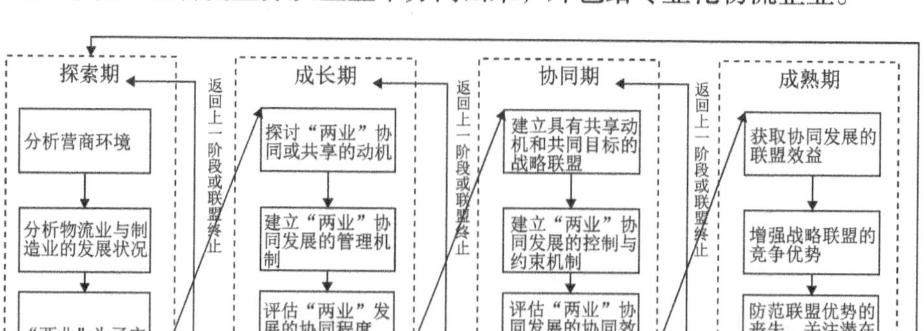

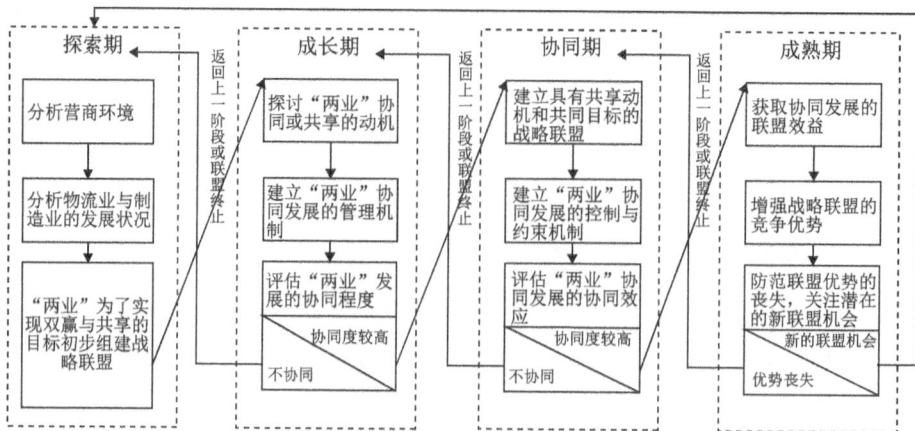

图 8-1　战略联盟型高质量协同发展模式的形成周期

4. 物联网是“两业”战略联盟型高质量协同发展模式的重要媒介

由于网络化、数据化、信息化是制造企业与物流企业实现高质量协同发展、互联互通的重要基础，所以必须加快制造企业与物流企业的信息化建设。信息化建设的中心就是要加快物联网建设，努力以物联网为媒介、以数据为中心，驱动制造企业与物流企业实现高质量协同发展。由国际电信联盟（ITU）发布的《ITU 互联网报告》可知：所谓物联网就是借助于二维码识读设备、射频识别技术（RFID）、红外感应器、全球定位系统、激光扫描器等信息传感设备，按照事先约定的协议，将任何物品与互联网相连接，并且进行信息交换与通信，以便于实现对物品的智能化识别、定位、跟踪、监控和管理的一种网络①。如果我们将知识网与物联网进行对接，就能够将其整合成对各类物质资源进行定位、监控、共享以及交换的网络服务平台，从而将制造企业与物流企业融合为可视化管理的资源库。在制造企业与物流企业实现高质量协同发展过程中，无

① 范鹏飞，焦裕乘，黄卫东 . 物联网业务形态研究 [J]. 中国软科学，2011(06)：57-64.

论是物流服务需求方，还是物流服务供给方，只要有资源的需求，不论其所有权归谁，均可以在事先签订的契约下或一定的交易方式下使资源得到充分利用。所以，以物联网为媒介的“两业”战略联盟型高质量协同发展模式，其实就是借助于物联网将制造企业与物流企业所拥有的各类资源整合起来，实现资源共享的一种高质量协同发展模式，在此模式下，战略联盟的资源利用率实现了最大化，联盟资源的价值增值能力也达到了极大化。在大数据时代的物联网环境下，制造企业与物流企业实现高质量协同发展，不仅能够最大限度地解除物质资源对产业发展的制约，而且在物质资源所有权公平交易和物质资源使用权充分流转的情景下，物质资源也拥有了和虚拟资源相似的动态性，从而成为制造企业与物流企业实现高质量协同发展的纽带，为“两业”协同演化发挥了“桥梁”作用①。当“两业”战略联盟型高质量协同发展模式进入成熟期，那么物流企业就可以完全参与到制造企业的供应物流、生产物流、销售物流和回收物流的全过程，为制造企业提供一体化供应链物流服务。无论“两业”战略联盟型高质量协同发展模式处于何种阶段，都需要对“两业”协同效应进行评估，无论何时出现不协同或不匹配，甚至联盟企业之间相互不信任，都可能会导致战略联盟终止或返回到上一阶段，因此，要高度重视政府部门在战略联盟型高质量协同发展模式形成过程中的主导作用。

5. 政府部门在“两业”战略联盟型高质量协同发展模式形成过程中扮演的角色

政府部门在“两业”战略联盟型高质量协同发展模式形成过程中扮演着重要角色，对于稳固联盟伙伴之间的协同关系，在很大程度上发挥着积极作用。制造企业与物流企业战略联盟的形成，离不开政府部门的宏

① 喻登科，涂国平，陈华．战略性新兴产业集群协同发展的路径与模式研究 [J]. 科学学与科学技术管理，2012，33(04)：114-120.

观指导、政策引导和利益整合，政府部门对于促进“两业”实现高质量协同发展发挥了巨大作用。通过对制造企业与物流企业战略联盟型高质量协同发展模式形成全过程的分析，可知政府部门虽然在战略联盟型高质量协同发展模式形成过程中起到关键作用，但也并不是完全包办或完全掌控，而是在“两业”战略联盟型高质量协同发展模式形成的不同时期扮演着不同的角色。在战略联盟型高质量协同发展模式形成的探索期，政府部门定位于引导者或组织者的角色；当战略联盟型高质量协同发展模式进入成长期，政府部门承担起推动者与保障者的责任；当战略联盟型高质量协同发展模式进入协同期，政府部门则挑起协调者与服务者的重担；然而，当战略联盟型高质量协同发展模式进入成熟期，政府部门则充当制造企业与物流企业实现高质量协同发展的捍卫者。

6. 对“两业”战略联盟型高质量协同发展模式加强管理的有效措施

制造企业与物流企业组建战略联盟仅仅是开端，而对战略联盟型高质量协同发展模式的有效管理才是制造企业与物流企业实现高质量协同发展目标的关键，尤其是加强战略联盟内部行为主体之间的信任，是战略联盟型高质量协同发展模式协同演化的根本保障，其现实意义非常深远。总之，为了促进制造企业与物流企业战略联盟型高质量协同发展模式向着更加有序的方向演化，且实现协同效应最大化目标，必须采取以下有效措施：（1）充分发挥制造企业与物流企业战略联盟组织的层级结构与政府部门的主导作用；（2）制定有效的政策来支持制造企业与物流企业战略联盟开展协同创新；（3）综合运用支持制造企业与物流企业实现高质量协同发展的奖惩措施；（4）不断提高制造企业与物流企业战略联盟进行协同创新的补贴；（5）持续加大惩治破坏制造企业与物流企业协同创新的力度。上述五项措施的“落地生根”，必将促进制造企业与物流企业实现高质量协同发展，并且实现“两业”协同效应最大化目标。

8.2 三螺旋型高质量协同发展模式

美国学者 Henry Etzkowitz 和荷兰研究人员 Loet Leydesdorff 于 1996 年共同提出了三螺旋创新理论①，该理论以大学—企业—政府部门之间合作为基础，研究了创新网络对创新的促进作用，极大地丰富和发展了创新理论体系。三螺旋创新理论将大学—企业—政府部门之间的网络模式进行了发展与推广，形成了参与创新的主体将根据内外环境的变化状况来选择创新方式的新进化模型。由于制造企业、物流企业、政府部门的资源各有千秋、异常复杂，所以需要在特定的时间、空间范围内，合理有效地整合各方资源要素，促进三方资源的合理流动与整合，并且能够被参与协同的主体迅速消化、吸收，产生整体涌现效应。各方资源要素在制造企业与物流企业实现高质量协同发展过程中相互作用、动态调节、相互补充，不断提高资源的利用效率，从而推动三方的高质量协同发展呈现螺旋式上升，这种螺旋式上升的高质量协同发展模式称为三螺旋型高质量协同发展模式。它在高质量协同发展运行机制驱动下持续演化，不断从低级趋向高级。所谓高质量协同发展运行机制是指维持整个高质量协同发展系统生存与发展的内在工作方式和运行机理。它贯穿于制造企业、物流企业和政府部门三方实现高质量协同发展的过程之中，使得参与高质量协同发展的主体能够按照一定的规则进行组合，并且相互作用、相互促进，确保高质量协同发展系统的目标能够实现。因此，高质量协同发展运行机制不断推进微观层面的低级协同向宏观层面的高级协同演化。科学、有效的运行机制能够促进高质量协同发展系统的各项协调活动更加有序，不仅增强了高质量协同发展系统的内在活力，而且还

---

① ETZKOWITZ H, LEY DESDORFF L. Emergence of a Triple Helix of university-industry-government relations[J]. Science and public policy, 1996, 23(05): 279-286.

提升了三螺旋型高质量协同发展模式对营商环境的应变能力。其中，驱动三螺旋型高质量协同发展系统不断演化的高质量协同发展运行机制包括动力机制、互动机制和约束机制。

1. 动力机制

动力机制不仅能够保障各参与主体有效利用外部资源优势，同时还能够让各参与主体避免自身资源劣势，从而使得高质量协同发展系统内部的制造企业子系统、物流企业子系统、政府部门子系统三者之间实现资源的优势互补。三螺旋型高质量协同发展模式的动力机制包括内部动力机制和外部动力机制。

（1）内部动力机制是由各参与主体开展创新的驱动力和追求与自身利益相关的实现高质量协同发展的内在压力所构成。制造企业必须适度扩大生产规模，不断增强创新能力，适时调整经营策略，以便于持续强化自身竞争优势。物流企业必须把握好制造企业以及整个社会的物流服务需求方向，制定物流企业中长期发展规划，加大物流基础设施建设与物流设备改造的资金投入，不断开展物流技术创新和物流服务创新，抓住供给侧结构性改革的大好机遇，充分利用物联网、云计算、大数据等技术，尽快实现物流企业转型升级，持续增强物流企业群对制造企业群以及全社会的物流服务能力。由于从中央到地方各级政府部门分别承担着促进全国以及各地区经济发展的重大责任，必须为制造企业与物流企业实现高质量协同发展创造更好的营商环境，必然促使政府部门加快制订与颁布促进制造企业与物流企业实现高质量协同发展的相关政策，对社会公共基础设施建设加大资金投入力度，高度重视服务型政府部门建设，不断提升为人民服务的能力及综合服务水平。制造企业、物流企业、政府部门三者之间基于各自创新与发展的动力和压力而形成了维系三螺旋型高质量协同发展模式演化的纽带。（2）外部动力机制是由营商环境多变性产生的外部拉力和政策引导产生的协同创新驱动力所构成。外部营商环境的多变性要求制造企业、物流企业和政府部门联合开展协同创新活动，共同增强抗风险能力。制造企业、物流企业不仅可以充分利用政府部门鼓励“两业”实现高质量协同发展而提供的公共基础设施和税收优惠政策，获取“两业”实现高质量协同发展的更大利益，而且制造企业、物流企业和政府部门三方形成的三螺旋型高质量协同发展系统，将会获得各级政府部门创新资金的大力支持，从而有利于形成以企业为创新主体的科研创新体系，不断提升三螺旋系统（包含制造企业群子系统、物流企业群子系统和政府部门群子系统）的协同创新能力，将极大地提升制造企业、物流企业和政府部门三方实现高质量协同发展的速度。

2. 互动机制

由于三螺旋型高质量协同发展系统的参与主体均有各自的优势，所以表现为制造企业开拓市场能力强、物流企业捕捉信息能力强、政府部门能够提供有效的政策导向。为了生存与发展，各参与高质量协同发展的主体都必须与外部营商环境进行各类资源的交换，同时三条螺旋为了获取各自迫切需要的合作方提供的互补性资源，也无法摆脱相互之间的依赖关系。在三螺旋系统实现高质量协同发展的过程中，由于制造企业、物流企业和政府部门三方之间彼此资源的相互依赖性而形成了三螺旋型高质量协同发展模式的互动机制。基于资源整合的三螺旋型高质量协同发展模式互动效益最大化目标就是通过知识、技术、信息等资源，在参与协同的主体之间合理流动和有效利用来实现的。三螺旋型高质量协同发展系统能够整合广泛的社会资源，包括人才资源、知识资源、创新资源、信息资源、政府部门的政策资源、资金资源和税收资源等。由于三螺旋型高质量协同发展系统的构成主体之间存在着既合作又竞争的关系，所以在实现高质量协同发展目标的基础上，形成了反复循环、协同演化的互动机制。

3. 约束机制

约束机制是指为了规范三螺旋型高质量协同发展系统各参与主体的行为，有利于三螺旋型高质量协同发展系统的有序运转，充分发挥各参与主体的积极性，通过制造企业、物流企业和政府部门三方的深度沟通和全面协商，并且经过法定程序制定和颁布的、便于执行的、具有规范性要求的、标准的规章制度和奖惩措施的总称。具体约束的内容包括：相关的法律法规、行业标准，三螺旋系统内部的各项规章制度以及各种监督形式等。约束机制可以分为外生性与内生性两种类型。（1）外生性约束机制是在三螺旋型高质量协同发展系统外部形成的，体现的是“人的主观意志”；（2）内生性约束机制是三螺旋型高质量协同发展系统在运行过程中自然形成的，体现的是“市场运行规律”。三螺旋型高质量协同发展系统的各个子系统不仅迫切需要自我约束，而且还受到营商环境的约束。在基于资源整合的三螺旋型高质量协同发展模式中，政府部门的结构功能决定了它必须扮演政策制定者角色，制造企业、物流企业的结构功能决定了它们在产业链中的位置，而三螺旋系统是在政策约束条件下实现了高质量协同发展。同时，三螺旋型高质量协同发展系统各参与主体为了在系统演化过程中获取更大的利益，就必须节约协同创新与高质量协同发展的成本，力争以最小的成本获取最多的优势资源。基于资源整合的三螺旋型高质量协同发展模式是具有较强选择性的循环发展模式，其循环策略打破了三螺旋型高质量协同发展系统中各子系统的边界和限制，因此，三螺旋型高质量协同发展模式形成于制造企业、物流企业、政府部门三者构建的高质量协同发展系统。通过分析制造企业、物流企业、政府部门三者之间的协同关系，可以发现三者各自的创新与发展领域已经扩展到先前属于合作伙伴的领域；物流企业加入以制造企业为核心的供应链中，扮演着“桥梁或纽带”的角色，为制造企业及其上下游合作伙伴提供满意的物流服务；而政府部门介入制造企业与物流企业协同创新、高质量协同发展的领域，制造企业、物流企业、政府部门三者之间相互作用、相互促进、相互融合、交互上升，呈现螺旋式上升趋势。由于政府部门的决策权力下放，所以创新政策、高质量协同发展政策等更多的是参与协同的各方相互作用的结果，而非政府部门所规定。参与协同的各行为主体拥有的资源优势互补、彼此融合、协同创新，形成协同效应最大化，推动三螺旋型高质量协同发展系统螺旋式向前发展。三螺旋型高质量协同发展模式确定了制造企业、物流企业、政府部门三者之间的关系，若制度安排不同，则三螺旋型高质量协同发展模式的结构关系不同，政府部门所处的位置、发挥的作用和扮演的角色也各不相同。概括起来，主要有三种类型：一是政府部门主导的三螺旋型高质量协同发展模式（如图 8-2（a）所示），政府部门处于高质量协同发展与协同创新的主导地位，引导并控制着制造企业与物流企业，由于这两类企业受到政府部门的控制与管理，所以制造企业与物流企业之间的协同与发展空间较小，制造企业与物流企业的创新、协同、发展将会受到方方面面的制约与阻碍，而没有得到政府部门的大力支持与鼓励，政府部门在此模式下承担着控制者和统筹规划者的角色，政府部门的主导作用较为明显。二是自由化三螺旋型高质量协同发展模式（如图 8-2（b）所示），在自由化三螺旋型高质量协同发展模式中，各方之间的边界十分清晰，参与协同的各方均按照自己的发展逻辑独立创新或开拓业务领域，制造企业、物流企业、政府部门三者之间缺乏有效的沟通与交流，由此导致自由化管理方式的产生，而政府部门主要扮演协调者角色，通过协调三螺旋型高质量协同发展各主体之间的关系，加强三者之间的合作与协同，政府部门的主导作用微乎其微。三是异体重叠三螺旋型高质量协同发展模式（如图 8-2（c）所示），这是三螺旋型高质量协同发展模式中最为常见的结构关系之一，不仅任意两个主体之间存在协同互动，而且三螺旋型高质量协同发展系统中三个子系统之间还存在重叠，除了发挥本系统特有功能作用之外，还与其他子系统交叉协同产生新的效能，三螺旋之间彼此相互交融，呈现螺旋式上升趋势，在此过程中，政府部门发挥的作用介于控制者和协调者之间，扮演着保护者和引导者角色。

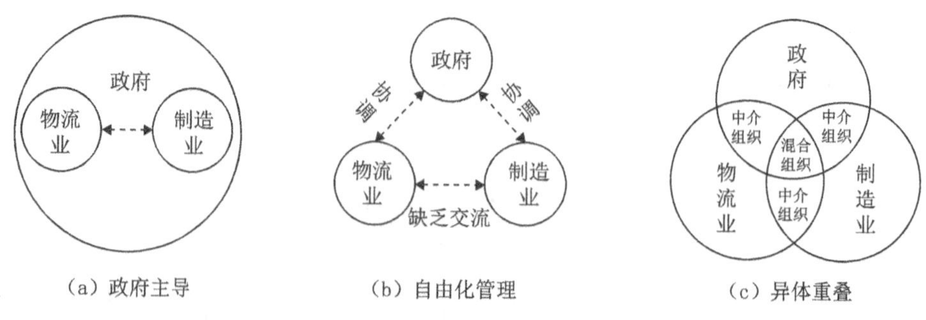

图 8-2　三螺旋型高质量协同发展模式

8.3　网络平台型高质量协同发展模式

随着互联网、物联网、移动互联网、大数据和云计算的迅猛发展，战略联盟型、三螺旋型等高质量协同发展模式将不会永远适应大数据时代发展的需要。网络环境下形成的虚拟与现实之间呈现开放性、共享性、全球性和多变性的特点，这就使得制造企业与物流企业实现高质量协同发展的安全性和有效性受到挑战。如何迎接挑战？如何实现制造企业与物流企业协同效应最大化？关键在于制造企业、物流企业对网络环境下的海量数据进行整合，去伪存真、去粗取精，寻求最有利于制造企业与物流企业实现高质量协同发展的方式。由于传统发展模式存在沟通障碍、信息不对称等问题，所以必然导致协同成本居高不下、协同效率非常低下。因此，为了有效降低制造企业与物流企业实现高质量协同发展的成本、不断提高协同发展效率，可以充分利用互联网、物联网等组建跨越时空的合作平台，创建新的高质量协同发展模式，即网络平台型高质量协同发展模式。在大数据时代，构建基于云计算的网络服务平台，不仅能够有效推动制造企业与物流企业实现高质量协同发展，而且能够实现网络环境下资源共享最大化。当制造企业与物流企业及其利益相关者接入基于云计算的网络服务平台之后，网络服务平台就能够将制造企业与物流企业的发展资源、联动决策、价值管理、客户关系管理等整合为服务资源池，通过网络服务平台的服务资源协同互动，促使产业资源、企业资源、政府部门资源以及利益相关者紧紧围绕高质量协同发展形成引领互联网经济大发展的核心经济圈。因此，在创新驱动高质量协同发展的大数据时代，应该抓住制造企业与物流企业高质量协同发展模式的变革机遇，基于网络服务平台视角，持续推进制造企业与物流企业实现高质量协同发展，不断提升我国制造企业与物流企业自主创新能力和核心竞争力。

8.3.1 网络平台型高质量协同发展模式的总体架构

网络平台型高质量协同发展模式以需求为导向、以数据为中心、以信息资源为基础，通过网络平台实现协同管理、信息共享，达到不断提高制造企业与物流企业协同效率的目标。根据互联网环境下云计算所能提供的典型服务方式，可以构建基于云计算的网络平台型高质量协同发展模式，其协同发展结构自下而上包括三个部分：基础设施即服务（IaaS）、平台即服务（PaaS）、软件即服务（SaaS）[①]。IaaS是指基于云计算的网络平台利用IT基础设施为接入平台的用户提供相关服务，即接入平台的制造企业、物流企业以及利益相关者随时随地可以利用云计算技术进行

① 罗军舟，金嘉晖，宋爱波，等．云计算：体系架构与关键技术[J]. 通信学报，2011，32(07)：3-21.

远程访问服务资源，并且无需承担任何基础设施的投资费用。利用IaaS可以将制造企业、物流企业、政府部门及其他利益相关者的资源存储到虚拟的资源池中，并借助于云计算的路由策略对存储的资源进行统一配置。这样就能够促使制造企业、物流企业以及利益相关者实现信息、知识、数据资源等充分共享。PaaS是利用计算机平台为制造企业、物流企业、政府部门及其他利益相关者提供相关服务。此时此刻，制造企业、物流企业及其他利益相关者借助于服务来使用计算机平台拥有的信息资源，自己根本不需要购买软件和硬件。在基于云计算的网络平台型高质量协同发展模式的驱动下，参与制造企业与物流企业高质量协同发展的各主体仅仅租用虚拟化的PaaS就能够创建、测试和部署相关联动的合作任务，从而通过搜索引擎、运行维护、业务开展等计算机平台提供的服务，实现制造企业、物流企业、政府部门及其他利益相关者之间的技术对接、技术服务、行政办公和中介服务等。这与基于数据中心的软件开发模式相比，最大的优势就是PaaS极大地降低了相关投入费用。SaaS是指接入平台的双边或多边用户可以通过网络获取软件服务的新模式，即制造企业、物流企业、政府部门及其他利益相关者可以根据各自业务的需要，按照网络平台上某种服务水平协议订购或租用虚拟化运行的软件，这样便可以随时随地使用SaaS提供的服务，例如，技术交易、协同创新、CRM软件应用等。

综上所述，通过对网络平台协同技术的创新，可以为制造企业与物流企业实现高质量协同发展提供云计算服务，使得制造企业、物流企业、政府部门及其他利益相关者借助于浏览器就可以获取相关服务，并且通过数据资源的统一存储、统一管理、信息资源共享、技术任务协同调配等关键环节，最终达到制造企业与物流企业实现高质量协同发展的成本最小化、资源利用最大化、合作过程最优化的目的。

8.3.2 网络平台型高质量协同发展模式的运行机制

网络平台型高质量协同发展模式是驱动制造企业、物流企业、政府部门及其他利益相关者之间相互合作、协同演化的动力源泉。然而，在驱动制造企业与物流企业实现高质量协同发展的过程中，仅仅依靠网络平台型高质量协同发展模式的单一系统架构很难满足各参与主体对云计算、大数据、云服务的需求，所以应该在云服务平台上寻求驱动网络平台型高质量协同发展模式持续协同演化的运行机制，即从协同管理、协同调配和协同创新三个视角来探讨推动制造企业、物流企业及其他利益相关者实现高质量协同发展的运行机制。基于上述分析，网络平台型高质量协同发展模式的运行机制应该包含三个层次：协同管理机制、协同调配机制和协同创新机制。

1. 协同管理机制

在网络平台型高质量协同发展模式中，对数据协同、任务协同进行分布式处理是协同管理机制的关键。基于云计算的协同服务器、数据处理器及其映射表是由数据管理层和任务协同管理层相互协同而建立起来的，并且通过运行各服务器实现制造企业、物流企业、政府部门及其他利益相关者数据的均衡存储和协同管理。为了构建动态的、柔性的分布式云计算服务平台，可以采用开发柔性软件的方法和常用的研发技术开发网络平台系统的功能模块，在网络环境下推进制造企业、物流企业、政府部门及其他各参与主体的业务数据实现分布式存储。对于网络平台的双边（或多边）用户在相关数据方面的协同管理，网络平台型高质量协同发展模式可以借助于容错处理的操作及容错机制来协调云服务过程中的数据冗余和数据备份，并且将经过筛选的相关数据提供给制造企业、物流企业、政府部门及其他利益相关者应用，最终实现各类服务器负载均衡，并对各种参数和应用数据进行协同管理和分布式保存。

2. 协同调配机制

在网络平台型高质量协同发展模式中，对于接入平台的物流企业和制造企业，保持物流服务的供需平衡，关键是要能够随时从数据管理层的数据库中查询到制造企业供应链不同节点的物流服务需求情况和物流服务供应链各环节物流服务能力的供给情况，并且通过任务调配服务器利用协同调配机制统一分配物流服务资源、配置物流服务任务，同时在此基础上对算法进行选择、优化和组合，最终实现物流服务供需平衡的协同调配。从数据管理层的数据库中查询和管理相关数据，任务协同调配服务器就能够对制造企业的物流服务需求和物流企业的物流服务供给进行精准匹配，对需要处理的数据、算法及相关资源进行适宜调整，通过数据交互、参数同步配置、任务分工等，将服务资源进行协同调配，并且在执行层产生相应的线程，最后将网络平台型高质量协同发展模式各参与主体的任务信息输送到协同调配服务器进行综合调度，根据制造企业、物流企业、政府部门及其他利益相关者实现高质量协同发展的规则和相关参数采取有效的调度策略。

3. 协同创新机制

在大数据时代，协同创新是驱动制造企业、物流企业以及其他利益相关者实现高质量协同发展的动力源泉。制造企业为了在市场竞争中获取优势，必须进行产品创新、服务创新，以满足社会和市场的个性化需求。由于制造企业研发能力、信息资源、服务资源的有限性，所以迫使其利用网络平台寻求合作伙伴。网络平台型高质量协同发展模式为制造企业、物流企业及其利益相关者依靠平台推动协同创新、借助创新驱动高质量协同发展创造了机遇。首先，基于云计算的网络服务平台，通过云服务器，将接入平台的各参与主体的技术资源、知识资源、信息资源等存储到创新知识库与数据库中，从而使得物流企业、制造企业以及利益相关者能够共享创新经验、共用创新知识，由此在云服务平台上形成了各参与主体的协同创新机制。其次，在协同创新驱动下对各类资源进行整合，并且由协同创新服务器完成创新资源的融合。再次，可以借助虚拟化技术在Hadoop集群上对协同创新所需要的资源进行虚拟化封装，形成以虚拟机、应用软件为核心的虚拟资源池，同时可以向虚拟机调配一定的执行任务，并且通过虚拟机减少或增加Hadoop集群的服务资源，以此及时管理Hadoop集群的计算能力和存储能力。最后，从多个虚拟机中调用创新知识库中的知识资源以及经验库中的经验知识，共同完成协同创新的任务分配，并且及时向各参与协同创新的主体反馈服务信息和服务结果。

8.3.3 网络平台型高质量协同发展模式追求的目标

网络平台型高质量协同发展模式的整个架构体系是由制造企业、物流企业、利益相关者以及营商环境构成，它将制造企业的物流服务需求、发展需求以及物流企业的服务能力供给、物流服务创新整合到云服务平台上，并且协助各参与主体开展协同创新，实现高质量协同发展。在基础设施即服务（IaaS）、平台即服务（PaaS）、软件即服务（SaaS）盛行，双边（或多边）用户的体验需求持续增长的网络环境下，大数据时代的云服务带来了全新的高质量协同发展模式，在此基础上实现了最大范围的信息资源和物质资源的共享，催生了新的资源利用与配置方式。网络平台型高质量协同发展模式不仅能够提升制造企业、物流企业的自主创新能力，而且还能够提高制造企业与物流企业的协同创新效率；更为重要的是网络平台的协同管理机制、协同调配机制和协同创新机制能够保障制造企业与物流企业实现高效率的协同发展。网络平台型高质量协同发展模式追求的目标是：通过网络平台对数据资源进行统一存储、统一管理以及对协同创新、高质量协同发展的任务进行合理调配，最终达到制造企业与物流企业实现高质量协同发展的成本最小化、资源利用效率最大化的目标（如图 8–3 所示）。

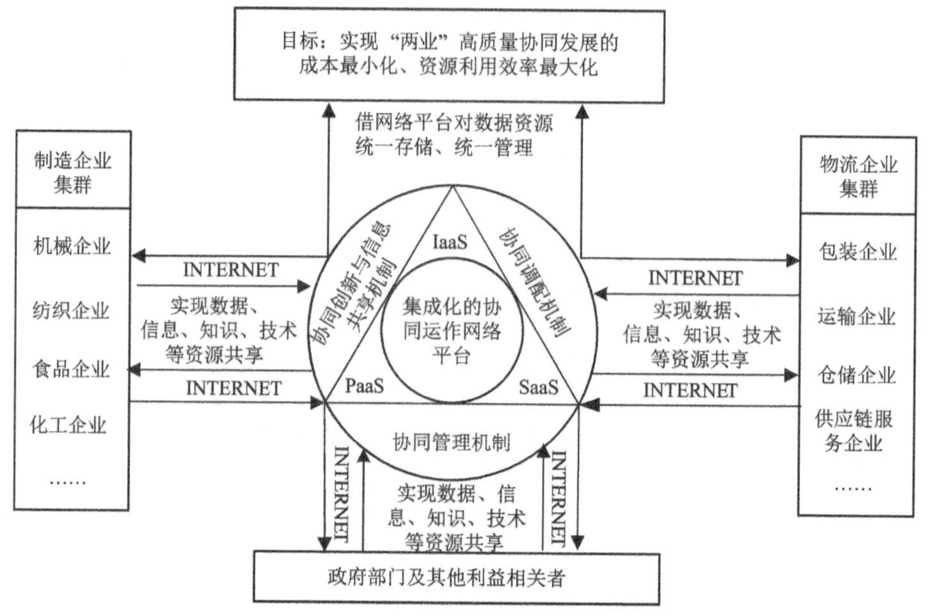

图 8–3　网络平台型高质量协同发展模式

8.3.4　海尔电器与日日顺物流案例分析

1. 案例背景与简介

海尔电器公司作为中国最大的家电制造业集团之一，自 1999 年 10 月实施国际化战略以来，就面临着国内外同行业的激烈竞争。因此，海尔电器公司为了进一步扩大市场占有率、获取更多的利润，就在集团范围内与自己旗下的青岛日日顺物流公司以现代物流变革为突破口，对公司原来的业务流程进行再造，目标是实现家电生产与物流业务高质量协同发展[①]。海尔电器公司与日日顺物流公司的业务流程再造可划分为四个阶段：第一阶段，构建成熟的分销网络，为提升物流运作水平奠定坚实基础。在此阶段，一般以加盟的方式拓展家电分销网络，提升海尔专营网络的效率。同时，大力拓展经营多元化品牌的日日顺加盟网络，截至2016年底，在全国各地成立了16家日日顺合资公司，重点发展面向当地的第三方品牌加盟网络。第二阶段，海尔集团为了解决“物流最后一公里”问题，进行内部资产重组。首先，海尔集团公司与青岛日日顺物流公司订立了股权转让协议，青岛日日顺物流公司同意收购青岛海尔物流公司百分之百股权，代价为7.63亿元人民币；其次，在整合内部资源基础上，提出了三个JIT模式（JIT采购、JIT送料和JIT配货），于是赢得了基于速度与规模的竞争优势；最后，创建“一流三网”同步运作模式，即达到订单信息流提速以及“整合全球供应商资源网、全球配送资源网和全球计算机网络”的目标。海尔集团公司、青岛日日顺物流公司不仅可以利用政府部门鼓励高质量协同发展而提供的公共基础设施和税收优惠政策获取更多收益，而且海尔集团公司、日日顺物流公司还可以充分利用“一流三网”整合全球资源。第三阶段，在市场主导下，海尔集团联手电商扩大社会物流市场。海尔集团与阿里巴巴集团建立战略合作伙伴关系，实现优势互补（海尔的大件物流服务优势与阿里巴巴的电子商务生态体系优势实现了互补），其运营结果是大大提升了青岛日日顺物流公司的物流供应链服务水平。第四阶段，运用大数据、云计算、互联网技术进军物联网。海尔电器公司与青岛日日顺物流公司进行技术协同创新，努力构建智慧物流网络，为海尔互联工厂的智能生产提供物流支撑，这样不仅可以快速响应并满足用户需求，而且还能够为用户提供“快速送装、无

① 海尔互联工厂模式创新入选国家“互联网+”百佳实践案例[EB/OL]. http://www.xinhuanet.com/tech/2016-07/04/c_129114830.htm.

处不达”的差异化服务体验；青岛日日顺物流公司借助于大数据提供决策支持和IT技术支撑，开展运营模式协同创新，以满足海尔电器公司各种物流需求、提供满意的物流解决方案，即智能多级云仓方案、干线集配方案、可视化配送方案和最后一公里送装方案等。海尔电器公司建设互联工厂的根本目的就是打造按需设计、按需生产、按需配送的制造体系。海尔互联工厂的前端就是名为“众创汇”的用户交互定制平台，在此平台上，海尔与用户可以零距离对话，用户可以通过多种终端查看产品“诞生”的全过程；为了实现从大规模制造向个性化定制的转型，海尔电器公司必须转型为开放的云服务平台，以模块化为基础的互联工厂是为用户提供个性化定制体验的“主体”，而用户交互定制平台和模块商资源平台是为用户提供个性化定制体验的“两翼”。海尔互联工厂将碎片化、个性化的用户需求与智能化、透明化的制造体系高效对接起来。经过四个阶段的流程再造与业务创新，目前海尔电器公司与青岛日日顺物流公司已经形成了基于互联网的网络平台型高质量协同发展模式，这是对“中国制造2025”战略的率先实践。

2. 案例分析

海尔电器公司与日日顺物流公司经过“四个阶段”的流程再造与业务创新，不仅构建了成熟的分销网络，而且运行了三个JIT模式和“一流三网”同步运作模式，同时也提升了青岛日日顺物流公司的物流供应链服务水平，还能够为用户提供“快速送装、无处不达”的差异化服务体验。所有这些业务流程再造的业绩，都是在协同管理机制、协同调配机制和协同创新与信息共享机制的共同作用下，通过互联网的云服务平台才得以顺利获取。在ICT和大数据的支撑下，海尔互联工厂的用户交互定制平台与青岛日日顺物流公司的智慧物流平台实现了信息共享，能够快速响应与满足用户的差异化、个性化需求。基于ICT和大数据的协同创新与信息共享机制，是支撑海尔电器公司与日日顺物流公司实现高质量协同发展、防止信息失真的重要保障，信息共享机制不但能够提高“两公司”高质量协同发展的信息共享程度，而且还能够更好地解决“两公司”在实现高质量协同发展过程中存在的信息延迟、失真和信息不对称等问题。

在互联网时代，“两公司”协同创新与信息共享机制能够得到互联网技术、大数据技术等新一代信息技术的强有力支撑。因此，海尔电器公司与日日顺物流公司的信息共享机制不仅使得海尔电器公司与日日顺物流公司之间实现了“采购”信息共享、“产供销”信息共享、“分销”信息共享和“供应链库存”信息共享，而且还能够将以海尔电器公司为核心企业的供应链上的原材料供应信息、采购信息、产品运输信息等各类信息，以电子数据、可压缩文件、视频图像等形式，通过互联网进行传递、保存，同时运用大数据分析与挖掘技术，将海尔电器公司与日日顺物流公司协作过程中的海量数据进行有效分析和处理，最终获取有价值的信息（包含商品生产、销售、仓储和配送以及市场供求关系等各种信息）。正是因为这些有价值的信息在“两公司”之间能够充分地实时共享，所以必然促进海尔电器公司与日日顺物流公司实现高质量协同发展。同时，协同创新与信息共享机制也大大增强了日日顺物流公司运输与配送平台的服务能力。例如，覆盖全球货运网的国际货运平台，可以提供安全、放心、快捷、省事的国际货运服务；覆盖全国的仓储平台，能够提供个性化、一体化的仓储服务；覆盖全国干线配送业务的干线平台，不但能够提供工厂直发客户的配送服务，还能够进行全程可视化管理；另外，还有覆盖全国配送无盲区的区域配送平台，不仅在配送深度上能够实现到村入户，而且还能够提供全程可视化的追踪服务。

由于保障“两公司”实现高质量协同发展的协同创新与信息共享机制，涉及参与协同的海尔电器公司与日日顺物流公司各方的信息共享，所以获取产业链和物流链上各节点的可靠信息是“两公司”实现信息共享的前提和基础。只有通过不断完善海尔电器公司与日日顺物流公司之间的信息共享网络，才能对客户的多样化、个性化需求做出快速反应，才能促进海尔电器公司与日日顺物流公司的协同创新。因此，协同创新与信息共享机制，既是海尔电器公司与日日顺物流公司实现高质量协同发展的动力源泉，又是保证“两公司”在实现高质量协同发展过程中充分实现信息共享的规则、程序和制度。大数据时代与传统时代的本质区别就在于海尔电器公司与日日顺物流公司的业务流程再造应用了信息通信技术（ICT）与互联网技术处理“两公司”协同运作过程中的一系列业务，“两公司”通过互联网的云服务平台实现了信息共享，缩短了相关问题的处理时间，使得“两公司”协同效率得到极大提高，高效率的协同创新与信息共享机制不仅能够消除海尔电器公司产业链中的“牛鞭效应”和道德风险，而且还有助于“两公司”持续实现高质量协同发展。

3. 案例总结

海尔电器公司与日日顺物流公司形成的基于互联网的网络平台型高质量协同发展模式是由相互关联、相互影响、相互作用的海尔电器公司、日日顺物流公司和其他利益相关者等要素相互融合而成的有效的高质量协同发展范式。其追求的目标是：提升“两公司”的价值创造能力，通过互联网的云服务平台对数据资源进行统一存储、统一管理以及对高效率协同创新、高质量协同发展的任务进行合理调配，最终“两公司”实现高质量协同发展的成本最小化、资源利用效率最大化，为客户创造更多价值。在“两公司”业务流程再造与高质量协同发展过程中，协同创新与协同管理机制是“两公司”实现高质量协同发展的核心驱动力；与“两公司”高效率协同创新、高质量协同发展密切相关的信息共享机制是“两公司”持续实现高质量协同发展的重要信息保障，而协同调配机制则成为“两公司”实现高质量协同发展的外源驱动力。海尔电器公司与日日顺物流公司形成的网络平台型高质量协同发展模式不仅决定了各协同主体之间高质量协同发展的匹配关系，而且还对各协同主体的协同意愿、协同状态以及协同行为的选择产生重要影响。海尔电器公司与日日顺物流公司的业务流程再造与创新过程受到各种因素的影响和制约，其能够实现高质量协同发展，正是在基于互联网的云服务平台内外部合力的共同作用下不断协同演化的结果；基于互联网的网络平台型高质量协同发展模式的主导作用，将会随着“两公司”协同演化进入不同阶段而发生变化。但是，无论如何演化，海尔电器公司与日日顺物流公司实现高质量协同发展，始终是处于非线性作用下的动态开放的云服务平台系统内，其协同主体是海尔电器公司与日日顺物流公司协同演化过程中相互作用的各参与主体及其利益相关者，它们是促使“两公司”实现高质量协同发展的关键要素。因此，海尔电器公司与日日顺物流公司之间形成的协同管理机制、协同调配机制、协同创新机制与信息共享机制将直接影响“两公司”协同行为的发生、协同效率的高低与协同效果的好坏。

4. 结论与启示

本小节在深入剖析制造业与物流业高质量协同发展动态性的基础上，从“两业”双边视角，构建了“网络平台型高质量协同发展模式”，并且对驱动网络平台型高质量协同发展模式持续运行的机制进行了创新。因此，得到如下研究结论：(1) 实施有机集成后的网络平台型高质量协同发展模式，对数据资源进行统一存储、统一管理以及对协同创新、高质量协同发展的任务进行合理调配，最终达到制造业与物流业实现高质量协同发展的成本最小化、资源利用效率最大化的目标；（2）协同创新与信息共享机制是驱动制造业、物流业、政府部门及其利益相关者之间相互合作、实现高质量协同发展的动力源泉；（3）在网络平台型高质量协同发展模式中，协同管理机制、协同调配机制是实现数据协同、任务协同和物流服务供需平衡的关键;（4）通过“案例分析”，验证了实施有机集成后的网络平台型高质量协同发展模式不仅能够提升制造企业与物流企业协同的创新能力，而且还能够提高制造企业与物流企业的协同创新效率。

上述研究结论的价值在于给制造业、物流业和政府部门带来如下启示:（1）政府部门应该充分利用大数据属性及大数据技术挖掘的有价值的信息，实时把握制造业与物流业高质量协同发展动态，加快建设有利于“两业”实现高质量协同发展的云服务平台，创造良好的营商环境，促进“两业”持续实现高质量协同发展;（2）互联网时代，制造业与物流业应该充分利用物联网、大数据和云平台实现线上集聚，这样不仅有利于“两业”协同创新、助推“两业”转型升级，而且能促进“两业”线上与线下同步实现高质量协同发展;（3）促使制造业、物流业和政府部门高度重视网络平台型高质量协同发展模式的积极作用，并且依托有机集成后的网络平台型高质量协同发展模式不断提升“两业”协同创新能力和协同创新效率，最终达到“两业”持续实现高质量协同发展的理想目标。

8.4 市场主导型高质量协同发展模式

市场主导型高质量协同发展模式是指制造企业、物流企业在一定的法律、法规、相关政策及制度保障下，在市场调节与中介机构的作用下，逐步形成依托制造企业集聚区的物流园区，并且能够推进制造企业与物流企业实现高质量协同发展的模式。在市场竞争中物流企业、制造企业为了突出企业特色、便于企业升级、获取区位优势和产业分工协作的专业化优势而聚集在一起，达到提升制造企业与物流企业协同效率的目标，在市场机制作用下形成了市场主导型高质量协同发展模式。该模式的演化机理是：随着制造企业的转型升级、实现可持续发展，对物流服务的要求也越来越高，这就必然导致能够提供不同类型服务的物流企业依托制造企业集聚区，在一定区域范围内进行集聚，并且形成物流企业集群（如图8-4所示）。在市场主导型高质量协同发展模式的驱动下，制造企业与物流企业的集聚及实现高质量协同发展需要良好的市场机制及相关保障措施。一方面，制造企业集聚区形成之后，区域内制造企业的生产与发展需要物流服务的支持，包括包装、运输、装卸搬运、储存保管、配送等需求。在市场机制作用下，为了满足制造企业对各种物流服务的需求，由市场主导的物流服务资源的配置促使物流企业依托制造企业集聚区就近落户，经过一定时期的持续发展，将会逐步形成一个区域性的物流企业集聚区（即物流园区）；另一方面，制造企业集聚区的形成也为物流企业集聚创造了良好的基础，物流企业的转型升级和服务水平的提高，又会进一步促进制造企业与物流企业实现高质量协同发展。

基于上述分析可知，市场主导型高质量协同发展模式具有如下主要特征：（1）市场主导型高质量协同发展模式适用于制造企业、物流企业发展水平较高的经济区域，尤其对制造企业、物流企业协同能力较强的产业园区更加适合，而政府部门在推进制造企业与物流企业实现高质量协同发展过程中所发挥的作用将远远不及市场机制显现的作用大；（2）在市场主导型高质量协同发展模式的驱动下，只有依靠市场的驱动力，才能对制造企业、物流企业以及其他参与者形成的高质量协同发展系统进行结构要素的优化；（3）在市场主导型高质量协同发展模式的运行过程中，仍然需要对制造企业与物流企业高质量协同发展的协同程度进行测度，防范由于“两业”发展速度失衡而导致高质量协同发展系统运行效率的下降（或者“两业”发展水平不匹配）；（4）要想促使市场主导型高质量协同发展模式更有效地促进“两业”实现高质量协同发展，就必须严防“市场失灵”状态的出现，其关键就是要求政府部门具备超前创新的理念，通过不断完善市场机制和营商环境，保证“两业”实现高质量协同发展能够在市场主导下持续进行，实现制造企业、物流企业以及其他利益相关者紧密合作的目标，让“两业”进入高效率、低成本、正常态的良性发展轨道。

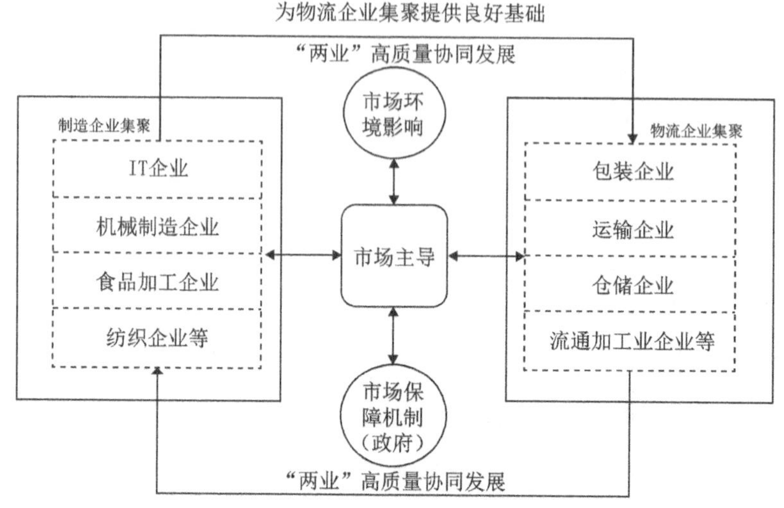

图 8-4　市场主导型高质量协同发展模式

8.5　本章小结

本章依据制造企业与物流企业高质量协同发展模式的设计思路，在分析物流企业群子系统与制造企业群子系统二者高质量协同发展状态的基础上，设计了制造企业与物流企业高质量协同发展的四种模式：战略联盟型高质量协同发展模式、三螺旋型高质量协同发展模式、网络平台型高质量协同发展模式和市场主导型高质量协同发展模式。本章通过对上述“四种高质量协同发展模式”的探索，可以得到如下结论：（1）政府部门在战略联盟型高质量协同发展模式形成过程中扮演着重要角色，制造企业与物流企业战略联盟的形成离不开政府部门的宏观指导、政策引导和利益整合，政府部门对于战略联盟型高质量协同发展模式的形成以及促进“两业”实现高质量协同发展发挥了巨大作用。（2）制造企业、物流企业和政府部门形成的“三条螺旋”在密切合作与协同演化过程中呈现螺旋式上升，形成了基于资源整合的三螺旋型高质量协同发展模式，这种螺旋式上升的高质量协同发展模式是在动力机制、互动机制和约束机制共同驱动下持续演化，不断从低级趋向高级。三螺旋型高质量协同发展模式确定了制造企业、物流企业和政府部门三者之间的关系，若制度安排不同，则三螺旋型高质量协同发展模式的结构关系不同，政府部门所处的位置、发挥的作用和扮演的角色也各不相同。（3）网络平台型高质量协同发展模式是推动制造企业、物流企业、政府部门以及其他利益相关者之间相互合作、协同演化的动力源泉，而驱动网络平台型高质量协同发展模式持续演化的运行机制包括协同管理机制、协同调配机制、协同创新机制与信息共享机制。（4）在市场机制作用下形成的市场主导型高质量协同发展模式，适用于制造企业、物流企业发展水平较高的经济区域，尤其对制造企业、物流企业协同能力较强的产业园区更加适宜，而政府部门在“两业”实现高质量协同发展过程中所发挥的作用也远远不及市场机制显现的作用大；只有借助于市场机制的驱动力，才能对制造企业、物流企业以及其他参与者形成的高质量协同发展系统进行结构要素的优化，也才能保持“两业”实现高质量协同发展的持续性、领先性和有序性。

第9章 大数据影响“两业”高质量协同发展的实证分析

大数据是继互联网、云计算、物联网之后，又一次IT产业的颠覆性技术革命，必将对制造企业、物流企业的管理理念、业务流程、决策模式等产生深远影响，使得制造企业、物流企业的管理决策越来越依赖于大数据分析与挖掘的结果。利用大数据及大数据技术，制造企业、物流企业的业务人员可以实时向决策者报告目标市场的动态情况，不但能够准确预测市场的发展趋势、挖掘客户价值，而且还能够为制造企业生产的产品或物流企业提供的物流服务开拓市场、精准定位，并做出明智的决策。在大数据及大数据技术的支撑下，科学利用大数据分析与挖掘技术，不仅可以有效弥补制造企业、物流企业的决策者直觉判断或经验的不足，还可以有效地提升物流企业的服务水平，驱动制造企业转型升级。

目前，大数据及大数据技术的开发与利用，已经在制造业、物流业、金融业等行业普遍展开，并且创造了巨大的社会价值。虽然大数据时代给制造企业、物流企业的发展带来了新机遇，但是爆炸式的数据增长对制造企业、物流企业原有的数据采集、筛选、存储、分析处理和应用等方面提出了新的挑战。如何抓住机遇、迎接挑战？如何挖掘大数据蕴含的商业价值，促使制造企业、物流企业实现可持续发展？如何利用大数据促进制造企业与物流企业协同创造价值？这些都已经成为当前制造企业、物流企业迫切需要解决的关键问题。由此引出一个具有重要理论意义的现实问题：大数据如何影响制造企业、物流企业创造价值？对此问题的探索，国内外学者已经取得了初步研究成果。通过系统梳理国内外相关研究成果，可以发现：国内外学者对大数据影响制造业、物流业发展的研究处于刚刚起步阶段，现有文献仅有少量的案例研究和定量研究，大部分都是定性研究。然而，大数据影响制造企业与物流企业高质量协同发展的研究成果非常少。虽然本专著在第四章对大数据影响“两业”转型升级以及“两业”如何实现高质量协同发展进行了定性研究，但是大数据如何影响制造企业、物流企业创造价值，又如何促进“两业”实现高质量协同发展仍然缺乏实证研究。因此，大数据影响制造企业、物流企业创造价值的内在机理如何，大数据与“两业”实现高质量协同发展之间的关系类型、作用机理如何，均需要进行实证研究。所以，本章将研究对象锁定于大数据属性，并且基于其主要属性的研究视角，探讨大数据与“两业”实现高质量协同发展之间的关系类型和内在作用机理[①]。本章的结构安排如下：首先，阐述大数据的内涵及其构成维度，识别其四大属性（M3V）：可挖掘性（MIN）、价值性（VAL）、真实性（VER）和多样性（VAR）；其次，论证“M3V”属性与“两业”高质量协同发展之间的关系，并且提出理论假设；最后，实证检验相关假设，并得出研究结论。

① 张季平，陶君成，尤美虹．大数据驱动制造企业与物流企业协同发展的实证研究 [J]. 中国流通经济，2020，34(02)：3-14.

9.1 大数据内涵、构成维度及其内在属性

9.1.1 大数据内涵及其构成维度

当今，人们所提及的大数据（big data），其内涵往往包括三层含义，第一层含义，指的是具有六“V”（volume、velocity、variety、veracity、variability、value）特征的数据本身，即人类在生产、生活过程中产生的能够被非常规数据库管理软件、数学计算方法和数据处理技术进行分析和挖掘的巨大的数据集合；第二层含义，指的是大数据分析技术（big data analytics），即能够对海量数据进行采集、存储、传递、分析、挖掘和集成，并且从其中抓取有价值的信息和知识的非常规数据库管理软件和数据处理的技术方法；第三层含义，指的是数据科学（data science），即采用定量与定性相结合的方法，运用专业领域中相关知识来解决具体问题，并且从海量数据中获取有价值的信息、知识以及解决问题的具体办法和思路。这三个层次的含义往往存在相互交叉，因此，本专著所提及的大数据，通常包含以上三层内涵，而非指数据本身。

大数据作为一个新兴研究领域，到目前为止，对于大数据内涵的解释及其构成维度，仍未达成一致意见。但是，通过梳理现有文献可知大数据内涵的构成维度主要包括以下五个方面：（1）大数据资源战略化；（2）大数据价值商业化；（3）大数据来源社会化；（4）大数据共享网络化；（5）大数据分析智能化。其中“大数据资源战略化”描述了大数据是制造企业、物流企业的战略性资源，对其发展起到关键的战略性支撑作用。从理论角度考虑，大数据资源应该包括基础的数据资源、大数据人才资源和大数据技术资源；然而，仅仅拥有大数据资源并不能给制造企业、物流企业带来持续竞争优势、实现可持续发展，而如何熟练掌握持

续获取、整合、更新、利用和管理这些大数据的关键技术，才是制造企业、物流企业应该关注的焦点。“大数据价值商业化”充分说明了深度挖掘大数据的商业价值永远是制造企业、物流企业追求的商业目标之一。大数据的商业价值蕴藏在浩瀚的数据之中，对其分析与挖掘，需要多来源、多结构、多功能的数据资源相互参照、相互关联和对比分析，挖掘大数据的商业价值就像“沙里淘金”一样，需要独特的思维和高超的专业技术；大数据的巨大商业价值主要来源于数据资源的多样性、真实性和强大的超前预测能力。“大数据来源社会化”是指现代技术手段使得现实社会中几乎所有存在物的痕迹都可以被实时记录。“互联网 + 社会”的时代，将个人、群体、组织等各种数据、信息都暴露于互联网之上，人们的一切行为可以被实时记录与监测，每个企业、每台设备、每件物品等都已成为“数据的生成器”，全人类的社会活动都可以用数据来表征。“大数据共享网络化”是指制造企业、物流企业可以利用网络化数据平台，通过互联网、物联网、云计算等 IT 技术建立起来的数据仓库，完成信息数据的采集、存取、分析、整合与反馈等数据处理过程，为制造企业、物流企业及其相关行业提供实时数据，促进制造企业、物流企业之间实现数据共享，为制造企业、物流企业实现可持续发展奠定数据基础。“大数据分析智能化”是指大数据技术及其相关的数据清洗、筛选和处理技术将成为制造企业、物流企业有效利用大数据资源的重要依托。

未来企业竞争力谁强谁弱？谁能够熟练运用大数据分析技术对大数据资源进行高效的分析与挖掘，谁就能够抢占竞争制高点，谁也就处于竞争的优势地位。大数据分析技术能够将杂乱无章的海量数据整合起来，通过对大数据资源的分析与挖掘，从中筛选、挖掘出具有商业价值的有用数据，为制造企业、物流企业预测市场动态、提高运作效率、有效创造产品及服务的价值提供帮助。虽然制造企业、物流企业在其运营过程中会产生大量的数据和信息，但是，这些数据大多数是无法被直接利用的。因为这些数据存在的状态是以半结构化、非结构化为主，需要利用大数据技术将其转换成结构化数据才可以得到有效利用，即有些数据的结构是复杂的，也是有偏差的，并且也存在虚假数据和失去实时价值的数据。为了改变这种状态，制造企业、物流企业必须运用大数据分析技术，对这些数据及时清洗、筛选、加工处理，并从中提取出有重要价值的数据和信息，充分发挥大数据资源应有的作用。

9.1.2 大数据的内在属性

本章旨在探讨大数据的“M3V”属性与“两业”实现高质量协同发展之间的关系，为了更好地描述两者之间的逻辑关系，全面、系统地剖析和揭示“两业”协同创造价值的内在机理和客观规律，本章建立了大数据的“M3V”属性与“两业”实现高质量协同发展之间关系的理论模型（如图9-1所示），同时为后续的实证研究做好铺垫工作。

本小节主要从大数据构成维度层面来归纳，发现大数据具有以下四个属性特征：（1）“可挖掘性”（MIN）。从“大数据资源战略化”的视角归纳，发现大数据作为一种资源，与自然资源有着根本的区别，自然资源的开采与利用一般是不可重复的，由于大部分自然资源不可再生，所以随着不断开发，其原有存量将会渐渐减少。然而，大数据资源可以被重复挖掘与开采。任何拥有大数据资源使用权的组织或者个人都可以对其进行开采、挖掘和利用，尤其是前者开采之后，后者仍可以对其继续开采和挖掘，大数据资源是取之不尽、用之不竭的。（2）“价值性”（VAL）。从“大数据价值商业化”的层面来归纳，大数据资源具有低密度、高价值属性，蕴藏于海量数据中有商业价值的数据信息，其价值密度非常稀疏，这就增加了挖掘与利用其商业价值的难度，因此，必须使用特定的大数据分析技术与工具进行深度分析与挖掘，才能开采出具有实际商业价值的数据信息应用于企业的实践活动。(3)“真实性”(VER)。从“大数据来源社会化”的角度进行归纳，大数据具有真实的属性，其真实性表现在它能够全面、准确、细致地反映现实世界和网络世界的真情实景，并且大数据能够全面、细致地刻画和记录人类的各行为主体参与特定社会活动各方面的行为轨迹。大数据的真实性还体现在对数据的实时处理有着极高的要求，在激烈的市场竞争中，对数据实时或近似于实时处理，能够促使企业比其竞争对手反应更敏捷，这也是真实性大数据发挥积极作用的反映。如果说互联网拓展了人类生活的空间，从真实的物理世界扩展到“镜像化”的虚拟网络世界，那么大数据就是真实的社会活动的另一种存在和表现形式。(4)“多样性”(VAR)。从“大数据共享网络化及大数据分析智能化”的层面归纳，可知大数据具有多样化的属性，其多样性表现在数据来源多样化、数据类型多样化、数据功能多样化和分析处理大数据的技术多样化。具体而言，大数据来自网络文本、搜索索引、RFID、传感器网络以及大规模的电子商务数据，等等。来源多样的数据的大小、格式均不相同，其中包含结构化、半结构化和非结构化数据；然而，对于特定的大数据资源，基于不同的开发方式、开发目的、开发结果，其功能也呈现多样化，尤其是针对结构复杂、海量的大数据，基于不同的开发目标所采用的大数据分析技术也各不相同，有云计算、MapReduce、分布式文件系统、分布式并行数据库，等等。

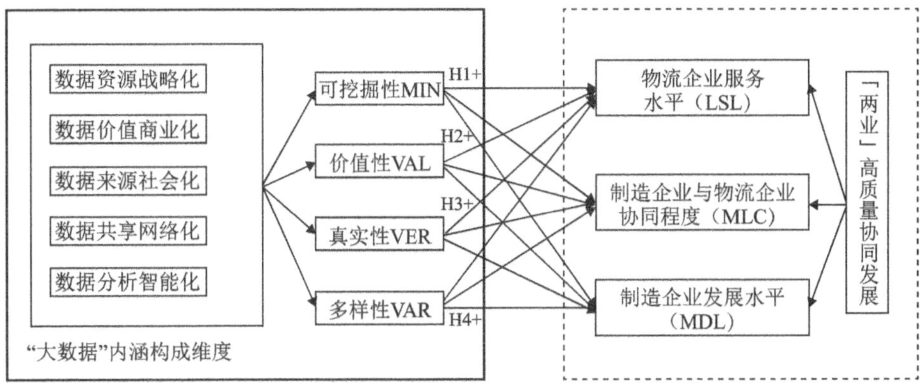

图 9-1　大数据属性与“两业”实现高质量协同发展之间关系的理论模型

9.2　大数据的内在属性与“两业”实现高质量协同发展之间关系的理论假设

9.2.1　大数据的可挖掘性与“两业”实现高质量协同发展之间的关系

“可挖掘性”是指大数据资源不仅可以被重复开采与挖掘，而且是取之不尽、用之不竭的信息资源。大数据作为制造企业、物流企业的战略性资源，虽然其来源广泛、规模巨大，但是其直接功用是有限的。只有通过对大数据资源进行开采与有效挖掘，才能发现其中蕴藏的知识和有价值的信息，也才能为制造企业、物流企业提供其他资源难以提供的创造价值所需要的数据、信息、知识等。作者认为大数据的“可挖掘性”与“两业”实现高质量协同发展之间呈现正相关关系。此后，主要借助企业资源基础理论和价值链等理论来论证两者之间的关系及其内在作用机理。

可挖掘的大数据资源驱动制造企业、物流企业进行多层次、全方位的价值创造。对大数据进行充分挖掘和有效应用，不仅能够改变制造企业的生产理念和物流企业的服务理念，而且还能够准确掌握客户的需求结构和需求内容。（1）依据企业资源基础理论，通过对大数据资源的深度挖掘，能够更好地整合与利用各种各样的外部优势资源，使得制造企业、物流企业之间实现资源共享，从而提高外部资源利用效率和内部资源投资回报率，也将进一步缩短制造企业开发新产品的周期，促使新产品更快进入新市场，物流企业也会更容易获取物流服务所需的新知识、新技术和新资源。（2）根据价值链理论，制造企业、物流企业分别通过对大数据资源的清洗、筛选、处理和利用，可以有效整合产品价值链和物流供应链中的关键活动，达到降低产品成本和物流成本之目的，从而提升产品供应链的整体价值。基于新木桶理论，制造企业、物流企业均不需要支付巨大费用去做长自身短板，而只需要充分利用大数据战略资源中有价值的信息，加强社会化合作，进行模块化生产与服务创新，将各自的“长板”嵌入价值链的相应环节，使得生产与服务的柔性更大，以便于进一步降低生产与服务的成本，大幅度提高生产、服务的效率和效益，为制造企业、物流企业实现可持续发展奠定坚实基础。（3）大数据作为驱动制造企业与物流企业实现高质量协同发展的战略性资源，已经成为制造企业、物流企业追求差异化和获取经济租金的重要资源，对其进行持续的开采与挖掘，必然为制造企业、物流企业提供源源不断的新资源、新能力，也必然为制造企业、物流企业实现高质量协同发展提供新的路径。

大数据的可挖掘性正在改变着制造企业、物流企业得以生存的需求环境、资源环境和技术环境，制造企业、物流企业对“如何利用大数据促进企业发展？又如何驱动‘两业’实现高质量协同发展？”等问题需要进行再思考。因此，提出如下理论假设。

H1：大数据的可挖掘性与“两业”实现高质量协同发展之间呈现正相

关关系，具体可以细分为：

H1a：大数据的可挖掘性程度越高，越有利于提高制造企业的发展水平；

H1b：大数据的可挖掘性程度越高，越有利于提升物流企业的服务水平；

H1c：大数据的可挖掘性程度越高，越有利于提高制造企业与物流企业之间的协同程度。

9.2.2 大数据的价值性与“两业”实现高质量协同发展之间的关系

在大数据时代，获取大数据的价值就像从沙子中淘金一样。当采集的数据总量一定时，其价值密度越低，可挖掘出的价值就越少。由于大数据中蕴藏的价值稀疏，即大数据的价值密度低，所以增加了挖掘和利用大数据资源的难度。只有对大数据进行有效采集和分析，才能挖掘出大数据资源中蕴涵的有价值的重要信息，这些有价值的重要数据足以让我们认清研究对象的本质，并且采取有效行动。虽然大数据资源的价值密度低，但是当其作为基础条件和技术工具时，就具有放大其他资源价值的能量。制造企业、物流企业通过开发和利用大数据资源中有价值的重要数据，就能够对制造企业的关键生产流程、物流企业的关键业务进行流程重组和业务再造。这就是大数据价值的商业化反映，依据其流程重组和业务再造的范围，可以将其分为下列几种情况：（1）制造企业以大数据技术作为支撑、以挖掘大数据资源中有价值的数据信息作为重要线索，对本企业整个生产流程进行重组再造，比如，“大规模定制”的生产方式就是制造企业基于坚实的 IT 基础对生产流程进行重组再造的结果。因此，可以认为大数据技术及有价值的大数据资源有利于制造企业转型升级，促进制造企业实现可持续发展。（2）商业企业、制造企业、物流企业等，以大数据资源开采、挖掘和有效利用有价值数据的活动取代传统的业务流程，能够使得商业企业、物流企业的经营模式发生彻底改变。例如，电子商务物流的快速发展，就是传统的商业渠道和物流企业的业务流程被有价值数据的交换过程所替代的结果，充分说明“有价值数据”能够促进制造企业与物流企业实现高质量协同发展。（3）制造企业将价值稀疏的大数据资源开采、挖掘和有效利用纳入价值创造的业务流程，并且寻求价值创造的新路径。例如，在汽车制造行业，利用大数据分析技术，充分挖掘大数据资源背后所蕴藏的产业技术关联，努力探索延长喷气式发动机、燃气涡轮以及其他设备运行时间的有效途径，这为汽车制造行业开辟新的价值增长点提供了新思路。（4）物流企业基于大数据的业务流程再造主要涉及以大数据分析技术作为解决物流企业相关业务问题的新方法、新思维，提高物流活动的效率和效果。由于大数据分析与挖掘技术具有较大的实际应用价值，所以采用数据库集群技术（MPP NewSQL）和非关系型数据库技术（NoSQL）能够快速处理半结构化和非结构化的数据，获取有价值的数据信息①。比如，来自物流企业、物联网、互联网、港口以及各种物流设施设备的数据，构成了物流领域的海量数据。要想从物流大数据资源中挖掘出物流企业所需要的有价值的数据资料，就需要借助于大数据分析与挖掘技术来分析集装箱的运输信息，以掌握哪些港口拥有集装箱的剩余运载量，哪些港口的集装箱吞吐量大、集装箱周转速度较快以及应该优先在哪个港口安排集装箱海运业务。由此可见，有价值的大数据资源及大数据分析技术已经成为驱动物流企业快速发展的重要引擎。基于以上分析，提出如下理论假设。

H2：大数据的价值性与“两业”实现高质量协同发展之间呈现正相关

① 梁红波．大数据技术引领物流业智慧营销 [J]. 中国流通经济，2015(02)：85-89.

关系，具体可以细分为：

H2a：大数据的价值性程度越高，越有利于提高制造企业的发展水平；

H2b：大数据的价值性程度越高，越有利于提升物流企业的服务水平；

H2c：大数据的价值性程度越高，越有利于提高制造企业与物流企业之间的协同程度。

9.2.3 大数据的真实性与“两业”实现高质量协同发展之间的关系

大数据的真实性表现在它能够全面、准确、细致地反映现实世界和网络世界的真情实景，并且有助于提升人们对各类社会活动的认知水平。大数据还能够细致、全面地刻画和记录各类行为主体参与特定社会活动各方面的行为轨迹。正因为如此，大数据具有让企业无限接近用户的潜能，可以为制造企业、物流企业提供精准的价值主张，促使制造企业的产品更加适销对路、物流企业的服务更加细致周到，使得制造企业、物流企业为客户创造更多、更大的价值。概括起来，大数据的真实性对制造企业与物流企业实现高质量协同发展的积极作用表现如下。

（1）利用大数据能够洞察用户的真实需求。面向用户的制造企业、物流企业长期以来都在利用自己掌握的数据和信息对用户进行细分和准确定位。但是，用户的真实需求具有情景依赖性、易变性、隐蔽性和复杂性，企业要想利用静态的、历史的、结构化的数据，准确掌握客户真实需求，其难度很大。然而，大数据使得制造企业、物流企业掌握客户真实需求成为可能；客户的具体行为将会反映其内心世界的真实想法。比如，网民在互联网中的点击率、浏览次数、留言内容等行为足迹能够直接反映其意愿、性格和偏好。在物联网世界，制造企业可以通过内置于产品中的传感器获得大量实时的真实数据，掌握产品在现实世界真实、具体的使用情况，为企业进一步改进产品功能、提高产品质量、响应市场需求奠定可靠的信息基础。

（2）利用大数据能够对企业的客户进行准确的市场细分。一般而言，具体可操作的、传统的客户市场细分是以人口统计特征、地理位置等为依据的。然而，大数据能够实现几乎接近客户真实需求的市场细分方式。第一，可以采取抽象化的市场细分标准；一旦将客户的消费观、价值观、兴趣、爱好和信息沟通方式等用数据表征之后，那么根据这些数据特征对客户进行市场细分，就具备了可靠性和可行性。第二，利用大数据的真实性能够实现微小化的市场细分；透过现象看本质，世界上有多少客户（或消费者），就会拥有多少种市场需求，一个个客户就是一个个细分的市场，大数据正在促使制造企业、物流企业迈向“微小化市场”。大数据来源的全面性、真实性、可靠性和鲜活性，为制造企业、物流企业面向客户供给多样化、个性化产品和服务，提供了决策支持。

（3）制造企业或物流企业利用大数据的真实性，能够对本企业生产的产品或提供的物流服务进行精准、及时、动态化的定位。大数据的真实性、实时化及其快速分析与挖掘技术使得数据的采集、处理、分析与反馈能够在瞬间完成，使得制造企业、物流企业有可能随时随地锁定客户群，并且精准地满足客户真实的或潜在的各种需求。物流企业群是典型的数据驱动的定制化行业群体，目前在线的物流服务商利用实时数据为客户提供“量身定做”的精准化物流服务产品已成为可能。在大数据时代，物流服务商通过对实时的物流大数据进行分析与挖掘，能够跟踪客户购买物流服务的行为，并且实时地将其模型化，快速识别客户在何时需要购买何种物流服务，然后为客户提供首选的物流服务产品，并且促进服务产品交易的完成。目前，制造企业、物流企业对数据的智能化、真实性和实时性要求越来越高，运用 Hadoop Cluster（分布式计算集群）可以直接、快速地进行数据分析，几乎能够以实时化方式及时满足客户对产品或服务的实时性需求。大数据分析与挖掘技术的运用使得制造企业、物流企业为其客户“量身定做”服务的价值主张得以实现。所以，大数据的真实性不仅有利于制造企业、物流企业的可持续发展，而且能促进两者实现高质量协同发展。基于以上分析，提出如下理论假设。

H3：大数据的真实性与“两业”实现高质量协同发展之间呈现正相关关系，具体可以细分为：

H3a：大数据的真实性程度越高，越有利于提高制造企业的发展水平；

H3b：大数据的真实性程度越高，越有利于提升物流企业的服务水平；

H3c：大数据的真实性程度越高，越有利于提高制造企业与物流企业的协同程度。

9.2.4 大数据的多样性与“两业”实现高质量协同发展之间的关系

大数据不仅来源复杂多样，而且数据类型也丰富多彩，既包括传统类型的结构化数据，也包含半结构化数据和非结构化数据。种类繁多的大数据资源，其功能与自然资源的功能有着天壤之别，例如，煤炭、天然气和石油等，它们的功能或功效是有限的、单一的。然而，基于不同的开发方式或开发目的，大数据资源显现出的功能是多样化的。在大数据时代，每一位网民既是信息的收集者也是信息的传播者，这就促使数据资源呈现多样性，并且加速数据资源呈现指数级增长。这必然促使制造企业、物流企业在千差万别的数据中发现其内在关联，将似乎无用的数据转变为有效的信息，从而对未来市场环境发生的各种变化做出正确的判断。因此，大数据的多样性对促进制造企业与物流企业实现高质量协同发展的作用可以归纳如下：

（1）在大数据时代，制造企业生产的产品、创造的价值日益趋向于公众参与化和社会化。随着大量合作伙伴（包含制造企业的供应商、分销商、物流服务商等）基于互联网创造多样化的数据和有价值信息，必然汇集成制造企业海量数据的源泉。由于这些海量信息、数据的来源和传播途径发生了根本性改变，所以制造企业与合作伙伴之间的关系也趋向平等和互利共赢。同时，制造企业传统的“闭门造车”经营模式正在被淘汰，制造企业通过与合作伙伴群体的密切互动，主动引导合作伙伴群体积极参与其业务流程重组和再造中的创意、设计、生产、销售、物流等关键环节，并依据合作伙伴群体提供的数据和有价值信息完成产品优化与服务创新，驱动制造企业与合作伙伴群体实现高质量协同发展。正因为如此，制造企业可以利用大数据发现市场机遇，通过与物流企业共享大数据中的重要数据信息，达到协同创造价值的目的。

（2）制造企业、物流企业的运营活动正在趋向于网络化和协同化。大数据时代制造企业积极利用多样性的大数据技术，分析与挖掘本企业内外部数据资源，为生产管理与经营决策提供数据支撑，并且充分发挥大数据多样性功能的作用。大数据不仅能够促使制造企业的运营模式发生彻底变革，而且能够使得制造企业有效整合供应链上各类资源，开展商业模式创新。制造企业以大数据及大数据技术为依托，以供应链为纽带将供应商、分销商、物流服务商和最终用户等合作伙伴紧密联系起来，并且进行合理分工与协作，从而实现供应链向价值链、进而向网络生态链转变，最终促进制造企业、物流企业互利共生，并且实现高质量协同发展。

（3）物流企业利用大数据能够洞察物流市场需求的变化，识别互联网环境下制造企业和物流企业的交互行为特征，通过挖掘价值链中大数据的有价值信息，能够推进制造企业和物流企业实现高质量协同发展，进而为制造企业及其客户创造价值，为增加物流企业效益及其客户的福利提供有效策略。通过整合制造企业内外部大数据，能够有效把握互联网环境下产品全生命周期的消费者行为与制造企业舆情之间的内在规律。对传统互联网、移动互联网、线上线下等多来源的消费者行为大数据进行实时采集与分析，能够为制造企业对消费者行为、企业舆情的实时感知、预测、预警等提供决策支持。在不侵犯消费者隐私的前提下，采集与挖掘产品全生命周期的大数据，可以帮助制造企业构建消费者的完整兴趣图谱，该兴趣图谱可以应用于制造企业市场营销组合策略的定位中。

面临大数据时代的新挑战，制造企业和物流企业必须实时地利用大数据分析与挖掘技术对大数据进行分析处理，并且在数据筛选与加工的基础上帮助制造企业和物流企业进行正确决策。对多来源数据信息（例如，图像、数字、文本、音频、视频等）进行提取与整合，促进制造企业、物流企业有效利用大数据，实时获取客户以及相关竞争者的有价值信息，并且做出快速反应。所以，大数据的结构多样性、功能多样性、来源多样性和技术多样性对于驱动制造企业、物流企业开展营销策略创新、方案优化必将发挥积极作用。基于以上分析，提出如下理论假设。

H4：大数据的多样性与“两业”实现高质量协同发展之间呈现正相关关系，具体可以细分为：

H4a：大数据的多样性程度越高，越有利于提高制造企业的发展水平；

H4b：大数据的多样性程度越高，越有利于提升物流企业的服务水平；

H4c：大数据的多样性程度越高，越有利于提高制造企业与物流企业的协同程度。

9.3 研究方法设计

9.3.1 问卷设计过程

本研究主要采用问卷调查法收集相关数据，即将研究变量转换为准确的若干个问题。调查问卷主要包括企业基本情况、个人基本信息以及问卷的主体内容，其中企业基本情况包括：企业的名称、企业成立年限、企业员工人数、企业主营业务、制造企业与物流公司合作的年限；个人基本信息包括职务、电子邮箱等。问卷的主体内容包含四个部分：(1) 测量大数据四个属性潜变量的题项；(2) 测量物流企业服务水平潜变量的题项；(3) 测量"两业"协同程度潜变量的题项；(4) 测量制造企业发展水平潜变量的题项。

有关研究表明，不同的措辞会对问题的回答产生不同影响，模糊或者不准确的措辞会对研究结果产生20%~30%误差率的影响[①]，因此，研究者在问卷题项的设定上需要对措辞进行反复推敲，力争使其简单明了，并且与研究目的一致。

福勒认为好的调查问卷设计需要注意以下几方面问题：第一，询问的问题应该是受访者的第一手经验，比如他们做过什么，现状是什么，对问题的感觉或者看法如何等；第二，对问题的描述和措辞上应该让所有受访者对其含义均具有相同的理解；第三，调查问卷中给出的问题应该尽量使得受访者容易给出答案；第四，调查问卷中的问题尽可能不涉及个人隐私（比如，家庭成员、工资收入等）；第五，在形成正式调查问卷之前，应该进行问卷的预调研[②]。本研究在遵循以上原则的基础上，设计了调查

---

① 福勒．调查问卷的设计与评估 [M]. 重庆：重庆大学出版社，2010.

② 荣泰生．企业研究方法 [M]. 北京：中国税务出版社，2005.

问卷；问卷的发放对象为制造企业的中高层管理人员，他们全面了解企业的总体运营状况。为了使得调查问卷中的题项更加通俗易懂，在预调研之前聘请多位专家、学者对问卷中的题项进行充分讨论，并且根据专家、学者提出的修改意见，对调查题项进行修正，力求问卷中的题项容易让受访者做出回答。此外，问卷中企业基本情况题项的设定，尽量不涉及企业以及管理人员的隐私，个人基本信息方面除了职务信息之外，其他信息不是必填项（例如，姓名、电子邮箱等）。由于研究大数据属性影响“两业”实现高质量协同发展的文献非常少，所以问卷的部分内容没有成熟的量表可以借鉴。因此，为了保证本研究的可靠性，需要对问卷进行预调研，根据预调研结果，再对问卷进行修正与完善，直至形成最终问卷。有关问卷中题项排列次序问题，本研究将同一主题的题项集中放在一起，并且给予显著标识，使得受访者能够明确了解问卷中每一部分题项调查的主题，减少由于受访者思维偏差而导致调查结果的误差。调查问卷的具体设计与确定过程如图 9-2 所示。

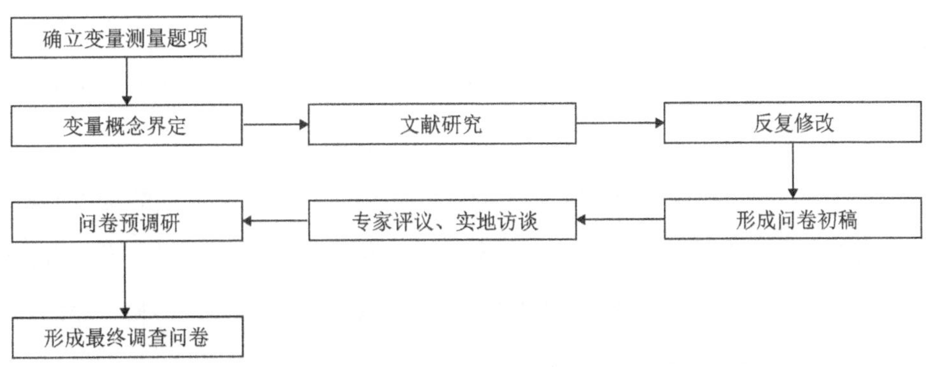

图 9-2　调查问卷具体设计过程

9.3.2　变量测量

本专著研究的潜变量有：大数据属性的可挖掘性、价值性、真实性、多变性、物流企业服务水平、制造企业发展水平、制造企业与物流企业协同程度。由于这些潜变量在结构方程模型中无法直接衡量，所以需要相应的观察题项对其进行观测。各个潜变量测量题项的设定主要来源于四个方面：第一，直接引用国内外已有研究的成熟量表，这类题项经过验证，有较高的信度和效度；第二，国际知名公司的白皮书中对企业进行调查的测量题项，其中大多数题项为业内人士设定的，能够充分反映实际情况；第三，在借鉴国内外已有研究成果的基础上，根据本研究的实际情况进行修改得到的测量题项；第四，作者根据本专著的研究重点和相关领域内专家、学者们提出的建议，在对企业进行预调研和实地深度访谈的基础上，对其进行修正与完善之后形成的测量题项。

1. 大数据属性的测量

可挖掘性（MIN）。企业在运营过程中产生大量数据，只有运用大数据分析技术对其进行分析与挖掘，才能获取有价值的数据、信息和知识。如果不采用一系列高级技术手段对海量数据进行“开采”，那么数据就会像待加工的原材料一样，它的价值将无法显现。并且，分析处理的样本容量越大，得出的结论的稳健性就越强。基于以上分析，我们认为：无论是从主动的角度，还是从被动的角度看，大数据均有可挖掘性。

大数据可挖掘性映射到企业层面，就是企业对于海量数据的深度分析与挖掘能力。马建光指出：数据是普遍可得的，所缺乏的是从中提取有价值知识的能力[①]。谢卫红等[②]学者认为，企业对于大数据深度分析、挖掘和应用的能力主要体现在企业拥有 Hadoop、Apach 等大数据分析工具软件，并且能够利用这些软件对大量数据进行实时处理和提取出有价值的数据、

① 马建光，姜巍．大数据的概念、特征及其应用 [J]. 国防科技，2013，34(02)：10-17.

② 谢卫红，刘高，王田绘．大数据能力内涵、维度及其与集团管控关系研究 [J]. 科技管理研究，2016，36(14)：170-177.

信息和知识的能力。Russom① 等认为大量数据对于企业而言是机遇而非负担，企业应当将高级分析工具（即大数据分析工具）与“大数据”结合起来，形成自己独特的竞争优势。基于以上分析以及在参考相关文献的基础上，本研究对大数据可挖掘性的测量题项，主要从企业是否拥有大数据分析软件、工具和能力，是否已经对企业内部的数据进行分析与挖掘来进行设定，如表 9-1 所示。

表 9-1　大数据可挖掘性的测量量表

编号	内容	来源
MIN1	对数据的分析与处理能力很强	谢卫红等②，Russom③，杨东红等④，
MIN2	掌握了一系列大数据分析软件及工具（例如：高级可视化工具等）	
MIN3	企业能够快速地从海量数据中提取出有价值的信息	
MIN4	利用大数据技术对客户数据和企业运营数据进行实时分析与挖掘	

价值性（VAL），对于大数据及大数据技术能够创造价值这一命题，人们已经普遍达成共识。但是，关于大数据和大数据技术怎样创造价值以及沿着何种路径创造价值的问题，目前还处于探索阶段。在 DHL 公司发布的一份白皮书中，提出大数据可以从三个方面创造价值，即提高企业运作效率、提升客户体验、激发新的商业模式⑤。在 IBM 公司的一份白皮书中，从三个层次（基础层、驱动层、扩大层）共九个方面（价值源、价值衡量、基础平台、企业文化、企业数据源、组织间信任、领导支持、

① RUSSOM P. Big data analytics[EB/OL].(2011)[2022-6-19]. https://vivomente.com/wp-content/uploads/2016/04/big-data-analytics-white-paper.pdf

② 谢卫红，刘高，王田绘. 大数据能力内涵、维度及其与集团管控关系研究 [J]. 科技管理研究，2016，36(14)：170-177.

③ RUSSOM P. Big data analytics[EB/OL].(2011)[2022-6-19].https://vivomente.com/wp-content/uploads/2016/04/big-data-analytics-white-paper.pdf

④ 杨东红，时迎健，雷鸣，等. 大数据和企业精准营销相关性分析 [J]. 沈阳工业大学学报（社会科学版），2018，11(02)：154-159.

⑤ BIG DATA IN LOGISTICS: A DHL perspective on how to move beyond the hype[EB/OL]. https://www.mendeley.com/research-papers/big-data-logistics-dhl-perspective-move-beyond-hype/.

外部资金、数据专家）探讨了大数据能够在企业中创造价值的基础，即企业内部的驱动力和外部的驱动因素[①]。也有学者从大数据能够为企业节约成本、增加收益、发现商机、进行产品创新等角度来说明大数据能够创造价值。

综合上述白皮书的内容以及学者的观点，作者认为大数据主要从两方面创造价值：一方面，相对于企业自身而言，不仅能够促进企业持续创新，而且还能够提升企业的核心竞争力；另一方面，从客户角度来看，大数据能够促使企业更好地为客户创造价值。基于以上分析以及在参考相关文献的基础上，对大数据价值性的测量题项进行具体设计，如表 9-2 所示。

表 9-2　大数据价值性的测量量表

编号	内容	来源
VAL1	大数据为企业创造价值、解决相关问题提供了新的路径	Russom[②] Jeske et al.[③] Balboni et al.[④] 王国成[⑤]
VAL2	大数据促使企业比竞争对手更快获取竞争优势	
VAL3	借助于大数据能够获得客户的真实需求，并且为客户创造价值	
VAL4	利用大数据对客户市场进行细分，为不同类型的客户创造不同价值	
VAL5	利用大数据能够更好地预测客户行为和改善客户体验	

真实性（VER），大数据的真实性表现在它能够全面、准确、细致地反映现实世界的真情实景。制造企业在其自动化与智能化的生产运作过程中，将会产生海量数据，通过对这些数据的收集、存储、分析和处理，能够完整地反映产品生产的全过程。另外，再对外部营商环境里的大量

① Analytics: A Blueprint for Value[EB/OL]. https://www.mendeley.com/research-pa224pers/analytics-blueprint-value/.

② RUSSOM P. Big data analytics[EB/OL].(2011)[2022-6-19].https://vivomente.com/wp-content/uploads/2016/04/big-data-analytics-white-paper.pdf

③ BIG DATA IN LOGISTICS: A DHL perspective on how to move beyond the hype[EB/OL]. https://www.mendeley.com/research-papers/big-data-logistics-dhl-perspective-move-beyond-hype/.

④ Analytics: A Blueprint for Value[EB/OL]. https://www.mendeley.com/research-pa224pers/analytics-blueprint-value/.

⑤ 王国成 . 从 3V 到 5V：大数据助推经济行为的深化研究 [J]. 天津社会科学，2017(02)：94-99.

数据进行抓取或购买，能够完整、真实地反映产品从生产到销售的全貌。与此同时，为了保证数据的真实性，有必要对产生数据的源头进行把关，尤其是在采集、储存数据的过程中，需要对数据进行预处理，以便于保证数据的真实、完整和有效。因此，在参照相关研究文献的基础上，从数据的真实情况、分析与处理的及时性等方面，对测量大数据真实性的题项进行具体设定，如表 9–3 所示。

表 9–3　大数据真实性的测量量表

编号	内容	文献支持
VER1	企业能够及时更新数据库中的信息	杨东红等[①] Lavalle[②] IBM[③] Troester et al.[④]
VER2	企业能够持续、实时地获取内外部各种数据	
VER3	企业提供的数据是完整的、真实可靠的	
VER4	企业采集、储存的数据能够真实反映企业的运营状况	
VER5	客户借助于企业提供的数据和信息，能够完全了解企业产品的生产过程	
VER6	采集客户的相关数据，能够真实反映客户需求、客户满意度和客户忠诚度等情况	

多样性（VAR），大数据的多样性主要体现在：数据来源多样性、数据类型多样性、大数据技术多样性和功能多样性四个方面。首先，针对企业而言，供应、生产、仓储、销售和客户等都是产生大量数据的来源。例如，原材料和零部件的供应、产品生产量、销售量、仓储量以及客户对产品的评论等等。这些数据的类型千差万别，有存储在数据库中的日志、交易信息等结构化数据，也有微博、语音、视频、自由格式文本等

① 杨东红，时迎健，雷鸣，等 . 大数据和企业精准营销相关性分析 [J]. 沈阳工业大学学报（社会科学版），2018，11(02)：154–159.

② LAVALLE S, LESSER E, SHOCKLEY R, et al. Big data, analytics and the path from insights to value[J]. MIT Sloan Management Review, 2011, 52(02): 21–32.

③ 分析：大数据在现实世界中的应用 [EB/OL]. https://www.ibm.com/services/multimedia/use_of_big_data.pdf.

④ Big data meets big data analytics[EB/OL]. https://www.mendeley.com/research-papers/big-data-meets-big-data-analytics-7/.

非结构化数据。当大数据应用于企业具体业务时，必须对大量不同类型的数据进行分析和处理，这时就需要大数据多样化的分析技术，包括各种软件工具以及使用这些工具的必备技能，比如，数据分析与挖掘技术、模拟仿真和优化建模等技术。多样化大数据技术具有的功能也是多种多样的，比如，可视化功能、决策支持功能、预测功能等，均可以运用于企业的供应、生产、销售等方方面面。基于以上分析以及在参考相关文献的基础上，对于测量大数据多样性的题项，主要从大数据来源、类型、技术、功能多样性四个方面来进行具体题项的设定，如表 9-4 所示。

表 9-4　大数据多样性的测量量表

编号	内容	来源
VAR1	企业经常对各种结构化、半结构化、非结构化数据进行分析与处理	IBM① McAfee et al.② Bange et al.③
VAR2	通过互联网、日志、智能终端等多种渠道收集数据	
VAR3	对大量数据进行分析与挖掘时，常常会应用多种高级技术方法：数据可视化技术、模流分析技术、视频分析技术等	
VAR4	将大数据技术运用于产品研发、生产过程、营销策划等多个领域	

2. 制造企业发展水平（MDL）的测量

目前，全球范围内制造业的发展趋势是智能化、服务化、定制化，从以产品为中心向以服务为中心转变。在德国“工业 4.0”和美国“工业互联网”战略的影响下，我国政府部门于 2015 年提出了“中国制造 2025”发展战略，目的是驱动我国由“制造大国”向“制造强国”迈进，进一步推

① 分析：大数据在现实世界中的应用 [EB/OL]. https://www.ibm.com/services/multimedia/use_of_big_data.pdf.

② MCAFEE A, BRYNJOLFSSON E. Big data: the management revolution[J]. Harvard business review, 2012, 90(10): 60-66, 68, 128.

③ Big Data Survey Europe: Usage, Technology and Budgets in European Best-Practice Companies[EB/OL]. https://www.mendeley.com/research-papers/big-data-survey-europe-usage-technology-budgets-european-bestpractice-companies/.

动制造企业向着新一代信息技术（物联网、大数据、云计算等）与制造技术融合方向发展，不断提升制造企业的研发、生产、销售和管理的智能化水平。因此，测量制造企业发展水平，应该从三个角度进行，即从制造企业自身角度、客户角度以及合作伙伴角度来分析，具体表现如下：第一，制造企业在生产过程中，可以利用大数据实现动态感知、实时分析、智能决策和精准执行生产任务；第二，制造企业利用大数据，不但可以对客户的行为习惯进行分析，针对不同客户、不同需求提供定制化服务，而且还能够挖掘客户的潜在需求，不断强化制造企业引导消费者偏好的能力；第三，大数据能够更好地帮助制造企业选择合作伙伴，在设定评价与选择合作伙伴的标准之后可以实时地、动态地对合作伙伴进行评估，也能够在合作谈判过程中为制造企业提供决策支持。基于以上分析以及在参考相关文献的基础上，对测量制造企业发展水平的题项进行具体设计，如表 9–5 所示。

表 9–5　制造企业发展水平的测量量表

编号	内容	来源
MDL1	制造企业逐步从以产品为中心向以服务为中心转变	肖静华等① Narayanan et al.② 冯芷艳等③ 王钦等④
MDL2	利用大数据可以优化制造企业的绩效评价指标	
MDL3	大数据能够帮助制造企业在生产过程中实现全方位智能化	
MDL4	制造企业利用大数据能够对供应商、分销商等合作伙伴进行及时、有效筛选	

① 肖静华，毛蕴诗，谢康．基于互联网及大数据的智能制造体系与中国制造企业转型升级 [J]. 产业经济评论，2016(02)：5–16.

② NARAYANAN A N, AK R, LEE Y T, et al. Summary of the Symposium on Data Analytics for Advanced Manufacturing[EB/OL]. (2017–4–13)[2022–6–19]. https://doi.org/10.6028/NIST.AMS.100–7.

③ 冯芷艳，郭迅华，曾大军，等．大数据背景下商务管理研究若干前沿课题 [J]. 管理科学学报，2013, 16(01)：1–9.

④ 王钦，张隺．“中国制造 2025”实施的切入点与架构 [J]. 中州学刊，2015(10)：32–37.

3. 物流企业服务水平（LSL）的测量

物流企业作为生产性服务企业，主要通过满足制造企业的物流需求而获得服务报酬。由于调研对象是制造企业，所以测量题项的设定主要从制造企业角度考虑。通过对制造企业的调研，可以间接地反映出物流企业服务水平的高低。物流服务业可以细分为“传统”物流服务业与“高端”物流服务业，“传统”物流服务业主要以提供物流环节服务为主（比如运输、仓储等），而“高端”物流服务业主要是提供基于 IT 的整合供应链服务（比如 3PL/4PL，供应链战略规划等）。由第三方物流年度研究报告 2017 Third-party logistics study：the state of logistics outsourcing[①] 通过对货主企业的调研发现，货主企业十分需要具有较强执行力、低交易成本的“高端”物流服务，比如，运输管理的计划与调度、电子数据交换服务、仓库/配送中心管理以及全程可视化服务，等等。因此，在参考相关文献的基础上，对测量物流企业服务水平的题项进行设定，在设计过程中，主要从物流企业能否提供基于信息技术、大数据等方面的“高端”物流服务视角来思考，然后再进行具体测量题项的设计，如表 9-6 所示。

① 2017 Third-party logistics study: the state of logistics outsourcing[EB/OL]. http://www.3plstudy.com/3pl2018download.php.

表 9-6 物流企业服务水平的测量量表

编号	内容	来源
LSL1	物流企业能够提供基于互联网、IT 技术和大数据的物流服务	Jeske et al.[①] Capgemini[②] Sauvage[③] Jain et al.[④]
LSL2	物流企业能够提供仓库、配送中心的管理服务	
LSL3	物流企业能够提供客户订单管理服务（例如：OMS 等）	
LSL4	物流企业能够提供基于移动互联网技术的服务（例如：智能终端应用程序等）	
LSL5	物流企业能够提供基于云物流的系统服务（比如：SaaS 等）	

4. 制造企业与物流企业协同程度（MLC）的测量

依据制造企业与物流企业之间的协同程度，可以判断制造企业与物流企业之间协同发展水平的高低。制造企业与物流企业之间的协同既可以是运营层面的协同也可以是战略层面的协同，或者两者兼而有之。通过系统梳理相关文献，可以发现：许多学者认为制造企业与物流企业彼此的信任程度、相互之间信息交流与共享的程度以及在合作过程中相互参与的程度等，都能够在一定程度上反映制造企业与物流企业的协同程度。Capgemini 通过调查发现，制造企业与物流企业之间要想构建良好的协作关系，一定要建立定期沟通机制[⑤]。当制造企业与物流企业之间能够共享关键信息，则有助于物流企业更好、更全面地了解制造企业的具体物流服务需求，可以保证物流企业在恰当的地点、恰当的时间提供恰当的物流服务[⑥]；同时，随着大数据技术的快速发展，制造企业与物流企业之间

① BIG DATA IN LOGISTICS: A DHL perspective on how to move beyond the hype[EB/OL]. https://www.mendeley.com/research-papers/big-data-logistics-dhl-perspective-move-beyond-hype/.

② Third-Party Logistics Study[EB/OL]. http://www.3plstudy.com/3pl2018download.php.

③ SAUVAGE T. The relationship between technology and logistics third-party providers[J]. International Journal of Physical Distribution and Logistics Management, 2003, 33(03): 236-253.

④ JAIN A D S, MEHTA I, MITRA J, et al. Application of Big Data in Supply Chain Management[J]. Materials Today: Proceedings, 2017, 4(02): 1106-1115.

⑤ Third-Party Logistics Study[EB/OL]. http://www.3plstudy.com/3pl2016download.php..

⑥ RAHMAN Z, QURESHI M N. Integrating the supply chain flows for business effectiveness[D]. Qatar University, 2007.

的信息共享变得更加便捷。制造企业与物流企业之间的信任既是双方建立长期稳定合作关系的基石，也是双方承诺合作关系的前提条件；物流服务目标一旦确定，需要制造企业与物流企业共同承诺才能实现。基于以上分析，对于测量制造企业与物流企业协同程度的题项，主要从沟通与交流、相互信任、信息共享、相互参与程度等方面进行具体测量题项的设定，如表 9-7 所示。

表 9-7　制造企业与物流企业协同程度的测量量表

编号	内容	来源
MLC1	经常与物流企业不同职能部门进行信息交流与沟通	Capgemini[①] Rahaman et al.[②] Panayides et al.[③] Tian et al.[④] Prajogo et al.[⑤]
MLC2	为了配合物流企业，让双方合作更加密切，制造企业已经改变了一些工作方式	
MLC3	为了制造企业与物流企业能够相互信任，双方都能够履行承诺	
MLC4	已经和物流企业建立双赢战略联盟关系	
MLC5	物流企业确定运输方案，经常与制造企业协商、沟通	

9.3.3 问卷预调研

为了提升问卷调查的准确性与有效性，在全面发放问卷、正式开始调研之前，需要对问卷进行预调研，进一步完善测量题项。作者根据工信部 2015—2017 年公布的智能制造试点企业名单，选取了七家制造企业作为预调研企业。经过反复讨论以及咨询相关管理人员之后，认为应当选

① Third-Party Logistics Study[EB/OL]. http://www.3plstudy.com/3pl2016download.php..

② RAHMAN Z, QURESHI M N. Integrating the supply chain flows for business effectiveness[D]. Qatar University, 2007.

③ PANAYIDES P M, SO M. Logistics service provider-client relationships[J]. Transportation Research Part E: Logistics and Transportation Review, 2005, 41(03): 179-200.

④ TIAN Y, LAI F, DANIEL F. An examination of the nature of trust in logistics outsourcing relationship: Empirical evidence from China[J]. Industrial Management and Data Systems, 2008, 108(03): 346-367.

⑤ PRAJOGO D, OLHAGER J. Supply chain integration and performance: The effects of long-term relationships, information technology and sharing, and logistics integration[J]. International Journal of Production Economics, 2012, 135(01): 514-522.

择制造企业的中高层领导作为调研对象。本次预调研共发放问卷100份，回收52份，回收率为52%。按照以下三个原则对回收的问卷进行筛选：第一，对多处有空缺的问卷予以剔除；第二，对大部分答案一样的问卷予以剔除；第三，对职能部门以及职务不符合要求的问卷予以剔除。最终获得有效问卷43份，问卷有效率为82.7%。

1. 预调研分析方法

预调研的目的是判断问卷中调查题项的恰当程度，本专著对预调研问卷的处理过程主要包括两个步骤：（1）对潜变量的测量题项进行优化。采用校正项目总分相关系数（corrected item-total correlation，CITC），并结合量表内在一致性系数（Cronbach’s α）来判断问卷中每道题项的恰当程度。如果某道题项的CITC值小于0.3，并且删除该题项之后，量表内在一致性系数相比之前有所增加，则考虑删除该题项[①]。（2）对问卷进行探索性因子分析（exploratory factor analysis，EFA）。EFA的作用在于确认量表的因素结构（潜变量的结构、关系），即利用实际收集的样本数据检验量表所包含的因子（潜变量）是否与最初设定的概念相一致，并且考虑观察变量是否能够对潜变量进行有效观察（或测量）。

2. 预调研结果分析

大数据属性包括四个方面：可挖掘性、价值性、真实性、多样性。“两业”高质量协同发展水平包括：制造企业发展水平、物流企业服务水平、制造企业与物流企业协同程度三个方面。按照前文所述的分析方法，本专著采用SPSS 26.0分析软件，并且利用校正项目总分相关系数对各变量的测量题项进行评估，根据评估结果对问卷中测量题项进行删减。各测量维度的Cronbach’s α系数以及CITC值如表9-8、表9-9所示。从表

① 邱皓政. 量化研究与统计分析[M]. 重庆：重庆大学出版社，2009.

9–8 中可以看出，VAL5 和 VER1 的 CITC 均小于 0.3，并且删除该题项之后，Cronbach's α 系数有所提高，故将这些题项在最终问卷中删除。从表 9–9 中可以看出，LSL2 和 MLC5 的 CITC 均小于 0.3，而且删除该题项之后，Cronbach's α 系数有所提高，故将这些题项从问卷中删除。

表 9–8　大数据属性的内部一致性检验

测量维度	编号	CITC	项已删除的 α 系数	评判	α 系数
可挖掘性属性	MIN1	0.570	0.713	保留	α_1=0.817
	MIN2	0.537	0.735	保留	
	MIN3	0.531	0.741	保留	
	MIN4	0.487	0.719	保留	
价值性属性	VAL1	0.466	0.765	保留	α_1=0.789
	VAL2	0.634	0.708	保留	α_1=0.806
	VAL3	0.644	0.705	保留	
	VAL4	0.558	0.735	保留	
	VAL5	0.263	0.806	删除	
真实性属性	VER1	0.287	0.818	删除	α_1=0.815
	VER2	0.522	0.797	保留	α_2=0.818
	VER3	0.471	0.766	保留	
	VER4	0.599	0.780	保留	
	VER5	0.616	0.776	保留	
	VER6	0.623	0.775	保留	
多样性属性	VAR1	0.648	0.765	保留	α_1=0.817
	VAR2	0.644	0.766	保留	
	VAR3	0.694	0.742	保留	
	VAR4	0.571	0.799	保留	

表 9–9　“两业”高质量协同发展的内部一致性检验

维度	编号	CITC	项已删除的 α 系数	评判	α 系数
制造企业发展水平	MDL1	0.657	0.884	保留	α_1=0.893
	MDL2	0.629	0.884	保留	
	MDL3	0.553	0.887	保留	
	MDL4	0.508	0.888	保留	

续表

维度	编号	CITC	项已删除的 α 系数	评判	α 系数
物流企业服务水平	LSL1	0.665	0.883	保留	α_1=0.887
	LSL2	0.194	0.899	删除	α_1=0.899
	LSL3	0.502	0.886	保留	
	LSL4	0.660	0.883	保留	
	LSL5	0.578	0.886	保留	
制造企业与物流企业协同程度	MLC1	0.496	0.889	保留	α_1=0.815
	MLC2	0.494	0.889	保留	α_2=0.897
	MLC3	0.552	0.887	保留	
	MLC4	0.527	0.867	保留	
	MLC5	0.227	0.897	删除	

接下来对量表进行探索性因子分析，表 9-10 展示了 KMO（Kaiser-Meyer-Olkin）抽样适当性检验及 Bartlett 球形检验结果。KMO 值越大（越接近 1），说明量表中可以提取的公共因子越多，越适合做验证性因子分析，若 KMO 值在 0.5 以下则不适合做验证性因子分析[①]。从表 9-10 中可以看出 KMO 值为 0.843，此外 Bartlett 球形检验的卡方值为 2127.038（自由度为 1），达到显著性水平，说明样本的相关矩阵间有公共因子存在，适合进行验证性因子分析。

表 9-10　问卷的 KMO 与 Bartlett 检验值

Kaiser-Meyer-Olkin 取样适切性量数		0.843
Bartlett 球形检验	χ^2	2127.038
	df	465
	P	0.000

利用 SPSS 26.0 对样本数据进行验证性因子分析，SPSS 26.0 默认将特征值大于 1 作为主成分保留的标准。表 9-11 是对样本数据进行因子分析

① 吴明隆．结构方程模型：AMOS 的操作与应用 [M]. 重庆：重庆大学出版社，2009.

之后的结果，表中特征根大于 1 的数据共有 7 个。根据表 9-12 因子分析旋转成分矩阵的结果，可以发现，7 个潜变量的测量题项除了 VER3 之外，其他测量题项与原先编制的量表中的题项大致符合，且 VER3 因子负荷量低于 0.5，可以考虑在最终问卷中删除题项 VER3。综合以上分析，可以认为问卷有较好的结构效度。

表 9-11 解释总变异量的摘要表

成分	初始特征值			提取平方和载入		
	合计	方差占比 /%	累积占比 /%	合计	方差占比 /%	累积占比 /%
1	7.754	25.014	25.014	7.754	25.014	25.014
2	3.512	11.329	36.342	3.512	11.329	36.342
3	2.493	8.041	44.383	2.493	8.041	44.383
4	1.599	5.158	49.542	1.599	5.158	49.542
5	1.302	4.200	53.742	1.302	4.200	53.742
6	1.167	3.766	57.507	1.167	3.766	57.507
7	1.063	3.428	60.936	1.063	3.428	60.936
8	0.991	3.196	64.132			

表 9-12 旋转后的成分矩阵

编号	成分						
	1	2	3	4	5	6	7
MLC4	0.658	0.040	0.217	0.098	0.209	0.030	−0.243
MLC2	0.752	0.100	0.060	0.135	−0.132	0.101	0.154
MLC1	0.684	0.222	0.006	0.231	0.026	0.083	0.054
MLC3	0.538	−0.031	0.165	0.104	−0.083	0.423	0.115
VAL3	0.037	0.713	0.061	0.275	0.067	0.145	−0.292
VAL2	0.067	0.666	−0.029	0.037	0.266	0.246	0.017
VAL4	0.046	0.575	−0.003	−0.065	0.129	0.050	0.578
VAL1	0.150	0.753	0.102	−0.166	0.007	0.185	0.253
VAR1	0.079	0.179	0.773	−0.005	−0.033	−0.032	−0.201
VAR2	0.013	0.214	0.744	−0.037	−0.002	0.030	−0.093
VAR3	0.020	−0.094	0.815	0.211	0.028	0.117	0.111
VAR4	−0.001	−0.045	0.738	0.127	0.181	0.083	0.160
VER2	0.104	0.052	−0.033	0.763	0.019	0.142	−0.003

续表

编号	成分						
	1	2	3	4	5	6	7
VER3	0.064	0.043	0.396	0.385	−0.159	0.393	−0.114
VER6	0.082	0.220	0.224	0.757	0.093	0.090	−0.103
VER4	0.218	0.250	0.071	0.620	0.304	0.171	0.188
VER5	0.257	0.116	0.070	0.593	0.710	−0.040	0.133
MDL1	0.439	0.007	0.055	0.078	0.667	−0.044	0.049
MDL3	0.392	0.015	0.155	0.221	0.574	0.135	−0.168
MDL4	−0.031	0.220	0.165	0.151	0.721	0.018	−0.064
MDL2	0.224	0.257	−0.046	0.094	0.561	0.028	0.150
MIN1	−0.170	0.104	0.045	0.087	0.161	0.617	−0.076
MIN2	0.063	0.091	0.130	0.018	0.443	0.514	−0.285
MIN3	0.081	0.055	0.080	−0.045	0.043	0.746	−0.171
MIN4	0.238	−0.042	−0.023	−0.010	0.060	0.714	0.035
LSL1	−0.032	0.026	0.034	0.011	0.322	0.197	0.664
LSL4	0.532	−0.087	0.067	0.238	0.133	−0.051	0.414
LSL3	0.184	−0.043	0.116	0.204	0.164	0.086	0.682
LSL5	0.286	−0.021	−0.014	0.146	0.054	−0.004	0.701

9.4 正式问卷的发放与收集

9.4.1 正式问卷的完善与发放

根据预调研结果和专家意见对问卷进行修正与完善：个人信息增加了受教育程度和年龄的调研；将敏感性、识别性问题（个人信息）放在问卷的末端，对问卷中不适宜的题项进行了删减，对题项的措辞进行了推敲与完善，并且形成最终调查问卷。各潜变量的测量题项如表 9-13 所示，正式调查问卷见附录。

表 9-13 潜变量测量题项及编号

编号	测量题项
MIN1	我们公司对海量数据的分析与处理能力很强；
MIN2	我们公司掌握了一系列大数据分析软件及工具；
MIN3	我们公司能够快速地从海量数据中挖掘出有价值的数据、信息和知识；
MIN4	我们公司能够利用大数据技术对客户数据和企业运营数据进行分析与挖掘；
VAL1	大数据为我们公司解决实际问题提供了新的思路和方法；
VAL2	大数据使我们公司比竞争对手更具有竞争优势；
VAL3	大数据使我们公司了解客户的真实需求，并且为客户创造价值；
VAL4	利用大数据可以对客户进行细分，并且能针对不同客户创造不同价值；
VER1	我们公司能够持续地、实时地获取企业内外部各种数据资源；
VER2	我们公司内部采集、存储的各类数据能够真实反映公司的实际运营情况；
VER3	我们公司的客户能够利用本公司提供的数据信息，完全了解公司的产品质量和功能等；
VER4	我们公司采集的客户数据能够真实反映客户的需求、满意度和忠诚度；
VAR1	我们公司对结构化、半结构化、非结构化的数据能够及时进行分析与处理；
VAR2	我们公司通过互联网、日志、智能终端等多种渠道收集与公司业务相关的数据；
VAR3	我们公司将大数据运用于技术研发、生产管理、营销创新等多种业务环节；
VAR4	我们公司在分析海量数据时常常应用多种大数据分析技术（模流分析、视频分析技术等）；
MDL1	我们公司逐步从以产品为中心向以服务为中心转变；
MDL2	我们公司利用大数据不断优化本公司的绩效评价指标；
MDL3	我们公司运用大数据使得生产过程实现全方位智能化；
MDL4	我们公司利用大数据对公司的供应商、物流服务商等合作伙伴进行筛选；
LSL1	与我们合作的物流公司能够提供基于互联网、IT 技术和大数据的云物流服务；
LSL3	与我们合作的物流公司能够提供客户订单管理服务（例如：OMS 等）；
LSL4	与我们合作的物流公司能够提供移动互联网技术服务（如：智能终端应用程序等）；
LSL5	与我们合作的物流公司能够提供基于云物流平台的系统服务（比如：SaaS 等）；
MLC1	我们公司与物流公司不同职能部门经常进行信息交流与沟通；
MLC2	为了与物流公司配合得更默契，我们公司已经改进了一些工作的方式、方法；
MLC3	我们公司与物流公司相互信任，双方都能够履行承诺；
MLC4	我们公司与物流公司建立长期的双赢战略联盟关系。

最终调查问卷的发放，主要采取两种形式：第一种，通过在制造企业工作的朋友、同学和校友们的帮助进行发放与收集；第二种，通过问卷

调研网站的付费服务，进行问卷调研与收集数据。问卷调查法是社会科学研究中最常用的数据收集方法，学者们由于课题研究的需要，通常需要进行大量调查问卷的发放与收集，这就使得被调查企业的相关人员产生“问卷疲劳”（survey-fatigue）[①]，因此，国内外有许多学者借助于问卷调研网站的付费服务协助收集调查问卷。作者在预调研阶段，已经发现利用熟人关系进行问卷的发放与收集，其效率并不高，而且回收问卷的质量欠佳。因此，本研究最终决定通过问卷网站付费服务和熟人关系帮助两个途径进行调查问卷的发放与回收。作者对问卷网站创建时间的长短、问卷收集渠道的多少、是否提供样本服务以及样本服务个性化等方面进行了综合考虑，并且比较了各个问卷收集网站，最终决定利用问卷星网站进行调查问卷的发放与数据收集。

9.4.2 问卷收集结果

问卷收集从2019年1月至2019年3月，历时三个月，总共发放问卷400份，回收问卷374份，回收率为93.50%，剔除无效问卷78份，最终共获得有效问卷296份，问卷有效率为79.14%。调查问卷分为两部分：第一部分为企业、个人基本信息；第二部分为问卷主体部分，采用李克特五级量表，1代表完全不符合，5代表完全符合。问卷主体部分的调查问题包含表9-13所有测量题项。本专著采用结构方程模型来验证本专著提出的潜变量之间的关系，结构方程模型对于样本容量有一定的要求。但是，对于样本容量大小的衡量并没有统一标准，不同的学者有着不同的观点。侯杰泰等认为：“在结构方程模型中，虽然样本容量大小的确定以及每个潜变量需要多少观察指标来测量，这一问题困扰着许多学者，并

① SCHOENHERR T, ELLRAM L M, TATE W L. A note on the use of survey research firms to enable empirical data collection[J]. Journal of Business Logistics, 2015, 36(03): 288-300.

且许多文献上对这一问题的探讨比较模糊而且存在相互矛盾的情况，但是，如果从最终结构方程模型能够识别的角度来看，一个普遍认同的观点是结构方程模型中的每个潜变量至少需要3个观察指标对其观察，并且样本容量至少需要达到100~200个。”① 本专著的有效样本容量 N=296，并且每个潜变量的观察变量都在4~5个。因此，本专著的样本容量以及观察变量已经满足上述要求，可以进行后续的统计分析。

9.4.3 样本容量描述性统计分析

本专著问卷调查的企业基本信息包括：企业性质、主营业务、员工人数、成立年限、年营业额、与主要物流服务提供商合作年限，受访者的个人信息（包括年龄以及学历）（如表9–14所示）。

表9–14 样本容量描述性统计分析（N=296）

问题属性	类别	样本数	占比/%
企业性质	国有企业	58	19.59
	民营企业	164	55.41
	外资企业	33	11.15
	合资企业	37	12.5
	其他	4	1.35
主营业务	食品、饮料、烟草	13	4.39
	纺织、服装、皮毛	23	7.77
	木材、家具	9	3.04
	制造、印刷、文体	95	32.09
	石油、化学、塑料、塑胶	28	9.46
	医药、生物制品	7	2.36
	金属、非金属	15	5.07
	机械、设备、仪表	74	25
	通信、计算机、电子	20	6.76
	其他行业	12	4.05

① 侯杰泰，温忠麟，成子娟，等. 结构方程模型及其应用[M]. 北京：教育科学出版社，2004.

续表

问题属性	类别	样本数	占比 /%
员工人数	100 以下	43	14.53
	100~500	122	41.22
	500~1000	73	24.66
	1000~5000	40	13.51
	更多	18	6.08
成立年限	5 年以内	20	6.76
	5~15 年	142	47.97
	15~25 年	87	29.39
	25~35 年	31	10.47
	更多	16	5.41
年营业额	100 万以内	12	4.05
	100 万 ~500 万	26	8.78
	500 万 ~1000 万	44	14.86
	1000 万 ~1500 万	92	31.08
	更多	122	41.22
与主要物流服务提供商合作年限	少于 1 年	6	2.03
	1~3 年	44	14.86
	3~5 年	88	29.73
	5 年以上	158	53.38
年龄	25~29 岁	51	17.23
	30~34 岁	113	38.18
	35~39 岁	83	28.04
	40~49 岁	44	14.86
	50 岁及以上	5	1.69
学历	大专	39	13.18
	本科	193	65.2
	硕士	38	12.84
	博士	26	8.78

9.5 实证分析

9.5.1 信度检验

问卷的信度是指测量的可靠性，是一种程度上的概念。对于一个想要测定的概念或者特质，每个受访者都存在一个特定的标准或者水平。测量过程中不可避免地存在测量误差，量表最终测得的水平（观测值）与真实的水平（真实值）之间的差距大小反映了问卷的可信程度。两者之间的差距越大，问卷的可信程度就越低；两者之间的差距越小，问卷的可信程度就越高。人们为了衡量观测值与真实值之间的差距，提出了信度系数的概念，信度系数是一个介于 0 到 1 之间的数值，数值越大，信度越高。在理想状态下，不存在测量误差时，观测值等于真实值，此时信度系数为 1。由于真实值是不可知的，但是可以利用观测值对测量误差进行估计，推出测量的信度，根据获取估计误差方法的不同，信度可以分为再测信度、折半信度、复本信度、内部一致性信度等。由于本研究只测量一次，并未进行多次测量，因此，最合适的信度估计方法是内部一致性信度。目前普遍用来计算内部一致性系数的方法有“库里信度”（KR20、KR21）以及“Cronbach’s α 系数”两种，但是“库里信度”适用的对象为二分变量的测量，而“Cronbach’s α 系数”因其对多种测量类型的适用性而被学者普遍采用。基于以上分析，本专著采用“Cronbach’s α 系数”对问卷测量的信度进行衡量。一般而言，Cronbach’s α 系数大于 0.8，表示信度很好，量表的检验结果如表 9–15 所示，各个分量表值都大于 0.8，量表整体信度达到 0.955，由此可以判断：量表调查结果有较高的可信度。

表 9-15 问卷量表的 Cronbach's α 系数

层面	信度						
分量表 α 系数	MIN	VAL	VER	VAR	MDL	LSL	MLC
	0.800	0.894	0.890	0.897	0.871	0.823	0.872
总量表 α 系数	0.955						

9.5.2 效度检验

效度是指变量能够准确反映所要测量问题的程度，是检测问卷有效性的重要指标，效度越高表明选取的变量越能反映被测对象的特性。与信度一样，效度只有高低之分，而且无法实际测量，只能通过现有信息做推论或者根据实证资料进行统计检验。效度也有类别之分，比如内容效度、增益效度、构念效度等；根据研究问题的不同，衡量量表效度的侧重点也有所不同[①]。由于本研究在现有文献的支撑下提出测量题项，并经过业内专家、学者的反复研讨和修正，预调研还通过了验证性因子分析，因此，可以认为本研究的量表具有较好的内容效度。但是，由于本专著的研究涉及多个潜变量，所以还需要对量表的概念效度进行检验。本专著采用验证性因素分析（confirmatory factor analysis，CFA）进行检验。验证性因素分析的作用在于确认量表的观察变量与潜在变量之间的关系，即假定观察变量与因素（潜变量）之间的关系是正确的，即能够利用实际收集的样本数据检验固定因素（潜变量）之间的相关关系，重点在于理论检验。本专著采用 AMOS 24.0 对数据进行验证性因素分析，并算出平均异变抽取量（AVE），如果 AVE 的值大于 0.5，表明量表的效度很高，结果如表 9-16、表 9-17 所示。由表 9-16 可知，潜变量的 AVE 值都大于 0.5，表明量表有较好的效度。表 9-17 显示 GFI 值没有通过检验，但是和

① 王保进 . 英文视窗版 SPSS 与行为科学研究 [M]. 北京：北京大学出版社，2007.

标准值 0.9 也比较接近，且其他指标均通过检验，在理论上也是可以接受的，因此，可以认为模型适配度良好。

表 9–16 效度检验表

测量指标		因子负荷量	AVE
一级指标	二级指标		
MIN	MIN4	0.8	0.583
	MIN3	0.759	
	MIN2	0.734	
	MIN1	0.762	
VAL	VAL4	0.785	0.532
	VAL3	0.703	
	VAL2	0.671	
	VAL1	0.754	
VER	VER6	0.718	0.521
	VER5	0.765	
	VER4	0.712	
	VER2	0.691	
MLC	MLC1	0.71	0.507
	MLC2	0.68	
	MLC3	0.697	
	MLC4	0.76	
VAR	VAR4	0.712	0.537
	VAR3	0.797	
	VAR2	0.712	
	VAR1	0.707	
LSL	LSL1	0.746	0.538
	LSL3	0.705	
	LSL4	0.746	
	LSL5	0.735	
MDL	MDL1	0.762	0.528
	MDL2	0.738	
	MDL3	0.692	
	MDL4	0.713	

表 9-17 拟合度检验表

适配度统计量	χ^2/df	GFI	IFI	TLI	CFI	RMESA
评价标准	<3	>0.9	>0.9	>0.9	>0.9	<0.08
统计值	2.22	0.895	0.914	0.901	0.913	0.064

9.5.3 结构方程模型分析

本专著首先检验了大数据四个属性分别对制造企业发展水平、物流企业服务水平、制造企业与物流企业协同程度的直接影响作用，然后检验了大数据四个属性对“两业”实现高质量协同发展影响的综合模型。在模型拟合之后，对于拟合度不好的模型进行修正。本专著遵循侯杰泰等提出的模型修正建议[①]，即对于测量模型部分的修正主要包括三个方面：（1）增加或删除观察变量；（2）增加或删除观察变量之间的协方差；（3）增加或删除误差之间的协方差。

对于结构方程部分的修正，主要包括四个方面：（1）增加或减少内生变量；（2）保持内生变量不变，增加或减少外生变量；（3）保持内外生变量不变，增加或删除路径；（4）保持内外生变量、路径不变，对残差进行修正。可是在实际应用中，我们很难找到一个从指标拟合到方程拟合结果都很好的模型，所能做到的是，在理论支持的模型中，找到一个相对较好的折中模型。

1. 大数据内在属性与制造企业发展水平的路径关系

基于上述分析，建立大数据内在属性与制造企业发展水平的关系路径图，并采用 AMOS 24.0 对其进行分析，初次拟合的标准化模型如图 9-3 所示，拟合指标如表 9-18 所示。模型具有较高的适配度，模型拟合结果较好。但是大数据的可挖掘性对应的标准化回归系数太小，只有 0.02，

① 侯杰泰，温忠麟，成子娟，等. 结构方程模型及其应用 [M]. 北京：教育科学出版社，2004.

可以考虑将其删除。修正之后的模型如图 9-4 所示，拟合指数也有相应的提升，如表 9-18 所示。在直接影响效应检验中：

H2a’：大数据的价值性程度越高，越有利于制造企业发展；

H3a’：大数据的真实性程度越高，越有利于制造企业发展；

H4a’：大数据的多样性程度越高，越有利于制造企业发展。

“理论假设”得到了支持，具体的模型路径系数及检验结果，如表 9-19 所示。

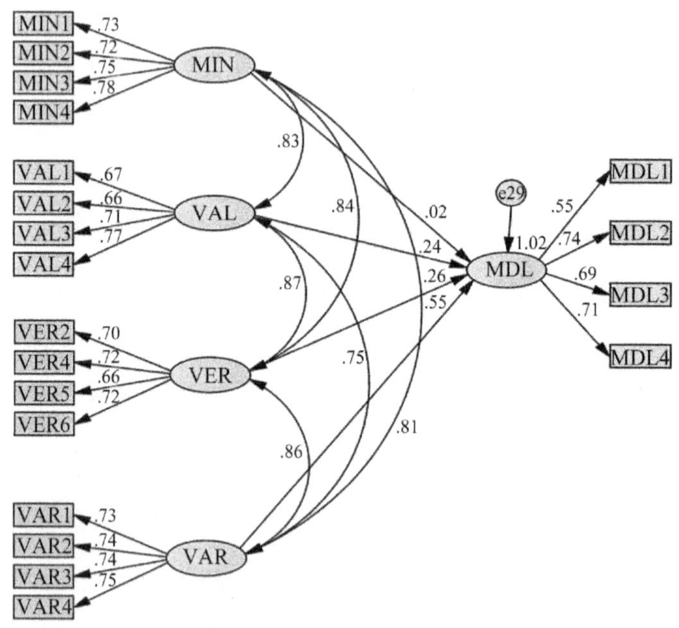

图 9-3　大数据属性影响制造企业发展水平的路径关系

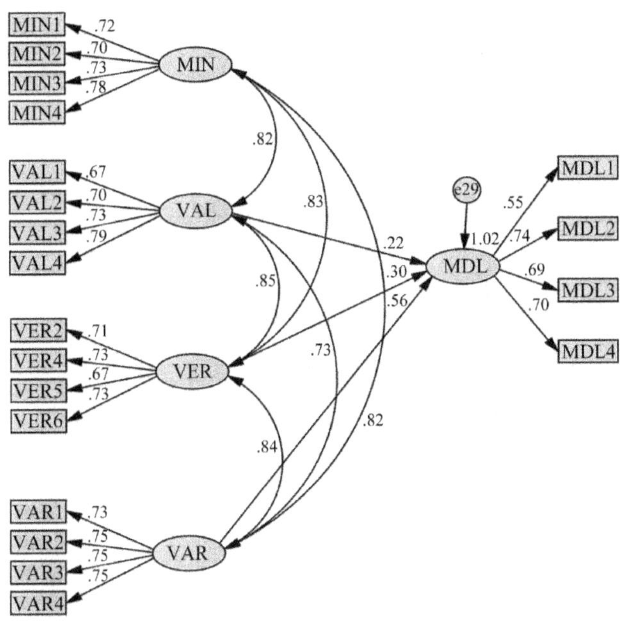

图 9-4　大数据属性影响制造企业发展水平的修正模型

表 9-18　模型拟合指标

适配度统计量	χ^2/df	GFI	IFI	TLI	CFI	RMESA
评价标准	<3	>0.9	>0.9	>0.9	>0.9	<0.08
初始模型	2.125	0.915	0.949	0.928	0.948	0.062
修正模型	2.138	0.919	0.951	0.927	0.950	0.062

表 9-19　直接检验模型的标准化路径系数与检验结果

模型	路径	Estimate	S.E.	C.R.	*P*	假设	结果
大数据属性→ MDL	MIN → MDL	0.02	0.073	0.493	0.622	H1a’	不支持
	VAL → MDL	0.22	0.159	0.078	0.040	H2a’	支持
	VER → MDL	0.30	0.229	0.114	0.043	H3a’	支持
	VAR → MDL	0.56	0.446	0.091	***	H4a’	支持

注：*** 表示显著性水平 $P<0.001$

2. 大数据内在属性与物流企业服务水平的路径关系

在以上分析基础上，构建大数据内在属性与物流企业服务水平的关系路径图，初次拟合的标准化模型如图 9-5 所示，拟合指标如表 9-20 所示。各拟合指标均达到可接受范围，但是在标准化模型中大数据的价值性属性对物流企业服务水平的标准化路径系数为 -0.17，出现了不合理的参数，考虑删除。修正之后的模型如图 9-6 所示，拟合指数也有相应的提升，之前未达到 0.9 标准的 GFI 上升到 0.92，如表 9-20 所示。在直接影响效应检验中：

H1b'：大数据的可挖掘性程度越高，越有利于物流企业服务水平提升；

H3b'：大数据的真实性程度越高，越有利于物流企业服务水平提升；

H4b'：大数据的多样性程度越高，越有利于物流企业服务水平提升。

“理论假设”得到了支持，具体的模型路径系数及检验结果如表 9-21 所示。

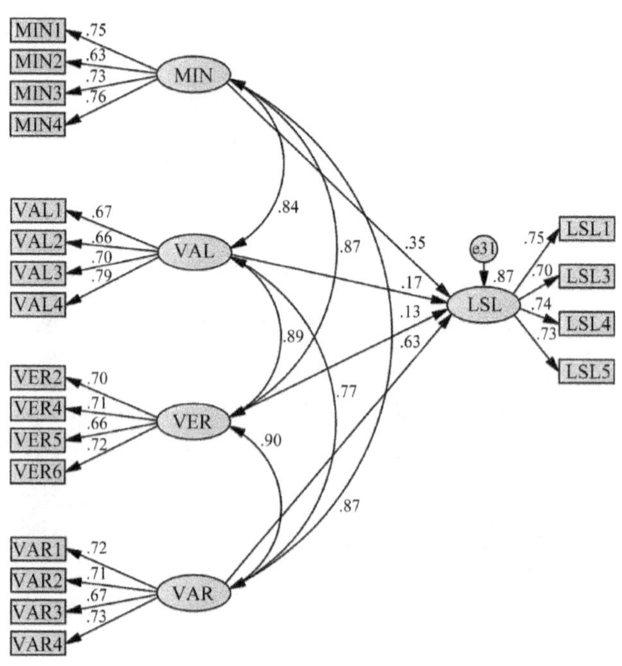

图 9-5　大数据属性影响物流企业服务水平的路径关系

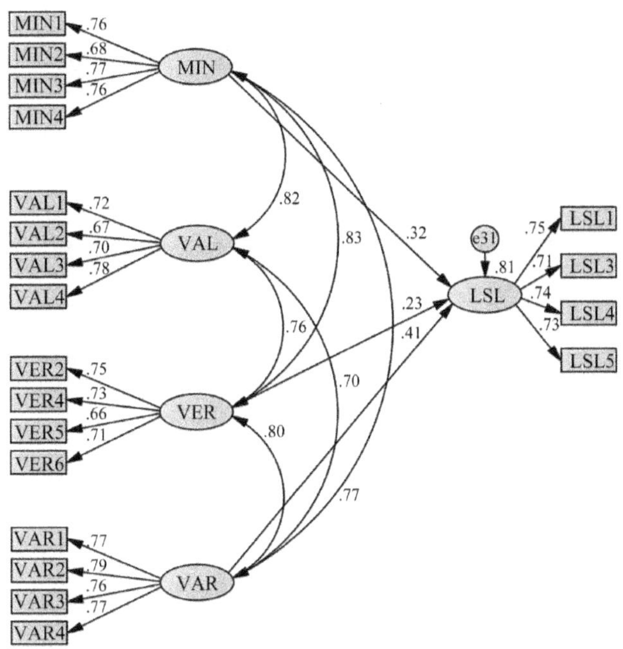

图 9-6　大数据属性影响物流企业服务水平的修正模型

表 9-20　模型拟合指标

适配度统计量	χ^2/df	GFI	IFI	TLI	CFI	RMESA
评价标准	<3	>0.9	>0.9	>0.9	>0.9	<0.08
初始模型	2.054	0.897	0.944	0.932	0.943	0.06
修正模型	1.993	0.920	0.957	0.936	0.956	0.058

表 9-21　直接检验模型的标准化路径系数与检验结果

模型	路径	Estimate	S.E.	C.R.	*P*	假设	结果
大数据属性→LSL	MIN → LSL	0.32	0.103	2.981	0.003	H1b’	支持
	VAL → LSL	−0.17	0.218	1.753	0.08	H2b’	不支持
	VER → LSL	0.23	0.125	1.966	0.049	H3b’	支持
	VAR → LSL	0.41	0.114	3.847	***	H4b’	支持

3. 大数据内在属性与制造企业和物流企业协同程度的路径关系

在以上分析基础上，构建了大数据内在属性与制造企业和物流企业协同程度的关系路径图，初次拟合的标准化模型如图 9-7 所示，拟合指标如表 9-22 所示。但是在标准化模型中大数据的价值性对制造企业与物流企业协同程度的标准化路径系数为 -0.27，出现了不合理的参数，模型需要修正，可以考虑删除该条路径；修正之后的模型及结果如图 9-8、表 9-23 所示，各项指标均达到标准。在直接影响效应检验中：

H1c'：大数据的可挖掘性程度越高，越有利于制造企业与物流企业协同程度的提升。

H3c'：大数据的真实性程度越高，越有利于制造企业与物流企业协同程度的提升。

H4c'：大数据的多样性程度越高，越有利于制造企业与物流企业协同程度的提升。

“理论假设”得到了支持，具体的模型路径系数及检验结果如表 9-23 所示。

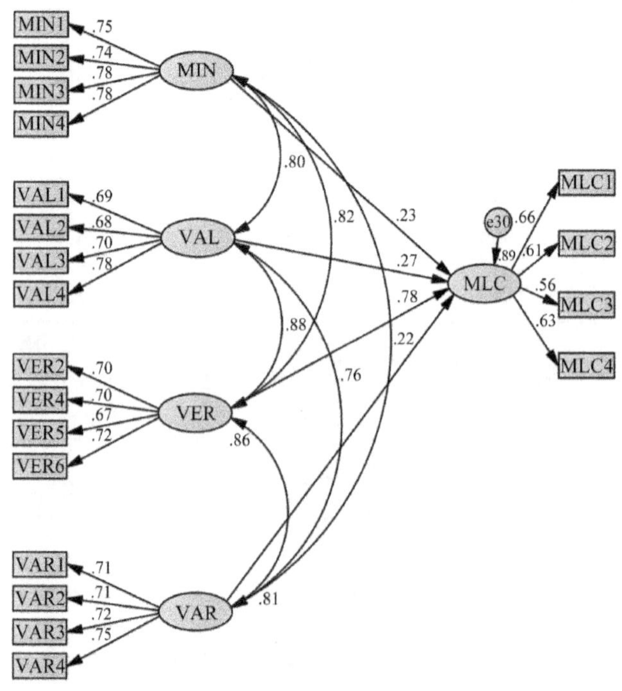

图 9-7　大数据属性影响制造企业与物流企业协同程度的路径关系

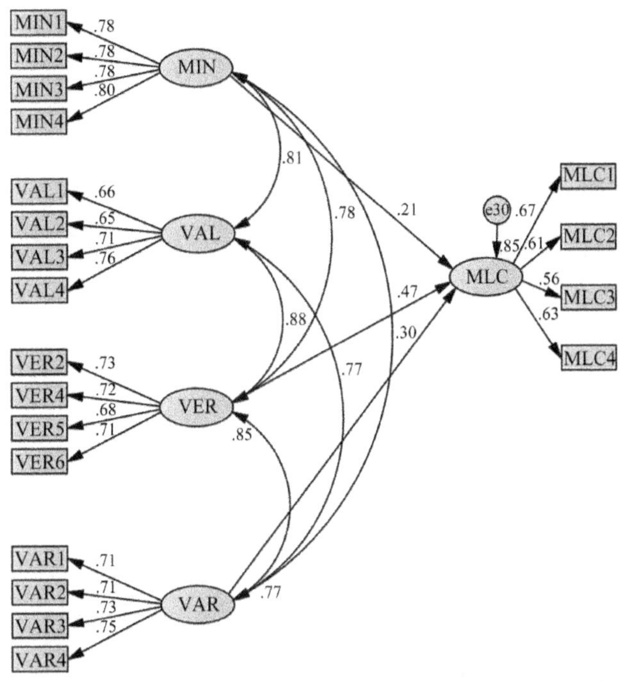

图 9-8　大数据属性影响制造企业与物流企业协同程度的修正模型

表 9-22　模型拟合指标

适配度统计量	χ^2 /df	GFI	IFI	TLI	CFI	RMESA
评价标准	<3	>0.9	>0.9	>0.9	>0.9	<0.08
初始模型	1.836	0.920	0.958	0.943	0.958	0.053
修正模型	1.866	0.932	0.964	0.941	0.963	0.054

表 9-23　直接检验模型的标准化路径系数与检验结果

模型	路径	Estimate	S.E.	C.R.	P	假设	结果
大数据属性→MLC	MIN → MLC	0.21	0.158	2.034	0.042	H1c’	支持
	VAL → MLC	−0.27	0.166	1.346	0.190	H2c’	不支持
	VER → MLC	0.47	0.135	3.045	***	H3c’	支持
	VAR → MLC	0.30	0.132	2.009	0.044	H4c’	支持

注：*** 表示显著性水平 P<0.001

4. 大数据内在属性与“两业”高质量协同发展的整体路径关系

在分别考虑了制造企业发展水平、物流企业服务水平对制造企业与物流企业“互动”影响的情况下，建立了大数据属性影响“两业”高质量协同发展的全模型，模型初次拟合结果如图 9–9、表 9–24 所示。部分路径没有通过检验，并且拟合指数 GFI 低于 0.9，考虑对模型进行修正。首先考虑逐一删除路径系数为负的：VAR → MLC、VAL → MLC、VAL → LSL、MIN → MDL 四条路径。每删除一条路径重新拟合一次，根据 AMOS 24.0 统计软件分析结果给出的修正建议（MI 值），建立测量误差间的共变关系，最终得到图 9–10 的修正模型，各项拟合指标均达到标准，如表 9–25 所示。

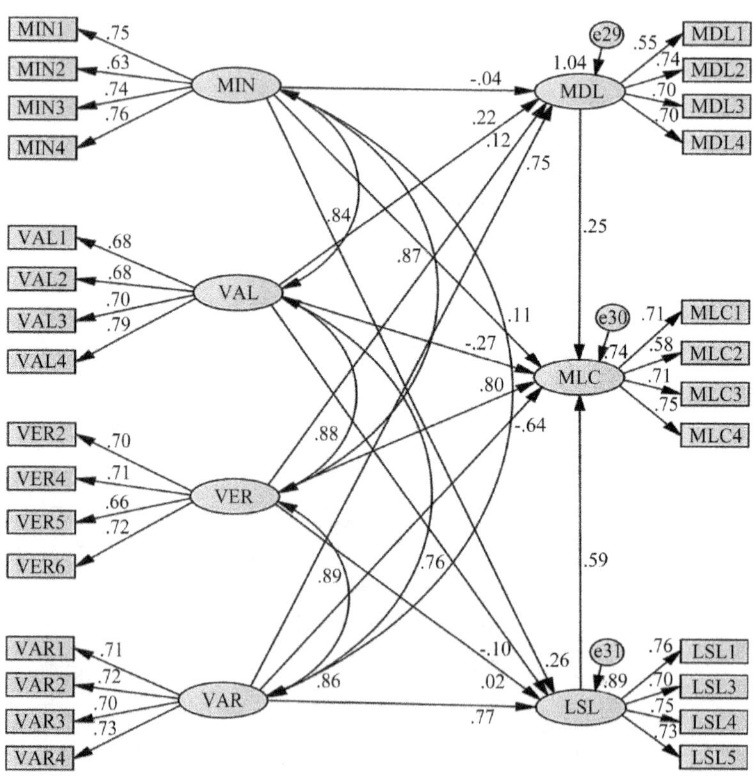

图 9–9　大数据属性影响“两业”实现高质量协同发展的整体路径关系

表 9–24　模型拟合指标

适配度统计量	χ^2/df	GFI	IFI	TLI	CFI	RMESA
评价标准	<3	>0.9	>0.9	>0.9	>0.9	<0.08

续表

初始模型	2.054	0.867	0.927	0.909	0.925	0.06
修正模型	1.912	0.901	0.945	0.921	0.944	0.056

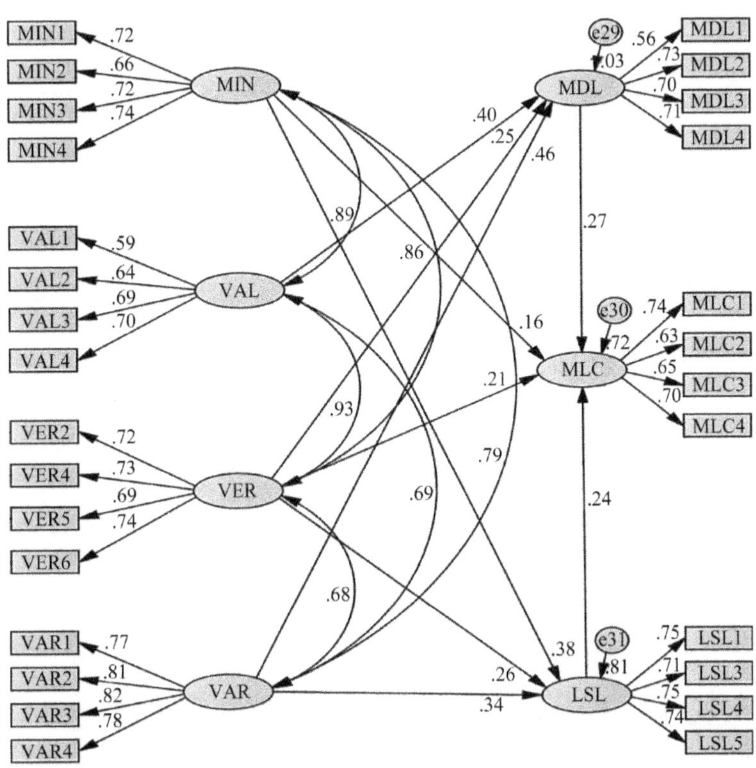

图 9-10　大数据属性影响“两业”实现高质量协同发展的整体修正模型

表 9-25　全模型的标准化路径系数与检验结果

模型	路径	Estimate	S.E.	C.R.	*P*	假设	结果
大数据属性→影响“两业”高质量协同发展	MIN → MDL	−0.04	0.104	−0.25	0.142	H1a	不支持
	VAL → MDL	0.40	0.042	2.383	0.047	H2a	支持
	VER → MDL	0.25	0.056	2.957	0.038	H3a	支持
	VAR → MDL	0.46	0.065	5.522	***	H4a	支持
	MIN → MLC	0.16	0.048	0.096	0.049	H1b	支持
	VAL → MLC	−0.27	0.256	−0.94	0.347	H2b	不支持

续表

模型	路径	Estimate	S.E.	C.R.	*P*	假设	结果
大数据属性→影响“两业”高质量协同发展	VER → MLC	0.21	0.098	2.717	***	H3b	支持
	VAR → MLC	−0.64	0.717	−0.87	0.381	H4b	不支持
	MIN → LSL	0.38	0.069	2.772	***	H1c	支持
	VAL → LSL	−0.10	0.164	−0.60	0.548	H2c	不支持
	VER → LSL	0.26	0.161	2.683	***	H3c	支持
	VAR → LSL	0.34	0.104	3.367	***	H4c	支持
	MDL → MLC	0.27	0.087	4.266	***	H5	支持
	LSL → MLC	0.24	0.052	3.466	***	H6	支持

注：*** 表示显著性水平 $P<0.001$

9.6 实证结果与讨论

本章在国内外现有研究文献的基础上，从大数据的内涵中归纳出大数据的四个属性：可挖掘性、价值性、真实性、多样性，提出了大数据四个属性影响“两业”高质量协同发展的概念模型，并且分别探究了大数据四个属性对“两业”高质量协同发展的直接影响作用以及大数据四个属性同时对“两业”高质量协同发展的综合影响。经结构方程模型检验，本章提出的 12 个假设在直接模型和综合模型中的支持程度有所不同，如表 9–26 所示。

表 9–26　假设与检验结果汇总

假设	描述	检验情况
H1a（综合检验）	大数据的可挖掘性程度越高，越有利于制造企业发展；（MIN → MDL）	不支持
H1a'（独立检验）		不支持
H2a（综合检验）	大数据的价值性程度越高，越有利于制造企业发展；（VAL → MDL）	支持
H2a'（独立检验）		支持
H3a（综合检验）	大数据的真实性程度越高，越有利于制造企业发展；（VER → MDL）	支持
H3a'（独立检验）		支持
H4a（综合检验）	大数据的多样性程度越高，越有利于制造企业发展；（VAR → MDL）	支持
H4a'（独立检验）		支持

续表

假设	描述	检验情况
H1b（综合检验）	大数据的可挖掘性程度越高，越有利于物流企业服务水平提升；（MIN → LSL）	不支持
H1b'（独立检验）		支持
H2b（综合检验）	大数据的价值性程度越高，越有利于物流企业服务水平的提升；（VAL → LSL）	不支持
H2b'（独立检验）		不支持
H3b（综合检验）	大数据的真实性程度越高，越有利于物流企业服务水平的提升；（VER → LSL）	支持
H3b'（独立检验）		支持
H4b（综合检验）	大数据的多样性程度越高，越有利于物流企业服务水平提升；（VAR → LSL）	不支持
H4b'（独立检验）		支持
H1c（综合检验）	大数据的可挖掘性程度越高，越有利于制造企业与物流企业实现高质量协同发展；（MIN → MLC）	支持
H1c'（独立检验）		支持
H2c（综合检验）	大数据的价值性程度越高，越有利于制造企业与物流企业实现高质量协同发展；（VAL → MLC）	不支持
H2c'（独立检验）		不支持
H3c（综合检验）	大数据的真实性程度越高，越有利于制造企业与物流企业实现高质量协同发展；（VER → MLC）	支持
H3c'（独立检验）		支持
H4c（综合检验）	大数据的多样性程度越高，越有利于制造企业与物流企业实现高质量协同发展；（VAR → MLC）	支持
H4c'（独立检验）		支持

9.6.1 大数据属性影响制造企业发展水平的讨论

本章分别讨论了大数据四个属性对制造企业发展水平单独作用以及在其他变量影响下的综合作用。结构方程模型检验结果显示：大数据的价值性、真实性、多样性对制造企业发展水平的正向影响作用，在 $\alpha=0.05$ 的显著性水平下，独立检验和综合检验均达到统计显著性水平（VAL → MDL、VER → MDL、VAR → MDL）。但是大数据的可挖掘性属性对制造企业发展水平的影响不显著（MIN → MDL），从理论角度考虑，这不能完全说明大数据的可挖掘性与制造企业发展水平之间毫无关系，而只能说明它们之间没有明显的线性关系。

大数据的可挖掘性对制造企业发展的影响不显著，可能是由于目前制造企业对海量数据的分析与处理以及对于大数据技术的运用还处于起步阶段，所以该属性对于制造企业向着智能化方向发展的正向影响并不显著。然而，制造企业对于大数据能够为公司创造价值、为公司解决问题提供新的思路、让公司更加准确地了解客户需求、使公司在激烈的市场竞争环境中获得竞争优势等方面，已经有了足够的认识。目前，制造企业对于大数据的分析与处理还存在一定局限性，不同企业之间存在的差距也很大。在对企业的实际调研和访谈中，我们已经了解到：大部分制造企业将大数据的应用看作是企业发展的机遇和企业未来的趋势，从基础设施配备到有关项目研发，再到各类技术人才招聘以及企业日常运作等，都已经开始对大数据的应用进行了大胆的创新与尝试，也有个别企业认为，大数据技术难以掌控，企业若投入大量的资金，可能会给企业带来不良后果。但是，从制造业的总体发展趋势来看，运用大数据驱动制造企业创新发展，实现“中国制造向中国创造”的转变具有重大意义。

9.6.2 大数据属性影响物流企业服务水平的讨论

通过运用结构方程模型分别验证了大数据四个属性对物流企业服务水平的单独影响以及在其他变量作用下的综合影响。结果表明：大数据的真实性对物流企业服务水平提升的正向影响作用，在 $\alpha=0.05$ 的显著性水平下，独立检验和综合检验均达到统计显著性水平（VER → LSL）。而大数据的价值性对物流企业服务水平提升的正向影响作用，其独立检验和综合检验均未通过统计显著性水平检验（VAL → LSL）。大数据的可挖掘性、多样性对物流企业服务水平提升的正向影响，其独立检验达到统计显著性水平，而综合检验未达到统计显著性水平（MIN → LSL、VAR → LSL）。

在综合检验中，大数据的四个属性对物流企业服务水平提升的影响，较多表现为不显著，这一结果也符合我国目前物流企业的实际情况。因为本专著的调研对象是制造企业，通过制造企业对相关问题的回答来反映物流企业的发展状况，从制造企业的角度来看，我国大部分第三方物流企业目前只能提供一些基础的物流环节服务。我国物流企业信息技术能力较弱是一个不争的事实，能够提供基于互联网、大数据、IT 技术的高端物流服务的企业为数不多。全国除了几家大型快递物流公司以及少数几家第三方物流企业已接近世界领先物流水平之外，大部分中小型物流企业还处于较为传统的低端运营状态。但是，这一现状也正在渐渐改变，物流产业是一个“充满”数据、信息的行业，大部分物流企业已经意识到作为物流服务提供方，应该具备所处物流行业的专业知识，并且能够为制造企业提供更为全面的物流服务，即提供物流可视化服务、业务数据分析与优化服务、基于大数据的信息技术服务。这对于物流企业实现可持续发展及其与制造企业形成战略联盟起到了至关重要的作用。同时，从中央到地方，各级政府部门也正在出台相关政策、法规积极驱动高端物流发展，支持与激励制造企业与物流企业实现高质量协同发展。

9.6.3 大数据属性影响制造企业与物流企业实现高质量协同发展的讨论

本章分别讨论了大数据的四个属性对制造企业与物流企业协同程度的单独影响以及在其他变量作用下的综合影响。结构方程模型检验结果显示：大数据的可挖掘性、真实性、多样性对制造企业与物流企业协同程度的正向影响作用，在 $\alpha=0.05$ 的显著性水平下，独立检验和综合检验均达到统计显著性水平（MIN → MLC、VER → MLC、VAR → MLC）。而大数据的价值性对制造企业与物流企业协同程度的正向影响作用，其独立检验和综合检验均未通过统计显著性水平检验（VAL → MLC）。但是，在综合检验下，大数据的价值性通过影响制造企业的发展水平间接地驱动制造企业与物流企业实现高质量协同发展（VAL → MDL → MLC）。

9.7 本章小结

首先，本章对大数据的内涵、构成维度及其内在属性进行了分析，并且对大数据的主要内在属性与“两业”实现高质量协同发展之间的关系，提出了理论假设；其次，对研究方法进行了设计，并对调查问卷的设计、测量变量的确定、问卷预调研以及最终问卷的发放与收集方法进行了全面探索；最后，运用 SPSS 26.0 对总量表及各分量表的信度、效度进行了检验，利用结构方程模型对本章提出的理论假设进行了验证。在借鉴国内外研究成果的基础上，运用理论研究与实证分析相结合的方法探讨了大数据四个属性特征（可挖掘性、价值性、真实性、多样性）对“两业”实现高质量协同发展的影响，并且得出如下研究结论:（1）大数据的价值性、真实性、多样性对制造企业的发展水平产生显著的正向影响作用，而大数据的可挖掘属性对制造企业发展水平的影响并不显著;（2）大数据的真实性对提升物流企业服务水平产生显著的正向影响作用，而大数据的可挖掘性、价值性、多样性对提升物流企业服务水平的正向影响并不显著;（3）大数据的可挖掘性、真实性、多样性对制造企业与物流企业协同程度产生显著的正向影响作用，而大数据的价值性对制造企业与物流企业协同程度的直接正向影响作用并不显著，但是，大数据的价值性可以通过影响制造企业发展水平间接地影响制造企业与物流企业实现高质量协同发展。总而言之，大数据四个属性直接或间接地影响制造企业与物流企业实现高质量协同发展，已经得到了验证。

第10章 结论与展望

本章对全书研究成果进行归纳总结，并指出由此给我们带来的启示。在揭示本专著研究不足的基础上，对未来即将继续研究的课题进行展望，并且探讨有待于进一步深入研究的相关问题。

10.1 研究结论与启示

互联网、云计算、大数据、人工智能等新一代信息技术的迅猛发展，驱动着人类社会进入了大数据时代。因此，大数据属性及大数据技术开启了制造企业、物流企业转型升级的新时代。然而，大数据时代涌现出的大数据技术、大数据平台和大数据思维正在改变着制造企业、物流企业的生产 / 服务方式，同时也催生出迫切需要研究的一些问题，比如，大数据对制造企业、物流企业的生产 / 服务向信息化、数据化、智能化方向发展的影响如何？制造企业和物流企业如何提升大数据技术应用水平？大数据时代制造企业与物流企业如何实现高质量协同发展？等等。为此，本专著对上述问题进行了探索，并且得到如下结论和启示。

大数据时代“两业”高质量协同发展系统通过自组织、自适应和协同演化实现“两业”协同效应最大化且产生良好效果。大数据时代“两业”实现高质量协同发展的框架模型主要由相互关联、相互作用、相互制约的制造企业子系统、物流企业子系统、保障机制子系统和软硬件集成子系统等融合而成，在一定时空范围内，不断地与系统的外部环境进行着数据、信息、知识、物质和能量的交换，并通过自组织、自适应和协同演化，实现“两业”协同效应最大化。当大数据及大数据技术与“两业”实现深度融合，必然产生如下良好效果：一是有利于提高“两业”生产效率、服务水平和客户满意度；二是能够有效提升“两业”协同度和大数据技术应用水平；三是能够不断增强“两业”核心竞争力，保障“中国制造2025”战略目标的实现。

上述研究结论给“两业”为实现高质量协同发展而进行的运营管理带来如下启示：（1）大数据时代制造企业、物流企业应该充分利用互联网技术、大数据技术、人工智能技术，在云平台上实现“两业”协同运作；（2）引导决策者为“两业”实现高质量协同发展，从系统科学角度研究高质量协同发展系统内部各子系统之间以及各子系统与各要素之间的内在关联，并且掌握“两业”高质量协同发展系统与外部环境进行数据、信息、知识、物质和能量的交换规律。

“两业”高质量协同发展系统与外部环境进行数据、信息、知识、物质和能量的交换，并从简单到复杂、从无序到有序、由低级有序向高级有序方向发展。大数据时代“两业”高质量协同发展系统的复杂性特征主要体现在结构性复杂与过程性复杂两个层面。第一层面，在大数据时代，“两业”高质量协同发展系统复杂性的结构性分析主要从两个方面展开分析，一是数据方面，包括数据处理、数据模型、数据类型；二是行为方面，包括用户行为和流量行为。第二层面，复杂性的过程性分析，主要从三个方面进行：一是精准、实时地洞察营商环境的一切变化；二是关注“两业”运营是否高度协同与互利共生；三是分析客户（或合作伙伴）的参与、互动和信息反馈是否有利于促进“两业”实现高质量协同发展。然后，再经过缜密、深入的研究，得到如下具体结论：（1）充分开放与远离平衡态是协同演化的前提条件；（2）各创新主体（子系统）之间的非线性相互作用是协同演化的驱动力；（3）随机涨落是协同演化的诱因；（4）由多次渐变到突变（相变与分岔）形成的轨迹是“两业”协同演化的有效路径。

从上述研究结论，可以得到如下启发：（1）大数据时代可以借鉴“由多次渐变到突变（相变与分岔）形成的轨迹”来指导“两业”实现高质量协同发展；（2）引导“两业”决策者沿着协同演化的有效路径，探索“两业”实现高质量协同发展的一般规律，即由简单到复杂、从无序到有序、由低级有序向高级有序方向发展；（3）启发高层管理者高度重视“两业”高质量协同发展系统与外部环境进行数据、信息、知识、物质和能量的交换。

大数据时代“两业”高质量协同发展系统不断地从外部环境获取负熵流来冲抵内部正熵流的增加，持续促进“两业”协同演化，形成新的有序稳定的耗散结构，且利用“两业”高质量协同发展系统的熵变模型可以计算其熵值变化结果。此熵变模型不仅能够从理论上阐明“两业”技术协同创新与“两业”运营模式协同创新之间相互协同的重要性，而且可以让“两业”根据各自创新以及双方协同创新的情况，利用熵变模型计算其熵值变化结果，并且依据计算结果判断当前“两业”之间的协同运作状况。

依据上述研究结论，可以得到如下启示：（1）“两业”只有依靠技术协同创新、运营模式协同创新以及技术与运营模式协同创新，才能真正驱动“两业”实现高质量协同发展；（2）要促使“两业”高质量协同发展系统

（包含各协同创新子系统）不断地与外界环境进行数据、信息、知识、物质和能量的交换，获取更多的负熵流来冲抵系统内部产生的正熵流，实现协同效应最大化，形成新的有序稳定的耗散结构；（3）应该选取影响各协同创新子系统熵变的合适因子，对“两业”技术协同创新子系统、运营模式协同创新子系统以及技术与运营模式协同创新系统的熵值变化进行定量评估，并且诊断出哪些因子将对“两业”高质量协同发展系统有序运行产生积极影响，哪些因子将会产生消极影响；（4）应该积极应用“两业”高质量协同发展系统熵变模型指导“两业”持续开展协同创新活动。

在大数据时代背景下，“两业”通过持续学习和应用大数据技术，不断改进和调整各自的演化博弈策略，双方才能在不同环境下寻找到合适的博弈策略。因此，当“两业”面临不同外部环境时，各自将会选择不同的演化博弈策略。

在不考虑政府部门干预的前提下：（1）“两业”在演化博弈过程中，如果各方从高质量协同发展中获取的超额利润愈大，那么它们越愿意选择“协同”博弈策略；（2）如果“两业”早期投入的费用越多，则双方越不愿意选择“协同”博弈策略；（3）一旦当制造企业（或物流企业）选择“协同”策略，但由于另一方违约而导致其蒙受损失时，若遭受的损失越大、后悔程度越高，则越不愿意选择“协同”博弈策略；（4）如果“两业”在演化博弈过程中，各方的贴现因子越来越大，则各自从高质量协同发展系统中获取的收益就愈来愈多，那么它们就越愿意选择“协同”博弈策略来运作。在考虑政府部门建立激励机制的状况下，政府部门给予制造企业、物流企业激励力度的大小将影响“两业”选择“协同”博弈策略的积极性。随着政府部门正激励力度不断加大，“两业”选择“协同”博弈策略的积极性则持续提高；反之，则逐渐降低。而当政府部门、制造企业与物流企业三方形成演化博弈系统，且当政府部门鼓励“两业”实现高质量协同发展时，如果政府部门、制造企业和物流企业各自参与协同运作时所获取的净收益均超过不参与协同运作时的净收益，那么三方演化博弈的最优稳定策略集合为：E_8（鼓励，协同，协同）。

基于上述研究结论，将为“两业”实现高质量协同发展带来如下启示：当不考虑政府部门干预时，制造企业、物流企业演化博弈策略的选择，将受到“两业”演化博弈的初始状况、早期投入费用、获取的超额利润以及各方蒙受的额外损失等各种因素的影响；在考虑政府部门建立激励机制前提下，“两业”演化博弈的稳定性以及各方选择演化博弈策略，将受到政府部门分别给予制造企业、物流企业激励力度大小的影响；当政府部门、制造企业与物流企业之间形成演化博弈系统时，三方各自选择演化博弈策略将受到政府部门、制造企业与物流企业各方投入高质量协同发展中的费用和获取利益多少的影响。

大数据时代营商环境综合保障机制是驱动“两业”高质量协同发展的动力源泉。本研究结论客观地揭示了营商环境综合保障机制驱动“两业”实现高质量协同发展的内在规律：（1）“两业”高质量协同发展系统是由相互关联、相互影响、相互作用的制造企业子系统、物流企业子系统和保障机制子系统等相互融合而成的复杂的开放系统，其实现高质量协同发展的目标是提升“两业”协同创造价值的能力；（2）在“两业”实现高质量协同发展过程中，共生机制是“两业”实现高质量协同发展的核心驱动力；（3）耦合机制与信息共享机制是促进“两业”实现高质量协同发展的支撑平台和纽带，而市场环境保障机制则是“两业”实现高质量协同发展的外源驱动力；（4）当共生机制、耦合机制、信息共享机制以及市场环境保障机制实现有机集成之后，就形成了以共生机制为核心、以耦合机制为支撑、以信息共享机制为纽带、以市场环境保障机制为依托的由内向外逐级驱动“两业”实现高质量协同发展的营商环境综合保障机制。

由上述结论，可以得到以下启示：（1）营商环境综合保障机制对“两业”高质量协同发展的作用具有两面性：一方面，当“两业”高质量协同发展系统的协同演化在营商环境综合保障机制的边界内，营商环境综合保障机制就是驱动“两业”实现高质量协同发展的外源动力；另一方面，当“两业”高质量协同发展系统的协同演化超越了营商环境综合保障机制的边界时，营商环境综合保障机制就变成了“两业”实现高质量协同发展的制约力，促使“两业”高质量协同发展系统回归原来状态。（2）良好的营商环境综合保障机制不仅为“两业”实现高质量协同发展创造了更融洽、更完善的外部环境，而且更有利于促进“两业”实现高质量协同发展。

大数据时代促进“两业”实现高质量协同发展的创新模式，主要有四种：战略联盟型高质量协同发展模式、三螺旋型高质量协同发展模式、网络平台型高质量协同发展模式和市场主导型高质量协同发展模式。通过对上述四种高质量协同发展模式进行深入分析，可以得知：（1）在战略联盟型高质量协同发展模式形成过程中，政府部门扮演着重要角色，并发挥着宏观指导、政策引导和利益整合的积极作用。（2）制造企业、物流企业和政府部门形成了基于资源整合的三螺旋型高质量协同发展模式，在动力机制、互动机制和约束机制的保障下持续协同演化，呈现出螺旋式上升趋势；三螺旋型高质量协同发展模式明晰了制造企业、物流企业和政府部门三者之间的关系，若制度安排不同，则三螺旋型高质量协同发展模式的结构关系就不同，政府部门所处的地位、发挥的作用和扮演的角色也各不相同。（3）网络平台型高质量协同发展模式是在协同管理机制、协同调配机制和协同创新机制的作用下，驱动制造企业、物流企业、政府部门以及其他利益相关者之间进行密切合作，并且实现高质量协同发展。（4）基于市场机制形成的市场主导型高质量协同发展模式，更适用于制造企业、物流企业发展水平较高、协同能力较强的经济区域；只有依靠市场机制，才能对“两业”高质量协同发展系统的结构要素进行优化，也才能保持“两业”协同发展水平的领先性和持续性。

上述研究结论给制造企业、物流企业、政府部门带来如下启示：（1）政府部门应该充分利用大数据属性及大数据技术挖掘有价值的信息，实时把握制造企业与物流企业的发展动态，努力创造良好的政策、制度环境，推进制造企业与物流企业实现高质量协同发展，无论是市场主导型还是政府部门主导型的“两业”高质量协同发展模式，都需要政府部门积极营造风清气正的营商环境。（2）物流企业通过线下集聚形成物流园区，有利于助推其周边地区制造企业的集聚和发展。大数据时代制造企业、物流企业还应该利用物联网、大数据和云平台实现线上“集聚”，这样不仅有利于“两业”协同创新、促进“两业”线上与线下（On-line to Off-line）同步实现高质量协同发展，而且能助推区域经济转型升级。（3）政府部门在制定制造企业与物流企业实现高质量协同发展的中长期规划时，应该充分利用大数据、云计算等技术，不断优化“两业”空间布局，不断完善“两业”协同机制、适时强化“两业”协同管理，依靠协同创新推动制造企业与物流企业实现高质量协同发展。（4）政府部门要持续加大对网络信息平台建设的财政支持力度，加快建设有利于制造企业与物流企业实现高质量协同发展的物流信息服务平台，实现“两业”信息共享，依靠云物流信息平台提供高水平的综合物流服务，促进制造企业与物流企业的协同创新，加速“两业”实现高质量协同发展。例如，在国家层面应该考虑建设覆盖全国的云物流信息综合服务平台，建立“两业”双向实时的信息采集与发布机制。（5）政府有关部门必须遵循区域经济均衡发展原则，充分利用大数据分析与挖掘技术进行“两业”的合理布局与功能定位，以增强“两业”集聚力度和协同效应，并且考虑到制造企业与物流企业的运行效率以及行业内部的适度竞争。（6）通过提升物流企业的集聚水平，充分发挥物流网络信息平台的共享机制以及网络外部性作用，降低物流服务交易成本、提高制造企业的生产效率和效益，进而推进制造企业与物流企业实现高质量协同发展。

大数据四个属性特征（可挖掘性、价值性、真实性、多样性）对“两业”实现高质量协同发展具有显著的影响作用。作者运用理论研究与实证分析相结合的方法，对该问题进行了深入、细致的探讨，由此可知：（1）大数据的价值性、真实性、多样性对制造企业的发展水平产生显著的正向影响作用，而大数据的可挖掘属性对制造企业发展水平的影响并不显著；（2）大数据的真实性对提升物流企业服务水平产生显著的正向影响作用，而大数据的可挖掘性、价值性、多样性对提升物流企业服务水平的正向影响并不显著；（3）大数据的可挖掘性、真实性、多样性对制造企业与物流企业协同程度产生显著的正向影响作用，而大数据的价值性对制造企业与物流企业协同程度的直接正向影响作用并不显著，但是，大数据的价值性可以通过影响制造企业发展水平间接地影响制造企业与物流企业实现高质量协同发展。总而言之，大数据四个属性特征直接或间接地明显影响制造企业与物流企业实现高质量协同发展，这已经得到了验证。

上述研究结论给制造企业、物流企业的决策者带来如下启示：（1）制造企业可以利用大数据属性及大数据技术，为本企业选择满意的物流服务商，并且设计精准、有效的评价指标与选择方案。在此方案的设计过程中，制造企业通过对物流业大数据的分析与挖掘，能够获取有关选择物流服务商的有价值的数据、信息和知识。如果让备选物流服务商也参与此方案的设计，那么不仅有利于方案的设施，而且更有利于物流服务商为制造企业提供满意的物流服务。（2）对于制造企业而言，将面临着从传统制造向智能制造转型的挑战，因此，迫切需要专业化、智能化的物流企业为其提供全方位的高端物流服务。随着制造企业日益丰富的多样化、个性化的生产运作与物流需求，也催生了多样性、真实性、价值性、规模性的海量数据诞生。传统物流企业大多数“重资产、轻经营”，以提供运输、仓储、货代等传统物流服务为主；然而，进入大数据时代，随着“互联网+”、云计算、物联网的快速发展，物流领域诞生了许多“轻资产、重运营”的平台型高端物流企业，这类平台型物流企业在有效挖掘与利用内外部大数据资源的基础上，为制造企业提供了更加精细化、专业化、智能化、个性化的物流服务。（3）物流企业是否利用大数据属性及大数据技术为制造企业降低物流总成本，仅仅是物流企业能否为制造企业创造价值的基本体现。然而，恰逢时机地运用大数据等新一代信息技术，为制造企业及其所在供应链提供更加灵活的增值服务，为制造企业及其客户创造更多的价值，这才是物流企业自身存在价值的重要反映，这也决定了物流企业将与制造企业形成长期的、稳固的、高效的、高质量协同发展的战略联盟关系。（4）从制造企业与物流企业协同运作的角度来考虑，开放的、透明的、有价值的、多样性数据交换以及高效、实时的信息沟通与交流是“两业”实现利益共享、风险共担、高质量协同发展的必要条件。大数据及大数据技术在“两业”内的广泛运用，必将促进双方深度合作；从长远角度来看，大数据及大数据技术也必将驱动制造企业与物流企业之间的互动向着相互依赖、相互促进、协同运作的方向发展。

10.2 研究不足与未来展望

本专著从不同角度深入研究了“大数据时代制造企业与物流企业如何

实现高质量协同发展”这一学术问题，获取的研究成果具有一定理论与现实意义。但是，由于大数据内涵丰富，专业性和技术性都很强，所以大数据时代“两业”如何实现高质量协同发展是一项跨界融合、颇具学理深度的复杂性系统工程。因此，将大数据与“两业”实现高质量协同发展结合在一起进行研究，具有一定难度；又因为研究者的学识水平、科研能力以及可参考的文献资料有限，所以导致本专著存在一定局限性。因此，以下对本专著现有的不足与未来仍需继续研究的相关问题，进行简要分析与展望：

1. 重视模型研究，实例分析欠缺

尽管本专著对大数据内涵、大数据属性特征和大数据技术概念等方面进行了论述，同时也对大数据时代“两业”发展趋势及其实现高质量协同发展的理论模型进行了探索，但是，这些研究都注重理论分析、缺乏实证研究。至于大数据及大数据技术在实践中如何影响制造企业和物流企业转型升级以及如何影响“两业”实现高质量协同发展，并没有结合企业的具体实例进行实证研究。因此，在未来后续研究中，应根据制造企业、物流企业实际工作的需要，深入“两业”实践活动，选择大数据及大数据技术影响制造企业、物流企业转型升级以及如何影响“两业”实现高质量协同发展的典型实例进行探索，未来应该针对应用大数据及大数据技术促进“两业”实现高质量协同发展的成功经验再进行全面总结，并且上升到理论高度，再返回到实践中供制造企业、物流企业参考与借鉴。

2. 注重理论研究，成果应用不足

虽然本专著对大数据时代“两业”高质量协同发展系统的复杂性与协同演化机理进行了全面、深入的研究，且运用了系统科学理论对“两业”高质量协同发展系统协同演化的前提条件、驱动力、诱因、路径以及超循环协同演化模型进行了理论探索，并取得了一些理论研究成果，但是并没有将此研究成果应用到“两业”实现高质量协同发展的具体实践中进行验证。正因为如此，在未来继续研究中要选择具有代表性的制造企业、物流企业作为研究对象，并且构建“两业”高质量协同发展系统。在此基础上，对驱动“两业”高质量协同发展系统协同演化的前提条件、驱动力、诱因、路径以及超循环协同演化模型进行实证分析，以获取更具有借鉴意义和参考价值的研究成果。

3. 理论研究颇丰，联系实际不足

尽管本专著对政府部门在制造企业与物流企业实现高质量协同发展中扮演的角色和发挥的作用进行了理论研究，但是对于政府部门在战略联盟型高质量协同发展模式、三螺旋型高质量协同发展模式、网络平台型高质量协同发展模式和市场主导型高质量协同发展模式中如何运用大数据及大数据技术对“两业”的合作进行协调运作才能发挥更大作用，有待于结合“两业”实现高质量协同发展的实践活动进行实证分析。虽然本专著对四种高质量协同发展模式进行了较全面的研究，但是对于不同经济区域内的制造企业与物流企业如何选择以及选择何种高质量协同发展模式更为合适，仍需要联系现实社会中的典型案例进行实证分析。由于现实当中制造企业与物流企业实现高质量协同发展具有动态性，所以“两业”选择何种高质量协同发展模式，必须和物联网、云计算、大数据技术发展水平相匹配，并且应该考虑外界竞争环境的变化，根据实际需要对四种高质量协同发展模式进行动态选择和适时转换。因此，在未来后续研究中，这些问题都需要紧密结合外部环境，并且联系“两业”实现高质量协同发展的实践活动进行实证研究。

4. 调研对象单一，覆盖范围较窄

虽然本专著研究了大数据属性如何影响“两业”实现高质量协同发展，也取得了初步成果，但是还存在一些局限性：（1）本专著确定的调研对象仅仅是制造企业，并没有对物流企业及其客户以及制造企业的客户进行全面调查，因此，研究样本的覆盖范围较窄，收集的样本数据也不能全面、实时地反映大数据属性影响制造企业与物流企业实现高质量协同发展的真实情况。（2）尽管本研究的有效样本数符合结构方程模型进行因子分析的要求，然而，要想全面研究大数据属性影响“两业”实现高质量协同发展，还需要确定更多种类的调研对象以及采用更大规模的样本容量，才能进一步验证大数据属性是如何影响“两业”实现高质量协同发展以及相互之间的内在关系。（3）虽然本研究从实证角度验证了大数据四个属性直接或间接地影响制造企业与物流企业实现高质量协同发展，但是，大数据的高速性、可变性等属性对制造企业与物流企业实现高质量协同发展的单独影响以及在其他变量作用下产生的综合影响，均有待于结合实际进行验证。（4）大数据的可挖掘性、价值性、真实性、多样性、高速性和可变性等属性特征对制造企业与物流企业实现高质量协同发展的综合影响机理及其对其他潜变量影响的内在规律，还需要进一步从不同角度进行全方位观察与分析，这也是今后需要继续深入研究的新课题。

参考文献

[1] 阿尔温·托勒夫 . 第三次浪潮 [M]. 上海：生活·读书·新知三联书店，1983.

[2] 艾庆庆 . 文化企业社会责任的影响机制研究 [D]. 济南：山东大学，2014.

[3] 曾伏娥，严萍 . "新竞争" 环境下企业关系能力的决定与影响：组织间合作战略视角 [J]. 中国工业经济，2010(11)：87–97.

[4] 陈艳，李君亮 . 大数据哲学研究述评 [J]. 广西社会科学，2017(03)：50–55.

[5] 陈懿，端木军 . 大数据助力传统制造企业向智能化转型 [J]. 信息技术与标准化，2017(04)：32–35.

[6] 陈宇，钟诗韵，陈钢 . 基于 DEA 分析的京津冀物流业与制造业协调发展研究 [J]. 价值工程，2015(15)：49–51.

[7] 程媛，刘钒，向叙昭 . 基于结构方程模型的智能制造服务优化的影响因素研究 [J]. 技术与创新管理，2020，41(06)：548–555.

[8] 崔文颖 . 东北地区制造业与物流业联动发展研究 [D]. 哈尔滨：哈尔滨商业大学，2014.

[9] 崔晓迪 . 基于 DEA–GRA 双层模型的制造业与物流业联动效果分析——以天津市为例 [J]. 科技管理研究，2011(23)：96–100.

[10] 崔新健，崔志新 . 区域创新体系高质量协同发展模式及其政府部门

角色 [J]. 中国科技论坛，2015(10)：86–91.

[11] 戴建平，骆温平 . 核心竞争力视角下物流业与制造业联动机理的评述及思考 [J]. 管理现代化，2017(01)：9–11.

[12] 邓良，邹昭 . 制造业与物流联动发展研究——基于演化合作博弈模型视角 [J]. 经济与管理研究，2014(08)：60–65.

[13] 范鹏飞，焦裕乘，黄卫东 . 物联网业务形态研究 [J]. 中国软科学，2011(06)：57–64.

[14] 范兴兵 . 基于大数据的第三方供应链物流企业客户关系管理研究——以安徽 CJ 供应链物流有限公司为例 [J]. 吉首大学学报（社会科学版），2019，40(S1)：126–128.

[15] 分析：大数据在现实世界中的应用 [EB/OL].https：//www.ibm.com/services/multimedia/use_of_big_data.pdf.

[16] 冯国华 . 打造大数据驱动的智能制造业 [J]. 中国工业评论，2015(04)：38–42.

[17] 冯芷艳，郭迅华，曾大军，等 . 大数据背景下商务管理研究若干前沿课题 [J]. 管理科学学报，2013(01)：1–9.

[18] 福勒 . 调查问卷的设计与评估 [M]. 重庆：重庆大学出版社，2010.

[19] 傅远佳 . 基于系统动力学的制造业与物流业联动关系实证研究——以广西为例 [J]. 港口经济，2011(08)：43–46.

[20] 甘卫华，汪娟 . 江西省物流业与制造业发展关系实证研究 [J]. 商业时代，2010(17)：27–28.

[21] 葛金田，刘利红，陈宁宁 . 制造业与物流业联动发展的实证分析 [J]. 物流工程与管理，2012(01)：19–21.

[22] 弓宪文，王勇 . 我国制造业与物流业耦合协调的时空演化分析 [J]. 技术经济与管理研究，2016(07)：8–12.

[23] 巩家婧，宁云才，张公鹏．大数据时代物流企业供应链管理运作模式与优化路径 [J]. 企业经济，2019(05)：80–84.

[24] 顾新建，代风，杨青海，等．制造业大数据顶层设计的内容和方法(下篇)[J]. 成组技术与生产现代化，2016(01)：12–20.

[25] 海尔互联工厂呼应“中国制造 2025” [EB/OL].http：//scitech.people.com.cn/n/2015/0408/c1057–26810290.html.

[26] 海尔互联工厂模式创新入选国家“互联网 +”百佳实践案例 [EB/OL]. http：//www.xinhuanet.com/tech/2016–07/04/c_129114830.htm.

[27] 韩晓丽，王利，田能瑾，等．制造业与物流业协调发展的计量分析 [J]. 价值工程，2009，28(01)：84–86.

[28] 何博．制造业与物流业联动机理系统动力学分析 [J]. 重庆工商大学学报(社会科学版)，2016(02)：15–23.

[29] 侯红昌．河南制造业和物流业联动发展分析 [J]. 企业活力，2010(04)：10–14.

[30] 侯杰泰，温忠麟，成子娟．结构方程模型及其应用 [M]. 北京：教育科学出版社，2004.

[31] 胡小明．大数据思维形成的两种视角：信息技术驱动及应用拓展 [J]. 电子政务，2015(12)：33–40.

[32] 黄有方，严伟．我国制造业与物流业联动发展的趋势及建议 [J]. 上海海事大学学报，2010(01)：1–6.

[33] 惠毅．浅谈大数据在物流企业中的应用 [J]. 物流工程与管理，2016(01)：68–69.

[34] 霍跃华，刘银龙．物流大数据分析平台架构及关键技术研究 [J]. 信息技术与信息化，2016(09)：66–68.

[35] 蒋鹏，曾栋平．胶东半岛物流业与制造业高质量协同发展现状研究

[J]. 物流工程与管理，2011(02)：9–10.

[36] 蒋照连，黄峰，吴丽娟 . 物流业与制造业联动发展策略研究 [J]. 福建论坛 (社科教育版)，2010(04)：41–42.

[37] 李成华，张新访，金海，等 .MapReduce：新型的分布式并行计算编程模型 [J]. 计算机工程与科学，2011，33(03)：129–135.

[38] 李春明 . 工业大数据将推动中国制造转型升级 [N]. 贵阳日报，2017-05-28.

[39] 李杰，王坤，骆温平 . 基于 DEA 模型的上海物流业与制造业投入产出效果分析 [J]. 物流科技，2014(05)：5–7.

[40] 李志强，赵卫军 . 企业技术创新与商业模式创新的协同研究 [J]. 中国软科学，2012，10(08)：117–124.

[41] 李致远，陈光 . 工业大数据推动智能制造发展作用机理探析 [J]. 中国工业评论，2016(08)：78–83.

[42] 梁红波 . 大数据技术引领物流业智慧营销 [J]. 中国流通经济，2015(02)：85–89.

[43] 梁红波 . 云物流和大数据对物流模式的变革 [J]. 中国流通经济，2014，28(05)：41–45.

[44] 梁红艳，柳丽华 . 中国制造业与物流业联动发展的生产率效应 [J]. 福州大学学报 (哲学社会科学版)，2020，34(01)：35–44.

[45] 林晶 . 福建省制造业与物流业联动发展机理及耦合协调度研究 [J]. 福建江夏学院学报，2017(01)：23–31.

[46] 刘汉民，张晓庆 . 网络零售平台治理机制对卖家机会主义行为的影响——以感知不确定性为调节变量 [J]. 商业经济与管理，2017(04)：16–27.

[47] 刘以倩 . 大数据技术在物流企业仓储系统中的应用 [J]. 物流技术，

2016(12)：37–39.

[48] 刘智慧，张泉灵 . 大数据技术研究综述 [J]. 浙江大学学报（工学版），2014(06)：957–972.

[49] 陆端，唐丽敏 . 制造业与物流业低碳联动发展的系统动力学模型研究 [J]. 物流工程与管理，2013(03)：85–89.

[50] 逯业娜 . 京津冀区域物流与制造业协同分析及发展对策 [D]. 天津：天津理工大学，2019.

[51] 罗军舟，金嘉晖，宋爱波，等 . 云计算：体系架构与关键技术 [J]. 通信学报，2011，32(07)：3–21.

[52] 骆温平，戴建平 . 物流企业与供应链成员多边合作价值创造机理及实现 [J]. 吉首大学学报（社会科学版），2016，37(06)：24–37.

[53] 骆温平，张季平，高永琳 . 物流企业与制造企业多边联动研究——基于供应链视角 [J]. 技术经济与管理研究，2016(08)：3–8.

[54] 吕佑龙，张洁 . 基于大数据的智慧工厂技术框架 [J]. 计算机集成制造系统，2016(11)：2691–2697.

[55] 马建光，姜巍 . 大数据的概念、特征及其应用 [J]. 国防科技，2013，34(02)：10–17.

[56] 梅汉宁 . 基于供应链管理的先进制造业与物流业联动发展的应用分析——以广东省江门市为例 [J]. 物流技术，2013，32(03)：101–103.

[57] 孟小峰，慈祥 . 大数据管理：概念，技术与挑战 [J]. 计算机研究与发展，2016，50(01)：146–169.

[58] 莫鸿，陈圻 . 基于灰色理论的中国物流产业与经济发展关联度研究 [J]. 价值工程，2011(28)：27–29.

[59] 娜仁图雅，斯琴塔娜 . 基于交易费用理论的内蒙古制造业与物流业联动发展研究 [J]. 经济论坛，2014(08)：34–38.

[60] 欧伟强 . 基于共生网络的制造业与物流业联动发展 [J]. 大连海事大学学报（社会科学版），2013，12(04)：23–26.

[61] 彭本红 . 现代物流业与先进制造业的协同演化研究 [J]. 中国软科学，2009(S1)：149–153.

[62] 邱皓政 . 量化研究与统计分析 [M]. 重庆：重庆大学出版社，2009.

[63] 邱志鹏，蔡松林 . 智慧物流与先进制造业协同发展研究——以粤港澳大湾区为例 [J]. 物流技术，2020，39(03)：29–33.

[64] 任丹丹 . 物流业与制造业联动发展关系实证分析——基于珠三角和长三角地区比较分析 [J]. 物流科技，2016(09)：17–20.

[65] 任颖洁 . 制造企业与物流企业的联动机制分析与探讨 [J]. 改革与战略，2012(06)：175–177.

[66] 任勇，李一鹏 . 互联网信息共享的复杂性研究 [J]. 复杂系统与复杂性科学，2010，7(Z1)：165–172.

[67] 荣泰生 . 企业研究方法 [M]. 北京：中国税务出版社，2005.

[68] 石晶山 . 浅析大数据对物流企业的影响 [J]. 劳动保障世界，2015(20)：30–33.

[69] 宋斓君 . 物流业与制造业协同集聚对制造业全要素生产率的影响研究 [D]. 杭州：浙江工商大学，2020.

[70] 孙立 . 工业大数据对智慧云制造的推动与创新 [J]. 科技管理研究，2016(13)：156–158.

[71] 孙鹏 . 基于复杂系统理论的现代物流服务业与制造业高质量协同发展研究 [D]. 长沙：中南大学，2012.

[72] 孙笑，刘春延，张池军，等 . “互联网 +” 背景下敏捷物流管理信息共享机制研究 [J]. 情报科学，2017，35(05)：157–159.

[73] 田刚，贡文伟，梅强，等 . 制造业与物流业共生关系演化规律及动

力模型研究 [J]. 工业工程与管理，2013，18(02)：39–46.

[74] 童心，于丽英 . 基于商业生态系统的技术创新与商业模式创新耦合机制研究 [J]. 科技进步与对策，2014，31(12)：17–22.

[75] 王保进 . 英文视窗版 SPSS 与行为科学研究 [M]. 北京：北京大学出版社，2007

[76] 王楚楚 . 简析面向大数据技术在智慧物流领域的应用 [J]. 农村经济与科技，2020，31(20)：74–75.

[77] 王丹丹，田雪，付帅帅，张彤 . 物流企业与制造企业协同发展研究——基于双方合作绩效分析 [J]. 数学的实践与认识，2019，49(19)：1–8.

[78] 王国成 . 从 3V 到 5V：大数据助推经济行为的深化研究 [J]. 天津社会科学，2017，(02)：94–99.

[79] 王宏伟 . 大数据在物流服务创新中的应用 [J]. 北方经贸，2016(07)：43–44.

[80] 王洪艳，郭云峰 . 大数据技术在人工智能中的应用研究 [J]. 数字技术与应用，2015(12)：109–110.

[81] 王茂林，刘秉镰 . 制造业与物流业联动发展中存在的问题与趋势 [J]. 现代管理科学，2009(03)：59–61.

[82] 王钦，张隺 . “中国制造 2025”实施的切入点与架构 [J]. 中州学刊，2015(10)：32–37.

[83] 王铁山 . 基于大数据的制造业转型升级 [J]. 西安邮电大学学报，2015(05)：79–83.

[84] 王文，刘伟 . 生产性物流服务对制造业市场竞争力的价值贡献分析法 [J]. 软科学，2010(06)：15–19.

[85] 王喜文 . 大数据驱动制造业迈向智能化 [J]. 物联网技术，2014(12)：

7-8.

[86] 王晓艳 . 制造业与物流业联动发展的机理和模式研究 [J]. 物流技术，2009，28(07)：6-8.

[87] 王艳，缪飞 . 基于产业融合论的企业商业模式创新驱动机制研究 [J]. 改革与战略，2012，28(02)：149-152.

[88] 王媛媛，丁毅，孙媛媛，等 . 数据可视化技术的实现方法研究 [J]. 现代电子技术，2007，30(04)：71-74.

[89] 王珍珍，陈功玉 . 制造业与物流业联动发展的演化博弈分析 [J]. 中国经济问题，2012(02)：86-97.

[90] 王珍珍，李雪莲 . 制造业与物流业联动发展的动因分析——经济学、管理学和生态学视角 [J]. 重庆工商大学学报（社会科学版），2013，30(02)：30-37.

[91] 王珍珍 . 制造业与物流业联动发展的自组织演化动力模型 [J]. 统计与决策，2014(17)：36-39.

[92] 韦琦 . 制造业与物流业联动关系演化与实证分析 [J]. 中南财经政法大学学报，2011(01)：115-119.

[93] 文香艳 . 基于大数据驱动背景下广东高技术制造业发展现状及对策研究 [J]. 教育教学论坛，2020(52)：323-325.

[94] 吴洪涛，骆温平，高永琳 . 物流业与制造业、批发零售业发展的协调效果评价——以上海市为例 [J]. 商业时代，2014(28)：7-9.

[95] 吴领威，高喜乐 . 大数据技术对智慧物流的影响 [J]. 商场现代化，2017(13)：42-43.

[96] 吴明隆 . 结构方程模型：AMOS 的操作与应用 [M]. 重庆：重庆大学出版社，2009.

[97] 吴群 . 制造业与物流业联动共生模式及相关对策研究 [J]. 经济问题

探索，2011(01)：72–75.

[98] 吴晓研，路世昌，兰玲．物流业和三次产业协同发展演化与实证分析 [J]. 统计与决策，2018，34(20)：107–109.

[99] 肖静华，毛蕴诗，谢康．基于互联网及大数据的智能制造体系与中国制造企业转型升级 [J]. 产业经济评论，2016(02)：5–16.

[100] 谢嘉劼．工业大数据在智能制造中的应用价值 [J]. 数字通信世界，2016(09)：38–40.

[101] 谢卫红，刘高，王田绘．大数据能力内涵，维度及其与集团管控关系研究 [J]. 科技管理研究，2016，36(14)：170–177.

[102] 邢大宁，赵启兰，宋志刚．基于云生态的物流信息平台服务模式创新研究 [J]. 商业经济与管理，2016(08)：5–15.

[103] 邢飞，彭国超，梁甜．基于工业大数据的制造企业变革管理模型研究 [J]. 科技管理研究，2019，39(16)：230–237.

[104] 徐剑，韩锡琴，赵建荣，等．制造业与物流业联动机理研究 [J]. 沈阳工业大学学报 (社会科学版)，2009，2(04)：307–310.

[105] 徐玉莲．区域科技创新与科技金融高质量协同发展模式与机制研究 [D]. 哈尔滨：哈尔滨理工大学，2012，213(123)：159–160.

[106] 闫莉，薛惠锋，陈青．制造业与物流业联动发展系统的协同演化模型 [J]. 西安工业大学学报，2011，31(01)：29–33.

[107] 严由亮．基于大数据环境下的物流企业管理创新研究 [J]. 物流工程与管理，2016(12)：46–48.

[108] 杨东红，时迎健，雷鸣，等．大数据和企业精准营销相关性分析 [J]. 沈阳工业大学学报 (社会科学版)，2018，11(02)：154–159.

[109] 杨瑞．基于关键事件法的虚拟品牌社群顾客间互动行为研究 [J]. 软科学，2017(03)：120–124.

[110] 杨善林，周开乐．大数据中的管理问题：基于大数据的资源观 [J]. 管理科学学报，2015，18(05)：1-8.

[111] 杨文霞．浙江省制造业与物流业协同集聚及其经济增长效应研究 [D]. 杭州：杭州电子科技大学，2019.

[112] 姚锡凡，周佳军，张存吉，等．主动制造——大数据驱动的新兴制造范式 [J]. 计算机集成制造系统，2017(01)：172-185.

[113] 叶斌，黄文富，余真翰．大数据在物流企业中的应用研究 [J]. 物流技术，2014(15)：22-24.

[114] 叶长华，周洲，陈立泰．西部地区工业集聚与金融业集聚高质量协同发展的机制与模式研究 [J]. 经济问题探索，2017(04)：47-51.

[115] 于丽静，于娟，王玉梅．制造企业与物流企业协同创新的演化博弈分析 [J]. 科技管理研究，2019，39(06)：1-10.

[116] 喻登科，涂国平，陈华．战略性新兴产业集群高质量协同发展的路径与模式研究 [J]. 科学学与科学技术管理，2012，33(04)：114-120.

[117] 袁克珠．长三角制造业与区域物流联动发展研究——基于灰色关联分析 [J]. 经济与社会发展，2007，5(10)：65-70.

[118] 原磊．商业模式体系重构 [J]. 中国工业经济，2007(06)：70-79.

[119] 张驰，初铭畅．辽宁省物流业与制造业协同度评价研究 [J]. 辽宁工业大学学报（自然科学版），2020，40(04)：271-274.

[120] 张红霞．网购食品质量安全信号传递的博弈分析 [J]. 农业技术经济，2017(09)：116-123.

[121] 张季平，NanaRaymondLawrenceOfosuBoateng. 新时代物流企业与制造企业共生演化机理分析——以日日顺物流与海尔电器公司共生为例 [J]. 嘉兴学院学报，2020，32(01)：114-122.

[122] 张季平，NanaRaymondLawrenceofosuBoateng. 制造 + 物流协同新模

式——基于海尔与日日顺物流的运作机制 [J]. 企业管理，2020(03)：103–106.

[123] 张季平，骆温平，技术与服务模式协同创新的耦合机理研究——基于云物流平台视角 [J]. 大连理工大学学报(社会科学版)，2019，40(03)：24–32.

[124] 张季平，骆温平，刘永亮 . 营商环境对制造业与物流业联动发展影响研究 [J]. 管理学刊，2017，30(05)：25–33.

[125] 张季平，骆温平 . 物流平台技术与运营模式协同创新研究 [J]. 科研管理，2018，39(02)：19–27.

[126] 张季平，施晓敏 . 云物流平台协同创新系统协同演化机理研究——基于自组织理论 [J]. 嘉兴学院学报，2019，31(02)：110–117.

[127] 张季平，陶君成，尤美虹 . 大数据驱动制造企业与物流企业协同发展的实证研究 [J]. 中国流通经济，2020，34(02)：3–14.

[128] 张季平 . 考虑事故发生率的危险品物流企业运营监管研究 [J]. 系统科学与数学，2020，40(03)：495–509.

[129] 张快娟 . 制造业与物流业协调发展的计量分析 [D]. 杭州：浙江工商大学，2011.

[130] 张蕾蕾 . 京津冀制造业与物流业联动发展研究 [D]. 天津：天津商业大学，2016.

[131] 张礼立 . 从大数据到智能制造 [J]. 中国工业评论，2016(07)：66–71.

[132] 张丽萍，杨江龙 . 基于结构洞理论的物流业与制造业联动分析 [J]. 物流技术，2012，31(11)：241–244.

[133] 张丽岩，马健 . 借助大数据推动制造业向服务业转型的对策研究——以苏州金龙汽车为例 [J]. 科技创新与应用，2016(01)：54–55.

[134] 张林 . 制造业物流外包与物流业服务能力的关联机制研究 [D]. 西

安：长安大学，2015.

[135] 张明钟 . 基于云服务平台的高质量协同发展 [J]. 中国电信业，2016(02)：26–29.

[136] 张奇芹 . 大数据与物流企业商业模式创新 [D]. 邯郸：河北工程大学，2019.

[137] 张学义，彭成伦 . 大数据技术的哲学审思 [J]. 科技进步与对策，2016，33(13)：130–134.

[138] 赵依林，王浩天 . 重庆制造业与物流业联动发展中的问题 [J]. 合作经济与科技，2011(23)：4–5.

[139] 赵胤斐，冯晖，张冰心，冷继兵，李慧娟 . 物流业与制造业的物流供需协同机制及模型构建 [J]. 商业经济研究，2018(19)：85–87.

[140] 郑冬冬 . 基于系统动力学的制造企业与物流企业协同绩效研究 [D]. 杭州：杭州电子科技大学，2017.

[141] 智能制造时代的工业大数据分析——基于物联网的八大工业大数据与应用场景 [J]. 智慧工厂，2015(11)：42–44.

[142] 中国物流与采购联合会 . 中国物流发展报告 [M]. 北京：中国物资出版社，2017.

[143]《中国制造 2025》解读之二：我国制造业发展进入新的阶段 [EB/OL]. http://www.miit.gov.cn/n1146295/n1652858/n1653018/c3780661/content.html.

[144]《中国制造 2025》解读之一：中国制造 2025，我国制造强国建设的宏伟蓝图 [EB/OL].http://www.miit.gov.cn/n1146295/n1652858/n1653018/c3780656/content.html.

[145] 钟海 . 大数据在工业制造业的应用与研究 [J]. 企业技术开发，2015(13)：104–105.

[146] 周佳军，姚锡凡，刘敏，等 . 几种新兴智能制造模式研究评述 [J]. 计算机集成制造系统，2017(03)：624–639.

[147] 周荛阳 . 第四方物流破解“两业联动”之惑 [J]. 中国储运，2012(03)：101–103.

[148] 朱莉 . 基于超网络的制造业与物流业协调优化模型 [J]. 系统工程，2011(06)：100–105.

[149] AHARONOVITZ M C S, VIEIRA J G V, SUYAMA S S. How logistics performance is affected by supply chain relationships[J]. The international journal of logistics management, 2018, 29(01): 284–307.

[150] AHMADJIAN V, PARACER S. Symbiosis: an introduction to biological associations[M]. Oxford: Oxford University Press, 2000.

[151] AHO A, UDEN L. Developing data analytics to improve services in a mechanical engineering company[C]. Santiago de Chile: International Conference on Knowledge Management in Organizations, 2014: 99–107.

[152] ALEXANDER C.A pattern language: towns, buildings, construction[M]. Oxford University Press, 1977.

[153] Analytics: A Blueprint for Value[EB/OL]. https://www.mendeley.com/research–pa224pers/analytics–blueprint–value/.

[154] Apache Hadoop [EB/OL]. http://hadoop.apache.org/.

[155] ARMES T, REFERN M.Using Big Data and predictive machine learning in aerospace test environments[C]. Schaumburg: AUTOTESTCON, 2013: 1–5.

[156] AUTRY C W, GRAWE S J, DAUGHERTY P J, et al. The effects of technological turbulence and breadth on supply chain technology acceptance and adoption[J]. Journal of Operations Management, 2010, 28(06): 522–536.

[157] BARBOSA M W, VICENTE A C, LADEIRA M B, et al. Managing supply chain resources with Big Data Analytics: a systematic review[J]. International Journal of Logistics Research and Applications, 2018, 21(03): 177–200.

[158] BASK A H.Relationships among TPL providers and members of supply chains – a strategic perspective[J].Journal of Business & Industrial Marketing, 2001, 16(06): 470–486.

[159] BASK A, RAJAHONKA M, LAARI S, et al.Environmental sustainability in shipper–LSP relationships[J]. Journal of Cleaner Production, 2018, 172: 2986–2998.

[160] Big data – Wikipedia[EB/OL]. https://en.wikipedia.org/wiki/Big_data.

[161] BIG DATA IN LOGISTICS: A DHL perspective on how to move beyond the hype[EB/OL].https://www.mendeley.com/research–papers/big–data–logistics–dhl–perspective–move–beyond–hype/.

[162] Big data meets big data analytics[EB/OL].https://www.mendeley.com/research–papers/big–data–meets–big–data–analytics–7/.

[163] Big Data Survey Europe: Usage, Technology and Budgets in European Best–Practice Companies[EB/OL].https://www.mendeley.com/research–papers/big–data–survey–europe–usage–technology–budgets–european–bestpractice–companies/.

[164] BORGI T, ZOGHLAMI N, ABED M. Big data for transport and logistics: A review[C].Hammamet: 2017 International Conference on Advanced Systems and Electric Technologies, 2017: 44–49.

[165] BORTHAKUR D[EB/OL].https://docs.huihoo.com/apache/hadoop/1.0.4/hdfs_design.pdf

[166] BUMBLAUSKAS D, BUMBLAUSKAS D, NOLD H, et al.Big data analytics: transforming data to action[J].Business Process Management Journal, 2017, 23(03): 703–720.

[167] CHAVEZ R, YU W, JACOBS M A, et al. Data–driven supply chains, manufacturing capability and customer satisfaction[J]. Production Planning & Control, 2017, 28(11–12): 906–918.

[168] CHEN C P, ZHANG C. Data–intensive applications, challenges, techniques and technologies: A survey on Big Data[J]. Information Sciences, 2014, 275: 314–347.

[169] CHEN D Q, PRESTON D S, SWINK M.How the use of big data analytics affects value creation in supply chain management[J]. Journal of Management Information Systems, 2015, 32(04): 4–39.

[170] CHIEN C, CHUANG S. A framework for root cause detection of sub–batch processing system for semiconductor manufacturing big data analytics[J]. IEEE Transactions on semiconductor Manufacturing, 2014, 27(04): 475–488.

[171] COOPER B F, RAMAKRISHNAN R, SRIVASTAVA U, et al. PNUTS: Yahoo!'s hosted data serving platform[J]. Proceedings of the VLDB Endowment, 2008, 1(02): 1277–1288.

[172] Core techniques and technologies for advancing big data science and engineering [EB/OL].http://grants. nih. gov/grants/guide/notice–files/NOT–GM–12–109. html

[173] CORNING P A.Synergism Hypothesis: On the concept of synergy and its role in the evolution of complex system[J]. Journal of Social and Evolutionary Systems, 1998, 21(02): 133–172.

[174] Data equity Unlocking the value of big data[EB/OL].https://www.mendeley.com/research–papers/data–equity–unlocking–value–big–data/.

[175] DAVIS J, EDGAR T, PORTER J, et al. Smart manufacturing, manufacturing intelligence and demand–dynamic performance[J]. Computers & Chemical Engineering, 2012, 47: 145–156.

[176] DECANDIA G, HASTORUN D, JAMPANI M, et al.Dynamo: amazon's highly available key–value store[J]. ACM SIGOPS operating systems review, 2007, 41(06): 205–220.

[177] ELLRAM L M, TATE W L, PETERSEN K J. Offshoring and Reshoring: An Update on the Manufacturing Location Decision[J]. Journal of Supply Chain Management, 2013, 49(02): 14–22.

[178] ETZKOWITZ H, LEYDESDORFF L A.Emergence of a Triple Helix of university—industry—government relations[J]. Science and public policy, 1996, 23(05): 279–286.

[179] FROHLICH M T, WESTBROOK R.Demand chain management in manufacturing and services: web–based integration, drivers and performance[J]. Journal of Operations Management, 2002, 20(06): 729–745.

[180] Future of manufacturing: a new era of opportunity and challenge for the UK–summary report[EB/OL].https://www.gov.uk/government/publications/future–of–manufacturing/future–of–manufacturing–a–new–era–of–opportunity–and–challenge–for–the–uk–summary–report.

[181] GHOSH D.Big Data in Logistics and Supply Chain management–a rethinking step[C].

[182] GIANNIKAS V, MCFARLANE D, STRACHAN J.Towards the deployment of customer orientation: A case study in third–party logistics[J].Computers

in Industry, 2019, 104: 75–87.

[183] GLIGOR D M, HOLCOMB M C, STANK T P.A Multidisciplinary Approach to Supply Chain Agility: Conceptualization and Scale Development[J]. Journal of Business Logistics, 2013, 34(02): 94–108.

[184] GOLDSTON D.Big data: Data wrangling[J].NATURE, 2008, 455(72): 15.

[185] GULATI R, SINGH H.The architecture of cooperation: Managing coordination costs and appropriation concerns in strategic alliances[J]. Administrative science quarterly, 1998: 781–814.

[186] HAKEN H.Synergetics: Introduction and advanced topics[M].London: Springer Science & Business Media, 2013.

[187] HAZEN B T, BOONE C A, EZELL J D, et al. Data quality for data science, predictive analytics, and big data in supply chain management: An introduction to the problem and suggestions for research and applications[J]. International Journal of Production Economics, 2014, 154: 72–80.

[188] HAZEN B T, SKIPPER J B, BOONE C A, et al.Back in business: Operations research in support of big data analytics for operations and supply chain management[J].Annals of Operations Research, 2016, 270: 1–11.

[189] HAZEN B T, SKIPPER J B, EZELL J D, et al.Big Data and predictive analytics for supply chain sustainability: A theory–driven research agenda[J].Computers & Industrial Engineering, 2016, 101: 592–598.

[190] HOFMANN E.Big data and supply chain decisions: the impact of volume, variety and velocity properties on the bullwhip effect[J].International Journal of Production Research, 2017, 55(17): 5108–5126.

[191] IBM What is big data? Bringing big data to the enterprise – India[EB/OL]. https://www–01.ibm.com/software/in/data/bigdata/.

[192] JAIN A D S, MEHTA I, MITRA J, et al.Application of Big Data in Supply Chain Management[J].Materials Today: Proceedings, 2017, 4(02): 1106–1115.

[193] JAIN S, SHAO G.Virtual factory revisited for manufacturing data analytics[C]. Savanah: Proceedings of the Winter Simulation Conference, 2014: 887–898.

[194] JAZAIRY A, VON HAARTMAN R. Measuring the gaps between shippers and logistics service providers on green logistics throughout the logistics purchasing process[J]. International Journal of Physical Distribution & Logistics Management, 2020, 51(01): 25–47.

[195] JAZAIRY A. Aligning the purchase of green logistics practices between shippers and logistics service providers[J].Transportation Research Part D: Transport and Environment, 2020, 82: 102305.

[196] JAZAIRY, BADRAOUI I, VAN DER VORST J G A J, Boulaksil Y. Horizontal logistics collaboration: an exploratory study in Morocco's agri-food supply chains[J]. International Journal of Logistics research and applications, 2020, 23(01): 85–102.

[197] JIAN C F, WANG Y.Batch task scheduling-oriented optimization modelling and simulation in cloud manufacturing[J].International Journal of Simulation Modelling, 2014, 13(01): 93–101.

[198] JOHN WALKER S. Big data: A revolution that will transform how we live, work, and think[M]. Taylor & Francis, 2014.

[199] JUGA J, JUNTUNEN J, GRANT D B.Service quality and its relation to satisfaction and loyalty in logistics outsourcing relationships[J].Managing Service Quality: An International Journal, 2010, 20(06): 496–510.

[200] KACHE F, KACHE F, SEURING S, et al.Challenges and opportunities of digital information at the intersection of Big Data Analytics and supply chain management[J]. International Journal of Operations & Production Management, 2017, 37(01): 10–36.

[201] KAGERMANN H, HELBIG J, HELLINGER A, et al.Recommendations for implementing the strategic initiative Industrie 4.0: Securing the future of German manufacturing industry [M].Essen: Die Forschungsunion Wirtschaft –Wissenschaft, 2013.

[202] KARIM L, BOULMAKOUL A, LBATH A.Near real–time big data analytics for NFC–enabled logistics trajectories[C].Fez: 3rd International Conference on Logistics Operations Management, 2016: 1–7.

[203] KAUR H, SINGH S P.Heuristic modeling for sustainable procurement and logistics in a supply chain using big data[J]. Computers & Operations Research, 2018, 98: 301–321.

[204] KRASKA T. Finding the needle in the big data systems haystack[J]. IEEE internet Computing, 2013, 17(01): 84–86.

[205] KRUMEICH J, JACOBI S, WERTH D, et al. Big data analytics for predictive manufacturing control–A case study from process industry[C]. Washington: IEEE International Conference on Big Data, 2014: 530–537.

[206] KRUMEICH J, WERTH D, LOOS P, et al. Advanced planning and control of manufacturing processes in steel industry through big data analytics: Case study and architecture proposal[C] .Washington: IEEE International Conference on Big Data, 2014: 16–24.

[207] LAMBA K, SINGH S P. Big data in operations and supply chain management: current trends and future perspectives[J]. Production

Planning & Control, 2017, 28(11-12): 877-890.

[208] LAO S I, CHOY K L, HO G, et al.Determination of the success factors in supply chain networks: a Hong Kong-based manufacturer's perspective[J]. Measuring business excellence, 2011, 15(01): 34-48.

[209] LARGE R O, KRAMER N, HARTMANN R K.Customer-specific adaptation by providers and their perception of 3PL-relationship success[J].International Journal of Physical Distribution & Logistics Management, 2011, 41(09): 822-838.

[210] LAVALLE S, LESSER E, SHOCKLEY R, et al.Big data, analytics and the path from insights to value[J].MIT sloan management review, 2011, 52(02): 21.

[211] LECHEVALIER D, NARAYANAN A, RACHURI S. Towards a domain-specific framework for predictive analytics in manufacturing[C]. Washington: IEEE International Conference on Big Data, 2014: 987-995.

[212] LEE B, RICHE N H, KARLSON A K, et al. Sparkclouds: Visualizing trends in tag clouds[J]. IEEE transactions on visualization and computer graphics, 2010, 16(06): 1182-1189.

[213] LEE J, BAGHERI B, KAO H.A cyber-physical systems architecture for industry 4.0-based manufacturing systems[J].Manufacturing Letters, 2015, 3: 18-23.

[214] LEE J, KAO H, YANG S.Service innovation and smart analytics for industry 4.0 and big data environment[J].Procedia Cirp, 2014, 16: 3-8.

[215] LEE J, LAPIRA E, BAGHERI B, et al.Recent advances and trends in predictive manufacturing systems in big data environment[J].Manufacturing Letters, 2013, 1(01): 38-41.

[216] LI L.Assessing the relational benefits of logistics services perceived by manufacturers in supply chain[J].International Journal of Production Economics, 2011, 132(01): 58–67.

[217] LIU C L, LEE M Y.Integration, supply chain resilience, and service performance in third–party logistics providers[J]. The International Journal of Logistics Management, 2018, 29(01): 5–21.

[218] LOTKA A J.Contribution to the theory of periodic reactions[J].The Journal of Physical Chemistry, 1910, 14(03): 271–274.

[219] LOTKA A J.Elements of physical biology[J].Science Progress in the Twentieth Century, 1926, 21(82): 341–343.

[220] MA L, NIE F, LU Q.An analysis of supply chain restructuring based on Big Data and mobile Internet—A case study of warehouse–type supermarkets[C]. Leicester: International Conference on Grey Systems and Intelligent Services, 2015: 446–451.

[221] MANYIKA J, CHUI M, BROWN B, et al.Big data: The next frontier for innovation, competition, and productivity[M].London: McKinsey Global Institute, 2011.

[222] Marchet G, Melacini M, Perotti S, et al.Value creation models in the 3PL industry: what 3PL providers do to cope with shipper requirements[J]. International Journal of Physical Distribution & Logistics Management, 2017, 47(06): 472–494.

[223] MCAFEE A, BRYNJOLFSSON E, DAVENPORT T H.Big data: the management revolution[J].Harvard business review, 2012, 90(10): 60–68.

[224] MEEKER W Q, HONG Y.Reliability meets big data: opportunities and challenges[J].Quality Engineering, 2014, 26(01): 102–116.

[225] MOLINA-ESTOLANO E, GOKHALE M, MALTZAHN C, et al.Mixing hadoop and hpc workloads on parallel filesystems[C]. New York: Proceedings of the 4th Annual Workshop on Petascale Data Storage. 2009: 1–5.

[226] MUCHOVÁ M, PARALIČ J, NEMČÍK M.Using predictive data mining models for data analysis in a logistics company[C]. Tirunelveli :International Conference on Information Systems Architecture and Technology, 2017: 161–170.

[227] NAISBITT J, CRACKNELL J.Ten new directions transforming our lives[J]. Sloan Management Review, 1983, 24(04): 69.

[228] NARAYANAN A N, AK R, LEE Y T, et al.Summary of the Symposium on Data Analytics for Advanced Manufacturing[J].Advanced Manufacturing Series (NIST AMS)–100–7, 2017.

[229] NEAGA I, LIU S, XU L, et al.Cloud enabled big data business platform for logistics services: a research and development agenda[C]. Belgrade: International Conference on Decision Support System Technology, 2015: 22–33.

[230] NICOLIS G, PRIGOGINE I.Self–organization in nonequilibrium systems[M].New York: Wiley, 1977.

[231] NONAKA I.The knowledge–creating company[M].Boston: Harvard Business Review Press, 2008.

[232] NOSQL Databases[EB/OL].http://nosql–database.org/.

[233] OPRESNIK D, TAISCH M.The value of Big Data in servitization[J]. International Journal of Production Economics, 2015, 165: 174–184.

[234] OSEGOWITSCH T.The art and science of synergy: The case of the auto industry[J].Business Horizons, 2001, 44(02): 17–24.

[235] PANAYIDES P M, SO M.Logistics service provider–client relationships[J]. Transportation Research Part E: Logistics and Transportation Review, 2005, 41(03): 179–200.

[236] PANAYIDES P.Enhancing innovation capability through relationship management and implications for performance[J].European Journal of Innovation Management, 2006, 9(04): 466–483.

[237] PRAJOGO D, OLHAGER J.Supply chain integration and performance: The effects of long–term relationships, information technology and sharing, and logistics integration[J].International Journal of Production Economics, 2012, 135(01): 514–522.

[238] President Obama Launches Advanced Manufacturing Partnership[EB/OL].https://obamawhitehouse.archives.gov/the–press–office/2011/06/24/president–obama–launches–advanced–manufacturing–

[239] PRIGOGINE I.Time, structure, and fluctuations[J]. Science, 1978: 777–785.

[240] QUEIROZ M M, TELLES R. Big data analytics in supply chain and logistics: An empirical approach[J]. The International Journal of Logistics Management, 2018, 29(02): 767–783.

[241] RAHMAN N, KORN H J.Fit between corporate strategy and alliance purpose: implications on partnering firms' performance[J].International Journal of Strategic Business Alliances, 2009, 1(02): 132–149.

[242] RAHMAN Z, QURESHI M N.Integrating the supply chain flows for Business Effectiveness[D].Qatar University, 2007.

[243] RAJESH R, PUGAZHENDHI S, GANESH K, et al.Influence of 3PL service offerings on client performance in India[J].Transportation Research

Part E: Logistics and Transportation Review, 2011, 47(02): 149–165.

[244] REICHMAN O J, JONES M B, SCHILDHAUER M P.Challenges and opportunities of open data in ecology[J].Science, 2011, 331(6018): 703–705.

[245] ROBAK S, FRANCZYK B, ROBAK M.Research Problems Associated with Big Data Utilization in Logistics and Supply Chains Design and Management[C]. Warsaw: edCSIS. 2014: 245–249.

[246] ROLLINS M, PEKKARINEN S, MEHTÄLÄ M.Inter–firm customer knowledge sharing in logistics services: an empirical study[J].International Journal of Physical Distribution & Logistics Management, 2011, 41(10): 956–971.

[247] RUSSO I, CONFENTE I, BORGHESI A.Using big data in the supply chain context: opportunities and challenges[C]. Udine: Proceedings of the 16th European Conference on Knowledge Management, 2015: 649–656.

[248] RUSSOM P.Big data analytics[J].TDWI best practices report, fourth quarter, 2011, 19: 40.

[249] SANDERS N R.How to use big data to drive your supply chain[J].California Management Review, 2016, 58(03): 26–48.

[250] SANTOS M Y, E SÁ J O, ANDRADE C, et al.A Big Data system supporting Bosch Braga Industry 4.0 strategy[J].International Journal of Information Management, 2017, 37(06): 750–760.

[251] SAUVAGE T.The relationship between technology and logistics third–party providers[J].International Journal of Physical Distribution and Logistics Management, 2003, 33(03): 236–253.

[252] SCHOENHERR T, ELLRAM L M, TATE W L.A Note on the Use of Survey

Research Firms to Enable Empirical Data Collection[J].Journal of Business Logistics, 2015, 36(03): 288–300.

[253] SCHOENHERR T, SPEIER PERO C.Data science, predictive analytics, and big data in supply chain management: Current state and future potential[J].Journal of Business Logistics, 2015, 36(01): 120–132.

[254] SHANNON C E.A mathematical theory of communication[J].ACM SIGMOBILE Mobile Computing and Communications Review, 2001, 5(01): 3–55.

[255] SHAO G, SHIN S, JAIN S.Data analytics using simulation for smart manufacturing[C].Savanah: Proceedings of the Winter Simulation Conference, 2014: 2192–2203.

[256] SHIN S, WOO J, RACHURI S.Predictive analytics model for power consumption in manufacturing[J].Procedia CIRP, 2014, 15: 153–158.

[257] Silchar: International Symposium on Advanced Computing and Communication (ISACC), 2015: 168–173.

[258] SINGH A K.Smart grid cloud[J].International Journal of Engineering Research and Applications, 2012: 674–704.

[259] SINGH A, BANSAL V. Energy data analytics towards energy-efficient operations for industrial and commercial consumers[C].Washington: IEEE International Conference on Big Data, 2014: 165–168.

[260] SINKOVICS R R, KUIVALAINEN O, ROATH A S.Value co-creation in an outsourcing arrangement between manufacturers and third party logistics providers: resource commitment, innovation and collaboration[J].Journal of Business & Industrial Marketing, 2018, 33(04): 563–573.

[261] SMITH C R.Institutional determinants of collaboration: An empirical

study of county open-space protection[J].Journal of Public Administration Research and Theory, 2007, 19(01): 1–21.

[262] SOLAKIVI T, HOFMANN E, TÖYLI J, et al.The performance of logistics service providers and the logistics costs of shippers: A comparative study of Finland and Switzerland[J].International Journal of Logistics Research and Applications, 2018, 21(04): 444–463.

[263] TAN K H, ZHAN Y, JI G, et al.Harvesting big data to enhance supply chain innovation capabilities: An analytic infrastructure based on deduction graph[J].International Journal of Production Economics, 2015, 165: 223–233.

[264] TANG X, RAI A.The moderating effects of supplier portfolio characteristics on the competitive performance impacts of supplier-facing process capabilities[J].Journal of Operations Management, 2012, 30(1–2): 85–98.

[265] Third-Party Logistics Study[EB/OL].http://www.3plstudy.com/3pl2018download.php.

[266] THOM R.Thom R. Structural stability and morphogenesis[M]. Boca Raton: CRC press, 2018.

[267] TIAN Y, LAI F, DANIEL F.An examination of the nature of trust in logistics outsourcing relationship: Empirical evidence from China[J].Industrial Management and Data Systems, 2008, 108(03): 346–367.

[268] TOKMAN M, RICHEY R G, DEITZ G D, et al.The Retailer's Perspective on the Link Between Logistical Resources and Perceived Customer Loyalty to Manufacturer Brands[J].Journal of Business Logistics, 2012, 33(03): 181–195.

[269] TSAI M, LAI K, LLOYD A E, et al.The dark side of logistics outsourcing – Unraveling the potential risks leading to failed relationships[J].

Transportation Research Part E: Logistics and Transportation Review, 2012, 48(01): 178–189.

[270] VERHULST P.Notice sur la loi que la population suit dans son accroissement. correspondance math é matique et physique publi é e par a[J].Quetelet, 1838, 10: 113–121.

[271] VIGAS F B, WATTENBERG M, DAVE K.Studying cooperation and conflict between authors with history flow visualizations[C].Vienna:Proceedings of the SIGCHI conference on Human factors in computing systems. 2004: 575–582.

[272] VOLTERRA V.Variazioni e fluttuazioni del numero d'individui in specie animali conviventi[J]. Memorie della Regia Accademia Nazionale dei Lincei, 1926, 2(06): 31–113.

[273] WAMBA S F, AKTER S, COLTMAN T, et al.Guest editorial: information technology–enabled supply chain management[J].Production Planning & Control, 2015, 26(12): 933–944.

[274] WANG S, WAN J, ZHANG D, et al.Towards smart factory for industry 4.0: a self–organized multi–agent system with big data based feedback and coordination[J].Computer Networks, 2016, 101: 158–168.

[275] What Is Big Data? – Gartner IT Glossary – Big Data[EB/OL].https://research.gartner.com/definition–whatis–big–data?resId=3002918&srcId=1–8163325102.

[276] White Paper（METI）[EB/OL].http://www.meti.go.jp/english/report/index_whitepaper.html#monodzukuri.

[277] WILLEMSTEIN L, van der VALK T, MEEUS M T.Dynamics in business models: An empirical analysis of medical biotechnology firms in the

Netherlands[J].Technovation, 2007, 27(04): 221–232.

[278] YANG H, PARK M, CHO M, et al.A system architecture for manufacturing process analysis based on big data and process mining techniques[C]. Washington: IEEE International Conference on Big Data, 2014: 1024–1029.

[279] YING W, DAYONG S.Multi–agent framework for third party logistics in E–commerce[J].Expert Systems with Applications, 2005, 29(02): 431–436.

[280] ZAGE D, GLASS K, COLBAUGH R.Improving supply chain security using big data[C]. Seattle: International Conference on Intelligence and Security Informatics, 2013: 254–259.

[281] ZELBST P J, GREEN K W, SOWER V E, et al.Impact of RFID on manufacturing effectiveness and efficiency[J].International Journal of Operations & Production Management, 2012, 32(03): 329–350.

[282] ZHONG R Y, HUANG G Q, LAN S, et al.A big data approach for logistics trajectory discovery from RFID–enabled production data[J].International Journal of Production Economics, 2015, 165: 260–272.

[283] ZHONG R Y, NEWMAN S T, HUANG G Q, et al.Big Data for supply chain management in the service and manufacturing sectors: Challenges, opportunities, and future perspectives[J].Computers & Industrial Engineering, 2016, 101: 572–591.

[284] ZHOU H, LI R Q, YU Y. Investigation of the Datamation of Manufacturing Industrial Chain in the Big Data Era[C]. Washington: IEEE International Conference on Big Data, 2014: 1629–1632.

附录　调查问卷

尊敬的领导、部门负责人：

您好！目前大数据等新一代信息技术已经逐步开始与制造业进行深度融合，智能化、服务化、定制化是制造业未来发展的新趋势。因此，我们针对企业应用大数据及大数据技术的实际状况进行调查，这具有重要的现实意义。

此次调查的目的是从总体上了解目前大数据及大数据技术在我国制造企业、物流企业的应用状况以及它对“制造企业与物流企业实现高质量协同发展”有何影响、有何促进作用。非常感谢您的支持和参与，我们将向您反馈调研结果供您借鉴。

如果需要，我们愿意将本研究的最终研究成果提供给您作为决策参考。如果您需要任何咨询和解答，请直接通过以下方式联系我们。

联系电话：　　　　　　　　E-mail：

被访公司基本信息（填充空缺信息或在相应信息上打“√”）：

企业名称	
企业性质	国有企业　民营企业　外资企业　合资企业　其他
员工人数	100 以下　100~500　500~1000　1000~5000　更多
成立年限	5 年以内　5~15 年　15~25 年　25~35 年　更多
年营业额	100 万 ~500 万　500 万 ~1000 万　1000 万 ~1500 万　更多
与主要物流服务提供商的合作年限： 少于 1 年　1~3 年　3~5 年　5 年以上	

续表

公司主营业务	食品、饮料、烟草 木材、家具 石油、化学、塑料、塑胶 金属、非金属 通信、计算机、电子	纺织、服装、皮毛 制造、印刷、文体 医药、生物制品 机械、设备、仪表 其他＿＿＿＿＿＿
被访者	您的姓名： 联系电话：	职位： 电子邮箱：

以下问题主要对大数据属性、制造企业发展情况、物流企业服务水平、制造企业与物流企业协作情况进行调查，请根据您的判断和认可程度逐项打分，例如：1= 完全不同意，5= 完全同意。

	调查题项	完全不同意			完全同意	
		1				5
我们公司：						
可挖掘性	对海量数据的分析与处理能力很强。	1	2	3	4	5
	熟练掌握了一系列大数据分析软件及工具。	1	2	3	4	5
	能够快速地从海量数据中提取出有价值的信息。	1	2	3	4	5
	经常利用大数据技术对客户数据和本公司运营数据进行挖掘与分析。	1	2	3	4	5
价值性	大数据为公司创造价值、解决问题提供了新的思路。	1	2	3	4	5
	大数据使本公司相比竞争对手更有竞争优势。	1	2	3	4	5
	大数据可以获得客户的真实需求，进而为客户创造价值。	1	2	3	4	5
	大数据可以将客户细分，针对不同客户创造不同价值。	1	2	3	4	5
	大数据可以更好地了解和预测客户行为，改善客户体验。	1	2	3	4	5
真实性	公司能够及时更新本公司数据库信息。	1	2	3	4	5
	公司能够持续、实时地获取企业内外部的各种数据。	1	2	3	4	5
	公司提供的数据是完整的、真实可信的。	1	2	3	4	5
	公司内部采集存储的数据能够真实反映公司的运作情况。	1	2	3	4	5
	客户能够通过公司提供的数据信息完全了解公司的产品。	1	2	3	4	5
	采集的客户数据能够真实反映客户需求、满意度、忠诚度。	1	2	3	4	5

续表

	调查题项	完全不同意			完全同意	
		1				5
多样性	公司常常对结构化、半结构化、非结构化的数据进行处理。	1	2	3	4	5
	公司通过互联网、日志、智能终端等多种渠道收集数据。	1	2	3	4	5
	公司将大数据运用于研发、生产、营销等多个领域。	1	2	3	4	5
	公司分析数据时经常会应用多种方法（流分析、视频分析等）。	1	2	3	4	5
发展水平	公司逐步从以产品为中心向以服务为中心转变。	1	2	3	4	5
	公司利用大数据技术优化本公司的绩效衡量指标。	1	2	3	4	5
	大数据使得本公司生产过程能够全方位智能化。	1	2	3	4	5
	公司利用大数据对本公司的供应商、合作伙伴进行筛选。	1	2	3	4	5
与我们合作的物流公司：						
服务水平	能够提供基于 IT 技术、互联网、大数据技术的物流服务。	1	2	3	4	5
	能够提供运输规划、调度等服务。	1	2	3	4	5
	能够提供仓库、配送中心管理服务。	1	2	3	4	5
	能够提供客户订单管理服务（如 OMS）。	1	2	3	4	5
	能够提供移动互联网技术服务(比如智能终端应用程序等)。	1	2	3	4	5
	能够提供基于云平台的系统服务（比如 SaaS 等）。	1	2	3	4	5
互动程度	公司与物流企业不同职能部门的人员常常进行信息交流。	1	2	3	4	5
	物流企业常常会主动研究我们的供应链，并提出改进空间。	1	2	3	4	5
	为了配合物流企业，我们公司已经改变了一些工作方法。	1	2	3	4	5
	公司与物流企业相互信任，双方都能很好地履行承诺。	1	2	3	4	5
	公司与物流企业建立长期双赢的战略联盟关系。	1	2	3	4	5
	物流企业在运输方案上的设计，常常会与我们协商、沟通。	1	2	3	4	5